über 2 Mio Schnäppchenführer
Das Original!

ERFOLG DURCH QUALITÄT

Gertrud Born
Heinz Waldmüller

DER GROSSE SCHNÄPPCHEN FÜHRER

FABRIKVERKAUF

NORDDEUTSCHLAND

BERLIN · HAMBURG · HANNOVER

250 starke Marken in **1** Band

Jetzt mit Einkaufsgutscheinen

Schnäppchenführer–Verlag
via GeoCenter

Die Daten und Fakten für diesen Schnäppchenführer wurden nach bestem Wissen erarbeitet und geprüft. Da diese Daten jedoch ständigen Veränderungen unterliegen, kann für deren Richtigkeit keine Garantie übernommen werden.

Postfach 44 29
70782 Filderstadt
Fax: 07 11/77 72 06
E-Mail: info@schnaeppchenfuehrer-verlag.de
www.schnaeppchenfuehrer.com

Herausgeber: Heinz Waldmüller
Autorin: Gertrud Born
Redaktion, Produktionskoordination:
Beatrice Weber, Parkstrasse62
Kartografie: Jens Ewers, GeoKarta, Stuttgart
Satz: Frank Weber, Typo·Grafik·DTP

ISBN: 3-936161-55-0

Liebe Leserin, lieber Leser!

Sie haben sich für einen Original-Schnäppchenführer entschieden. Eine gute Wahl, die sich für Sie lohnen wird. Wir haben die besten Adressen in ganz Norddeutschland mit Schleswig-Holstein, Niedersachsen, Hamburg, Bremen, Mecklenburg-Vorpommern sowie die Top-Verkäufe in Berlin, Brandenburg und Sachsen-Anhalt für Sie zusammengestellt, neu bearbeitet, ergänzt und aktualisiert. So können Sie direkt vor Ihrer Haustür, ohne weite Wege, Markenprodukte mit Einsparungen bis 50 % einkaufen.

Alle Branchen sind vertreten: vom hochwertigen Sportoutfit über Designermode, Bussiness- und Freizeitbekleidung, Schuhe, Möbel, Porzellan, Versandhausware bis hin zu Fisch, Schinken und Pralinen lassen sich im Fabrikverkauf alle Wünsche und Bedürfnisse der ganzen Familie erfüllen. Dafür stehen wir. Das sind Sie vom Schnäppchenführer gewohnt.

Doch damit nicht genug! Ganz neu bieten wir unseren Leser einen weiteren geldwerten Vorteil: die **Einkaufsgutscheine**. Weit über 30 der hier vertretenen Firmen bieten Ihnen Gutscheine, die Sie mit dem Schnäppchenführer beim Einkauf in den gekennzeichneten Verkäufen direkt einlösen können. Sie sparen also doppelt: Zum einen durch den Preisnachlass im Fabrikverkauf und zum zweiten durch den Gutschein, der Ihnen einen zusätzlichen, spürbaren Rabatt einräumt. Die Details über die Verwendung der Gutscheine finden Sie ab Seite 272.

Mit diesem Buch wollen wir Ihren Geldbeutel schonen, ohne Ihre Lebensqualität einzuschränken. Hier finden Sie die entscheidenden Informationen, wo Sie die großen Marken zum kleinen Preis finden. Diese Schnäppchenführer-Buchreihe lebt vom guten Ruf. Unser Motto: Erfolg durch Qualität. Dazu gehört, dass wir gewissenhaft vor Ort recherchieren und unabhängig von Firmeninteressen arbeiten.

Wir wünschen Ihnen ergiebige Schnäppchentouren. Empfehlen Sie uns weiter, wenn Sie erfolgreich waren. Auch Verbesserungsvorschläge, Wünsche und Anregungen sind uns immer willkommen.

Ihre
Gertrud Born
Autorin des Großen Schnäppchenführer Norddeutschland

Schnäppchenführer-Programm

Im Programm des Schnäppchenführer-Verlages sind folgende Titel erhältlich:

Schnäppchenführer Deutschland 2005
Die besten Marken
Mit Einkaufsgutscheinen im Wert von 1000 €
ISBN: 3-936161-06-2
(ab Oktober 2004)

Der große Schnäppchenführer NRW
Jetzt mit Einkaufsgutscheinen
ISBN: 3-936161-27-5
(ab Oktober 2004)

Der große Schnäppchenführer Baden-Württemberg
Jetzt mit Einkaufsgutscheinen
ISBN: 3-936161-17-8
(ab Oktober 2004)

Der große Schnäppchenführer Bayern
Jetzt mit Einkaufsgutscheinen
ISBN: 3-936161-22-4
(ab Oktober 2004)

Der große Schnäppchenführer Norditalien
mit Südtirol, Gardasee und Rom
ISBN: 3-936161-35-6
(ab Februar 2005)

Es gibt die Schnäppchenführer überall, wo es Bücher gibt.

Inhalt

Inhaltsverzeichnis alphabetisch nach Orten

Pressestimmen

„Zeitgemäße Antworten... liefert Heinz Waldmüller. Leitz-Ordnerweise hortet er Anwaltspost, Unterlassungserklärungen, Ermahnungen, Drohungen mit Vertragsstrafen. Der Einzelhandel hatte ihm den Krieg erklärt. Seine „Schnäppchenführer" sind die bekanntesten Einkaufsratgeber im deutschen Sprachraum. Gesamtauflage: über zwei Millionen."
stern

„Heinz Waldmüller, Deutschlands Schnäppchen-Papst, weiß stets, wo's billig zugeht. Seine Tipps im Taschenbuchformat: Gesamtauflage über 2 Millionen Exemplare."
„Die ZDF-Reportage"

„‚Das Buch ist eine Sauerei!' wetterte der deutsche Textileinzelhandel über den Schnäppchenführer. Inzwischen ist er längst zum Bestseller geworden. Er verrät nämlich, wo man direkt ab Fabrik einkaufen kann."
„Heinz Waldmüller ist vom Fuß bis zum Scheitel eine Provokation. Er hatte Dinge getan, die ehrbare Ladeninhaber für unfassbar halten. Nichts an ihm, aber überhaupt gar nichts stammt aus dem Einzelhandel, und auch alles in seinem Kleiderschrank ist in der Fabrik gekauft. Das Schlimme daran, er hat – so die Einzelhandelsverbände – mit seinem unglückseligen Schnäppchenführer andere Kaufwütige erst auf die Idee gebracht, es ihm nachzumachen."
ZDF

„...Ein Schnäppchenführer zu Sonderangeboten ab Fabrik wurde zum Bestseller."
DER SPIEGEL

„Darauf haben alle gewartet: die neuen ‚Schnäppchenführer' für den preiswerten Einkauf direkt ab Fabrik sind da! Die ersten Bände dieser Reihe ... wurden bereits zu Bestsellern."
Zeitschrift „Brigitte"

„Fabrik-Adressen, bei denen Direktverkauf möglich ist, waren bisher eher Geheimtipps unter Schnäppchen-Jägern ... Lohnende Lektüre."
Zeitschrift „test" der Stiftung Warentest

Im Gespräch

Deutschlands oberster Schnäppchenjäger

Sparen, sparen, sparen: Ob Anzüge, Töpfe oder Pfannen, Sofa oder Küchenstuhl, Heinz Waldmüller, der Erfinder der Schnäppchenführer in Deutschland, hat den Fabrikverkauf als günstige Einkaufsquelle entdeckt.

Wie kamen Sie auf diese Idee?

Ich bin Journalist und habe aufgeschrieben, wo Boss-Anzüge, Jil-Sander-Kostüme, WMF-Kochtöpfe und Rosenthal-Porzellan zum halben Preis über die Theke gehen. Das ist nichts Unanständiges! Das hilft dem Verbraucher. Auf die Idee kam ich nach einer Radiosendung zum Geldsparen. Die Sendung hatte zehn gute Geld-Spar-Ideen. Eine kam von mir: Ich habe einfach meine guten Erfahrungen mit dem Einkaufen ab Fabrik reportiert. Mit Preisvergleich und Firmennamen und, und, und. Nach der Sendung standen die Telefone nicht mehr still. Alles Frauen. Alle hatten nur die eine Frage: Wo gibt es die Adressen der Fabrikverkäufe? Die stehen jetzt in unseren Schnäppchenführern.

Der Bundesverband des deutschen Textileinzelhandels wetterte laut DER SPIEGEL: „Das Buch ist eine Sauerei!" Was war denn die Sauerei?

Die Sauerei war: Ich habe an den Grundfesten der Handelsstufen in Deutschland gerüttelt. Es ist ja so: An jeder Hose, die ein Hersteller schneidert, will auch der Einzelhändler verdienen. 120% bis 150% ist sein Preisaufschlag. Meine Schnäppchenführer verraten dem Verbraucher, wie er – am Handel vorbei – den Weg direkt zum Hersteller findet. Das wirbelt das System der traditionellen Handelsstufen gehörig durcheinander. Wer das tut macht sich Feinde.

Wie haben Sie recherchiert?

Also ich kaufe ja schon lange mit meiner Familie ab Fabrik ein. Ich mache mit den Schnäppchenführern erst einmal nur Folgendes: Ich gebe meine guten Erfahrungen mit dem Fabrikverkauf an die Leser weiter. Und dann habe ich neue Adressen recherchiert. Wie, das ist mein Geschäftsgeheimnis. Als ich die ersten 100 Adressen zusammen hatte, ging es richtig mit der Vor-Ort-Recherche los. Meine Frau und ich haben jeden Fabrikverkauf in den Sommerferien abgeklappert. Die Kinder hatten wir für vier Wochen ins Schullandheim geschickt. Das war der härteste Urlaub meines Lebens. Die Hersteller haben uns rausgeschmissen aus ihren Fabrikläden. Es hagelte Prozessandrohungen: „Wenn Sie unseren Fabrikverkauf veröffentlichen, verklagen wir Sie auf Schadenersatz!"

Die Hersteller sollten sich doch freuen, dass Sie Öffentlichkeit herstellen für ihre Fabrikverkäufe. Da brummt doch das Geschäft, wenn ich davon erfahre?

Das habe ich auch gedacht. Aber der Hersteller verkauft 90 % seiner Ware an den Fachhandel. Also ist der Fachhändler sein wichtigster Kunde. Für jeden Hersteller ist oberstes Gebot: Fachhandelstreue, Fachhandelstreue, Fachhandelstreue. Es schlagen aber zwei Herzen in seiner Brust. Der Hersteller will auch die Ware zu einem guten Preis verkaufen, die ihm der Fachhandel nicht abnimmt. Und das kann er, wenn er den Endverbraucher im Fabrikverkauf direkt bedient. Nur – der Fachhändler sollte das damals auf keinen Fall erfahren. Inzwischen hat der Fachhandel aber akzeptiert, dass der Hersteller an seinem Fabrikstandort einen Fabrikverkauf durchführt.

Die Hersteller und die Einzelhändler haben Ihnen Angst eingejagt?

So war's. Nachts habe ich davon geträumt, dass der Gerichtsvollzieher den Kuckuck auf unser Einfamilienhäuschen klebt. Aber ich habe das Buch gemacht.

Wie werden die Schnäppchenführer vom Publikum angenommen?

Die Verbraucher mögen uns. Es wurden Schwarzmarktpreise für den ersten Schnäppchenführer bezahlt. Der Verlag kam mit dem Drucken nicht nach und viele Schnäppchenjäger befürchteten, die Schnäppchenführer könnten verboten werden. Inzwischen haben wir mit unseren Schnäppchenführern eine Auflage von über zwei Millionen erreicht.

Welche Schnäppchenführer sind Ihre Zugpferde?

Das wird Sie überraschen. Unsere Zugpferde sind ganz eindeutig die Ländertitel wie **Der große Schnäppchenführer Bayern**, **Der große Schnäppchenführer**

Baden-Württemberg, **Der große Schnäppchenführer Nordrhein-Westfalen** und **Der große Schnäppchenführer Norddeutschland**. Unsere Leser sind scharf auf große Marken vor ihrer Haustür. Genau das ist der Stoff unserer Ländertitel.

Wie erklären Sie sich den Erfolg der Schnäppchenführer?

Der Leser spürt den Kundennutzen, den unsere Bücher bieten. Wir helfen ihm beim Geld sparen und zeigen Seite für Seite klipp und klar, wo es Markenqualität zum besten Preis gibt. Im Team haben wir ja Journalisten, die auf dem Ratgeber-Sektor zu Hause sind. Die treffen eine verlässliche Auswahl. Wir stellen ganz bewusst nur Marken vor, weil wir überzeugt sind: Der Leser hat nichts von Adressmüll nach dem Motto: möglichst viele Adressen. Wir sagen: Klasse statt Masse. Wir bieten vor allem auch guten Service und führen unsere Leser hin zu den Marken. Wir helfen mit Landkarten, Ortsplänen und Streckenbeschreibungen. Wir liefern jeweils auf einer Buchseite die für den Leser wichtigsten Fakten über eine Marke. Dieser hohe Kundennutzen schafft eine hohe Akzeptanz und große Kundenzufriedenheit.

Fabrikverkauf – was ist das?

Nicht alle Adressen in diesem Buch haben Fabrikverkauf im Rechtssinne. Für Fabrikverkauf im Rechtssinne gibt es strenge Rechtsnormen. Als Verbraucherjournalist habe ich meine Aufgabe nicht darin gesehen, zu überprüfen, ob die aufgeführten Firmen Fabrikverkauf im Rechtssinne durchführen. Ausschlaggebend war vielmehr die Frage: Ist dieser Verkauf für Sie eine gute Einkaufsadresse im Sinne von Marke, Warenqualität und Preisvorteil? Deshalb gibt es in diesem Buch auch Vertriebsgesellschaften, Lagerverkäufe, Direktverkäufe, Werksläden oder auch Einzelhandelsgeschäfte, die Ware aus der eigenen Fabrik zu günstigen Preisen verkaufen. Die Firmenadressen geben keine Auskunft über die Rechtsform oder über die Gesellschaft, die den Verkauf betreibt.

Tipps erwünscht!

In dieser Reihe haben wir bisher ca. 3000 Fabrikverkäufe vor Ort recherchiert. Wir haben jedoch die Spreu vom Weizen getrennt und nur die besten Marken ausgewählt und veröffentlicht. Das heißt nicht, dass wir wirklich schon alle hervorragenden Einkaufsquellen aufgespürt hätten. Wir bitten hier um Ihre Mithilfe. Nachdem es nichts gibt, was man nicht noch besser machen könnte, bitten wir um Ihre Geheimadressen, aber auch um Ihre Anregungen, Ihre Kritik, Ihre Vorschläge. Bitte teilen Sie auch mit, wenn Ihnen Herstelleradressen nicht gefallen haben und warum. Wir prüfen jede Kritik und nehmen Hersteller, über die es Beschwerden gibt, wieder aus unseren Schnäppchenführern heraus. Wir sind allein Ihnen verpflichtet und sonst niemandem. Für die besten 100 Vorschläge von neuen Adressen gibt es Buchprämien.
Bitte schreiben Sie, Sie helfen damit allen Verbrauchern, die mit unseren Schnäppchenführern preisgünstig einkaufen wollen.

Schnäppchenführer Norddeutschland
Gertrud Born/Heinz Waldmüller
Schnäppchenführer-Verlag GmbH
Postfach 44 29
70782 Filderstadt

Fax: 07 11/77 72 06
E-Mail: info@schnaeppchenfuehrer-verlag.de
Internet: www.schnaeppchenfuehrer.com

Was spart man beim Fabrikverkauf ?

Zugegeben, eine schwierige Frage, weil echte Vergleiche zum Teil unmöglich sind. Der Fachhandel bietet die hochaktuelle Ware an. Zum Abverkauf in der Fabrik kommt dagegen auch Ware der vergangenen Saison. Wenn die identische Ware in den Fachgeschäften nicht zu finden ist, ist ein echter Preisvergleich nicht möglich. Der Verbraucher will jedoch wissen, wie hoch die Ersparnis ist. Deshalb wurden für die Ermittlungen der Preise Hilfskonstruktionen gesucht. Beispiel aus dem Bekleidungsbereich: Es wurde die vergleichbare neue Kollektion als Maßstab herangezogen, auch wenn es nicht die gleiche Ware, sondern allenfalls vergleichbare Ware ist.
Als Faustregel lässt sich sagen: Im Textil- und Schuhbereich ist die Bandbreite der Ersparnis groß. Es konnte eine durchschnittliche Preisreduzierung zum empfohlenen Endverkaufspreis von zirka 25 bis 50% ermittelt werden.
Und noch etwas ist wichtig: Die Prozentangaben sind immer Zirkaangaben. Wo es möglich war, diente als Preisvergleichsmaßstab der empfohlene Endverkaufspreis aus Händlerpreislisten und Prospekten, oder es wurde vor Ort in Fachgeschäften recherchiert. Um zu einer möglichst objektiven Beurteilung zu kommen, wurde in Zweifelsfällen aus den unterschiedlichen Aussagen ein Mittelwert festgelegt.

Korrekturstand der vorliegenden Ausgabe: April 2004.

Vor- und Nachteile des Fabrikverkaufs

Vorteile

- Konkurrenzlos preisgünstige Einkaufsmöglichkeit.
- Markenqualität: Als Einkäufer ab Fabrik mit Markenbewusstsein treffe ich im Vorfeld meine Entscheidung, welcher Marke ich mein Vertrauen gebe.
- Sehr gute Preis-Leistungs-Relation (Qualität zum halben Preis).
- Produktpalette der jeweiligen Marke/Firma meist in großer Auswahl.
- Kennenlernen des Produktionsbetriebes und der Produktionsbedingungen.
- Fabrikverkauf als Chance für Kurzurlaub (Anlässe für Kurzurlaub schaffen oder Freunde besuchen).

Nachteile

- Nicht immer jeder Artikel in jeder Größe und Farbe vorhanden.
  Tipp: Winterware schon im September/Oktober, Frühjahrs- und Sommerware ab Mitte Februar einkaufen. Anrufen, ob neue Ware schon da ist.
- Oft nur Ware eines Herstellers.
- Vor Ort kein Waren-, Preis- und Qualitäts-Vergleich mit anderen Produkten anderer Firmen möglich.
  Tipp: sich schon zu Hause informieren evtl. auch über Kataloge oder Internet.
- Anfahrtswege oft lang, Zeitverlust, Benzinkosten.
  Tipp: Fahrgemeinschaften mit Nachbarn, Freunde besuchen, Wochenendausflug, Shoppingurlaub, Schnäppchenreise oder Einkaufen ab Fabrik in normale Reiseroute einbeziehen.
- Kaufrausch, weil Ware so preisgünstig ist oder wenig Ware. Gefahr, dass man ohne Einkauf zurückkommt oder Ware kauft, die einem gar nicht gefällt.
  Tipp: vor der Schnäppchenreise Reiseroute ausarbeiten, die mehrere Fabrikverkäufe einbezieht.
- Preisgünstige Ware oft mit kleinen Fehlern. Kein Umtausch bei fehlerhafter Ware.
  Tipp: Ware genau anschauen.
- Kaum Beratung. Lagerhallen-Atmosphäre.
  Tipp: solche Firmen auswählen, die inzwischen ihren Fabrikverkauf zu ihrer Visitenkarte gegenüber dem Endverbraucher gemacht haben. Mit ansprechendem Ambiente und sehr fachkundigen Kundenberaterinnen. Das ist der Trend im Fabrikverkauf.

Zum Gebrauch

Einkaufsgutscheine: Hat ein Hersteller einen Einkaufgutschein zur Verfügung gestellt, so wird dies auf der entsprechenden Firmenseite im Hauptteil des Buches mit dem Button „Einkaufsgutschein" neben dem Markenlogo (oder den Logos) gekennzeichnet. Auf Seite 272 finden Sie die Rahmenbedingungen zur Einlösung des Gutscheins und auf den Folgeseiten sämtliche Gutscheine in der alphabetischen Reihenfolge der Markennamen.

Die Übersichtskarten auf den Seiten 28 bis 37 zeigen deutlich, wo die Orte mit Fabrikverkauf liegen. Diese Karten sind ein erster Orientierungsrahmen.

Das Inhaltsverzeichnis nach Orten (Seite 5 bis 19) gibt nun genauere Angaben. Hier werden in alphabetischer Reihenfolge alle Orte mit Fabrikverkauf aufgeführt. Darunter die Firmen, wiederum alphabetisch angeordnet nach Firmennamen, nicht nach Markenbegriffen, sowie deren Warenangebot.

Anwendungsbeispiel: Sie möchten wissen, welche Fabrikverkäufe es neben Wilkens noch in Bremen gibt. Im Inhaltsverzeichnis unter Bremen stehen mehrere Firmen. Die Details finden Sie im Hauptteil des Buches, Seite 99 ff. Von der Anreisebeschreibung über die Karten bis hin zu Warenangebot, Ersparnis, Ambiente und Öffnungszeiten erfahren Sie die Spezialinformationen zu jeder einzelnen Firma.

➤ Dieser Pfeil in den Orientierungskarten zeigt Ihnen den Standort der jeweiligen Firma an.

Ein Marken- und Firmenregister (Seite 295 ff.) und zusätzlich ein **Warenregister** (Seite 293 ff.) dienen als weitere Suchhilfe. Diese beiden Register geben darüber hinaus erste Hinweise auf die jeweiligen Warengruppen einer Verkaufsstelle.

Anwendungsbeispiele: Sie suchen die Firma Jil Sander. Sie finden das Unternehmen am schnellsten im Marken- und Firmenregister. Zusätzlich erhalten Sie die Basisinformation, dass diese Firma Damenbekleidung ab Fabrik verkauft (Seite 127). Sie suchen Outdoor-Bekleidung. Hier gehen Sie am besten ins Warenregister. Dort erfahren Sie, auf welchen Seiten entsprechende Hersteller beschrieben sind.

Im **Postleitzahlenregister** (Seite 300 ff.) können Sie rasch feststellen, wie viele und vor allem welche Firmen es in Ihrem Umkreis bzw. in Ihrer Zielregion gibt.

Wichtig noch: Jede Firmenbeschreibung ist eine Momentaufnahme. Redaktionsschluss war im April 2004. Falls sich die Einkaufssituation geändert hat, berichten Sie uns Ihre Erfahrungen. Ihnen viel Spaß und Erfolg beim Einkaufen.

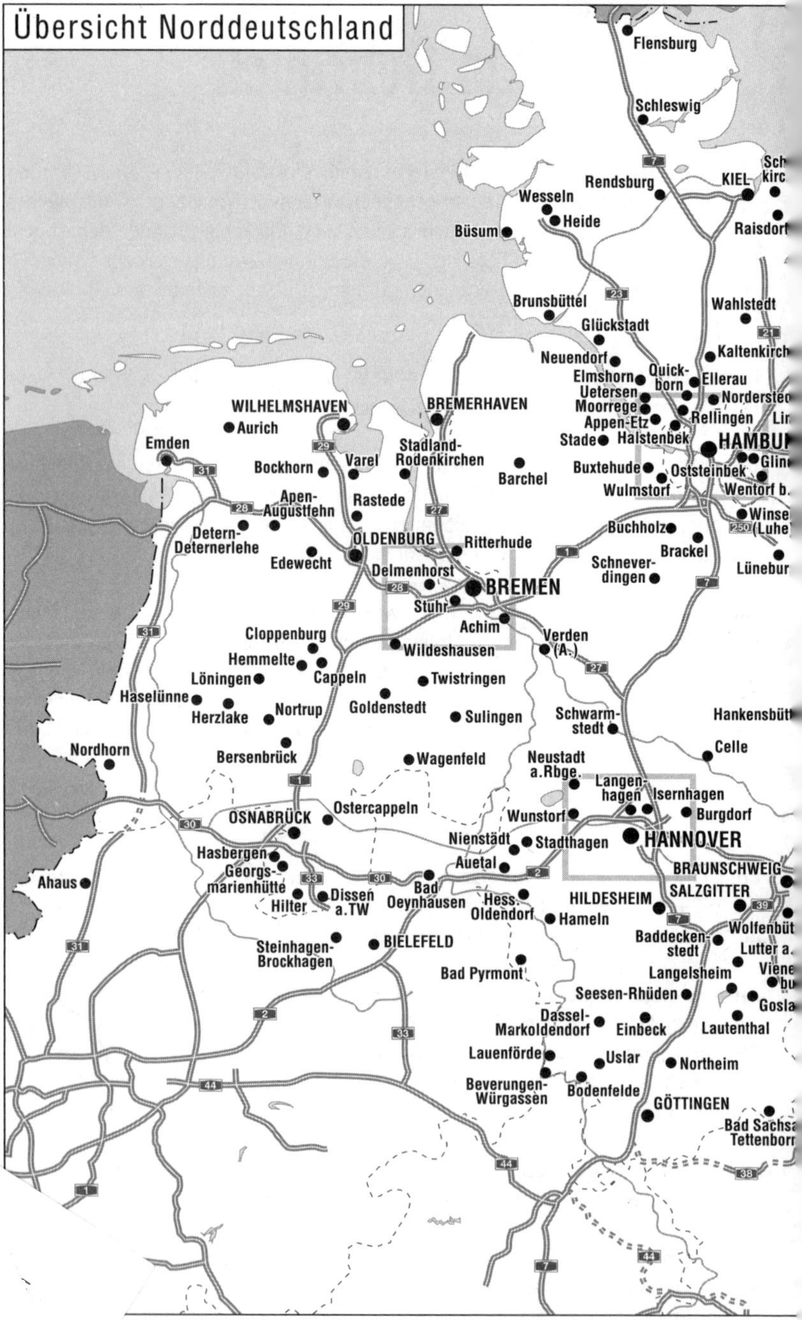
Übersicht Norddeutschland
Flensburg
Schleswig
Rendsburg
KIEL
Wesseln
Heide
Büsum
Raisdorf
Brunsbüttel
Glückstadt
Wahlstedt
Neuendorf
Kaltenkirch
Elmshorn
Quick-
born
Ellerau
Uetersen
Moorrege
Norderste
Appen-Etz
Rellingen
Stade
Halstenbek
HAMBU
WILHELMSHAVEN
BREMERHAVEN
Aurich
Emden
Stadland-
Rodenkirchen
Buxtehude
Oststeinbek
Bockhorn
Varel
Barchel
Wulmstorf
Wentorf b.
Apen-
Augustfehn
Rastede
Winse
(Luhe)
Detern-
Deternerlehe
OLDENBURG
Ritterhude
Buchholz
Brackel
Edewecht
Delmenhorst
BREMEN
Schnever-
dingen
Lünebur
Stuhr
Achim
Cloppenburg
Verden
(A.)
Wildeshausen
Hemmelte
Löningen
Cappeln
Twistringen
Haselünne
Herzlake
Nortrup
Goldenstedt
Sulingen
Schwarm-
stedt
Hankensbütt
Nordhorn
Bersenbrück
Wagenfeld
Neustadt
a.Rbge.
Celle
Langen-
hagen
Isernhagen
OSNABRÜCK
Ostercappeln
Wunstorf
Burgdorf
Nienstädt
Stadthagen
HANNOVER
Hasbergen
Georgs-
marienhütte
Auetal
BRAUNSCHWEIG
Ahaus
Bad
Oeynhausen
HILDESHEIM
SALZGITTER
Hilter
Dissen
a.TW
Hess.
Oldendorf
Hameln
Wolfenbüt
Baddecken-
stedt
Lutter a.
Steinhagen-
Brockhagen
BIELEFELD
Langelsheim
Bad Pyrmont
Seesen-Rhüden
Gosla
Dassel-
Markoldendorf
Einbeck
Lautenthal
Lauenförde
Uslar
Northeim
Beverungen-
Würgassen
Bodenfelde
GÖTTINGEN
Bad Sachsa
Tettenborn

Grömitz
Neustadt i.H.
Rövershagen-Purkshof
Ribnitz-Damgarten
Stralsund
Bentwisch
Marlow
Greifswald
Wolgast
BECK
Bützow
SCHWERIN
Hagenow
Grabow
Pasewalk
Rheinsberg
Fürstenberg
Dannenberg
Neuruppin
Eberswalde
Wustermark
BERLIN
MAGDEBURG
Niederwerbig
Halberstadt
Mühlstedt
Golßen
COTTBUS
Forst
Brehna
Schönborn
Döbern
HALLE (S.)
Freyburg
Bad Kösen
Döschwitz-Hollsteitz

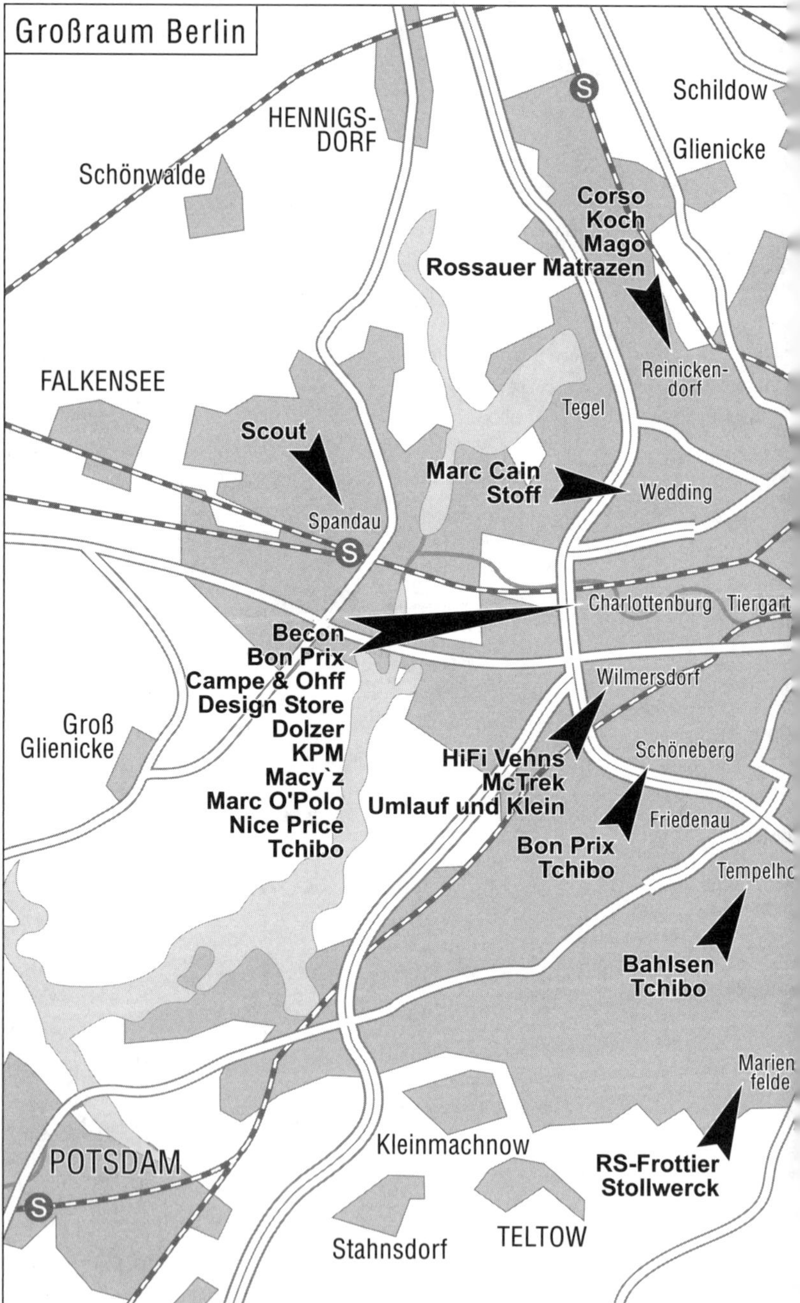
Großraum Berlin
Schildow
Glienicke
HENNIGS-
DORF
Schönwalde
Corso
Koch
Mago
Rossauer Matrazen
FALKENSEE
Reinicken-
dorf
Tegel
Scout
Marc Cain
Stoff
Wedding
Spandau
Charlottenburg
Tiergart
Becon
Bon Prix
Campe & Ohff
Design Store
Dolzer
KPM
Macy`z
Marc O'Polo
Nice Price
Tchibo
Wilmersdorf
Groß
Glienicke
HiFi Vehns
McTrek
Umlauf und Klein
Schöneberg
Friedenau
Bon Prix
Tchibo
Tempelhc
Bahlsen
Tchibo
Marien
felde
Kleinmachnow
RS-Frottier
Stollwerck
POTSDAM
Stahnsdorf
TELTOW

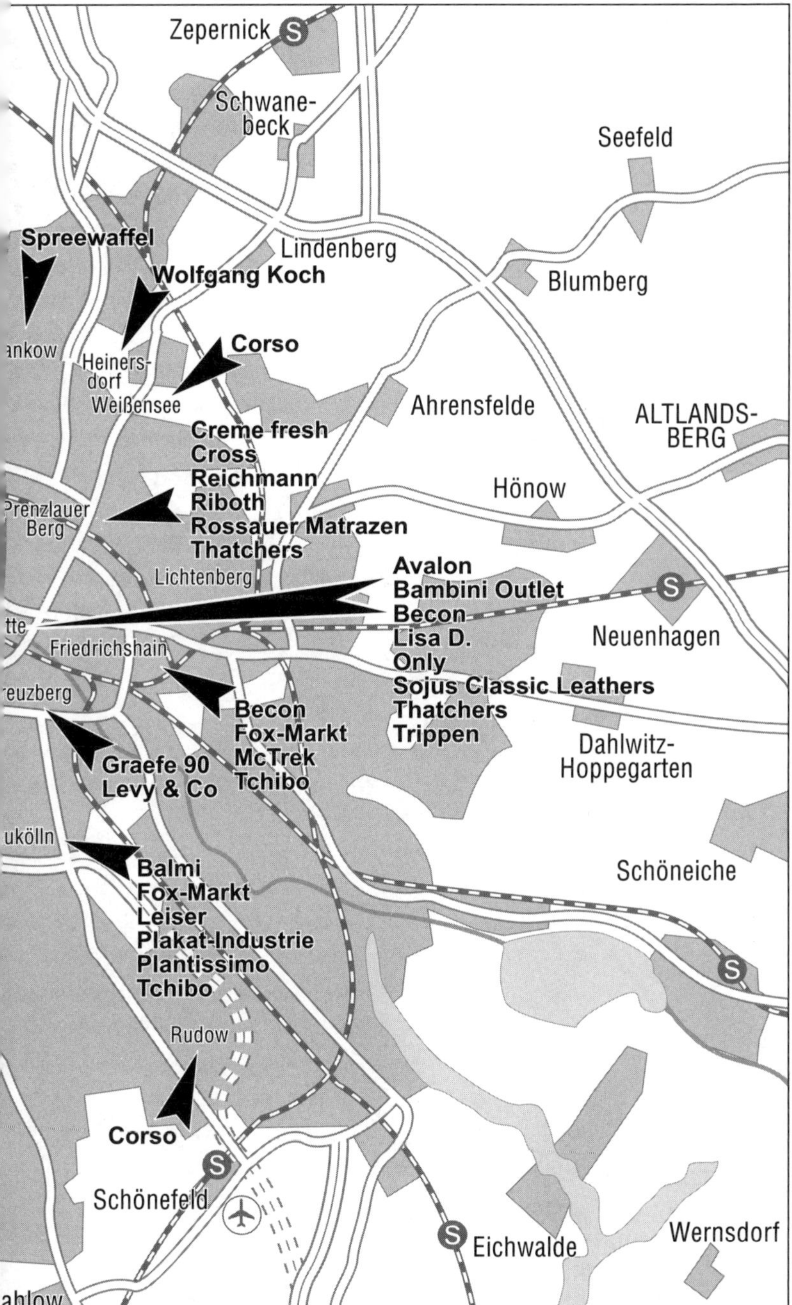
Zepernick
Schwane-
beck
Seefeld
Spreewaffel
Lindenberg
Wolfgang Koch
Blumberg
ankow
Heiners-
dorf
Corso
Weißensee
Ahrensfelde
ALTLANDS-
BERG
Creme fresh
Cross
Reichmann
Riboth
Rossauer Matrazen
Thatchers
Prenzlauer
Berg
Hönow
Lichtenberg
Avalon
Bambini Outlet
Becon
Lisa D.
Only
Sojus Classic Leathers
Thatchers
Trippen
tte
Friedrichshain
Neuenhagen
reuzberg
Becon
Fox-Markt
McTrek
Tchibo
Graefe 90
Levy & Co
Dahlwitz-
Hoppegarten
ukölln
Balmi
Fox-Markt
Leiser
Plakat-Industrie
Plantissimo
Tchibo
Schöneiche
Rudow
Corso
Schönefeld
Eichwalde
Wernsdorf
ahlow

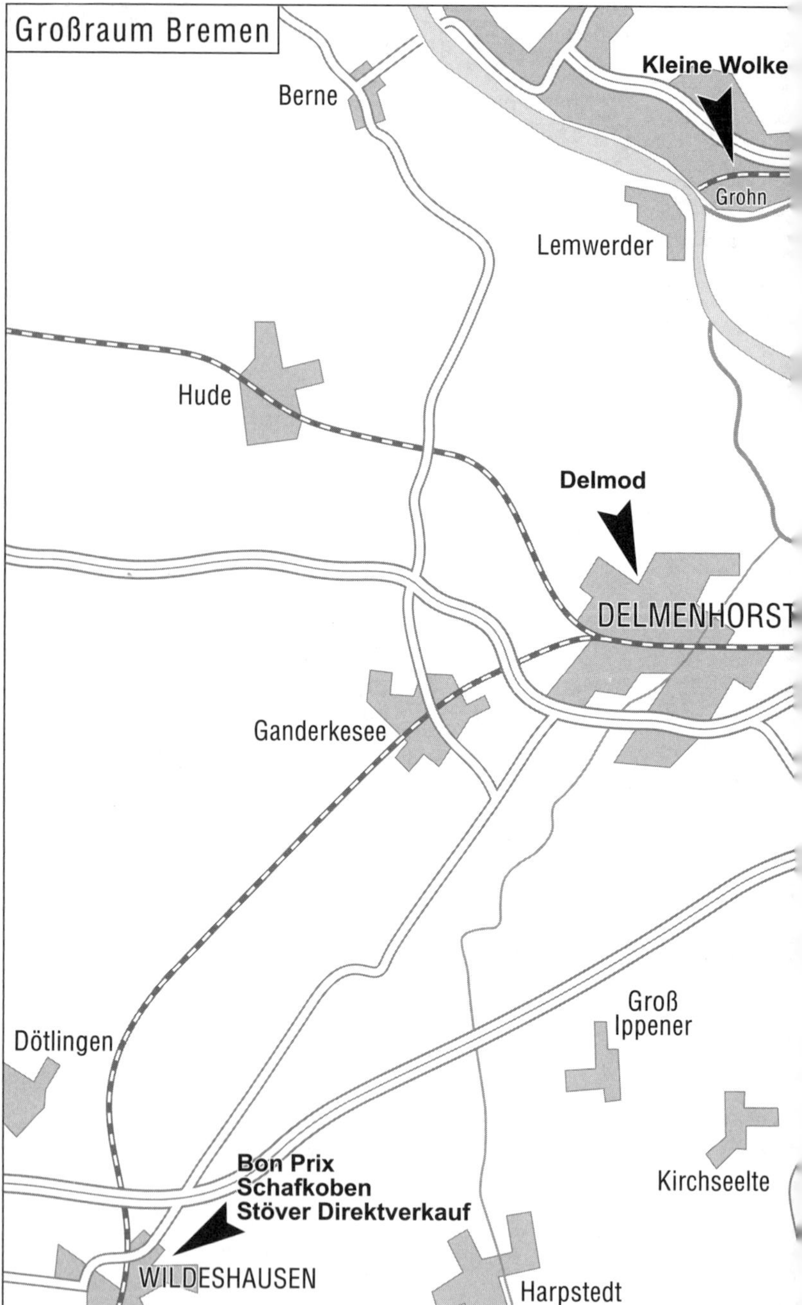
Großraum Bremen
Berne
Kleine Wolke
Grohn
Lemwerder
Hude
Delmod
DELMENHORST
Ganderkesee
Dötlingen
Groß
Ippener
Kirchseelte
Bon Prix
Schafkoben
Stöver Direktverkauf
WILDESHAUSEN
Harpstedt

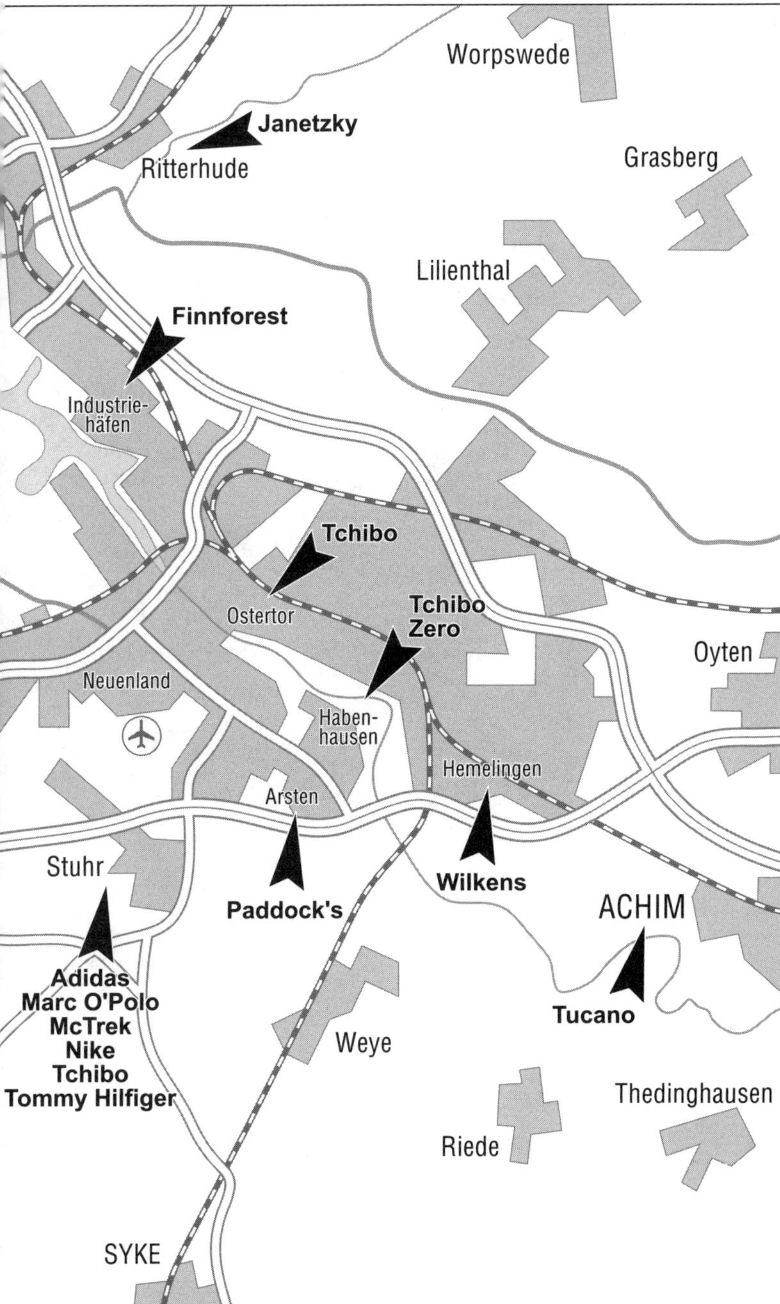
Worpswede
Janetzky
Ritterhude
Grasberg
Lilienthal
Finnforest
Industrie-
häfen
Tchibo
Ostertor
Tchibo
Zero
Oyten
Neuenland
Haben-
hausen
Hemelingen
Arsten
Stuhr
Wilkens
Paddock's
ACHIM
Adidas
Marc O'Polo
McTrek
Nike
Tchibo
Tommy Hilfiger
Tucano
Weye
Thedinghausen
Riede
SYKE

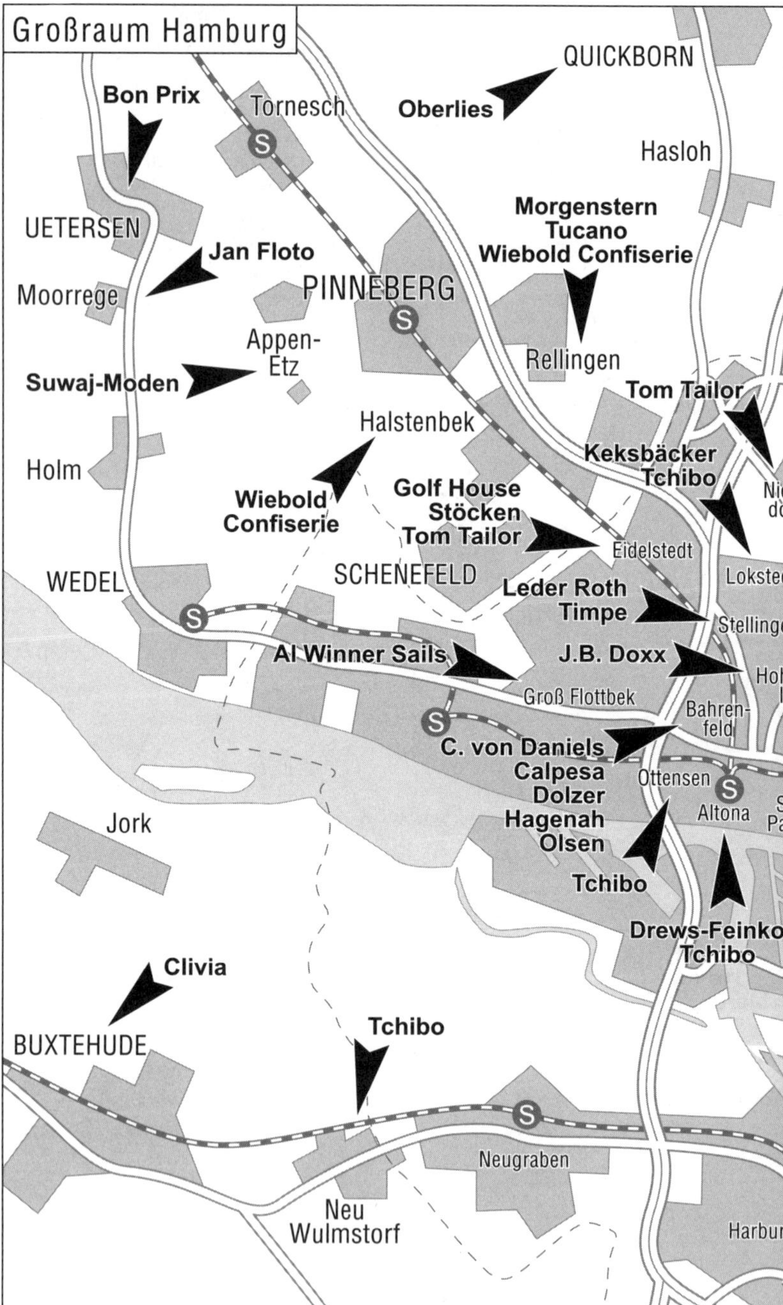
Großraum Hamburg
QUICKBORN
Bon Prix
Tornesch
Oberlies
Hasloh
Morgenstern
Tucano
Wiebold Confiserie
UETERSEN
Jan Floto
Moorrege
PINNEBERG
Appen-
Etz
Rellingen
Suwaj-Moden
Tom Tailor
Halstenbek
Holm
Keksbäcker
Tchibo
Wiebold
Confiserie
Golf House
Stöcken
Tom Tailor
Eidelstedt
WEDEL
SCHENEFELD
Leder Roth
Timpe
Lokstedt
Stellingen
Al Winner Sails
J.B. Doxx
Groß Flottbek
Bahren-
feld
C. von Daniels
Calpesa
Dolzer
Hagenah
Olsen
Ottensen
Altona
Jork
Tchibo
Drews-Feinkos
Tchibo
Clivia
Tchibo
BUXTEHUDE
Neugraben
Neu
Wulmstorf
Harburg

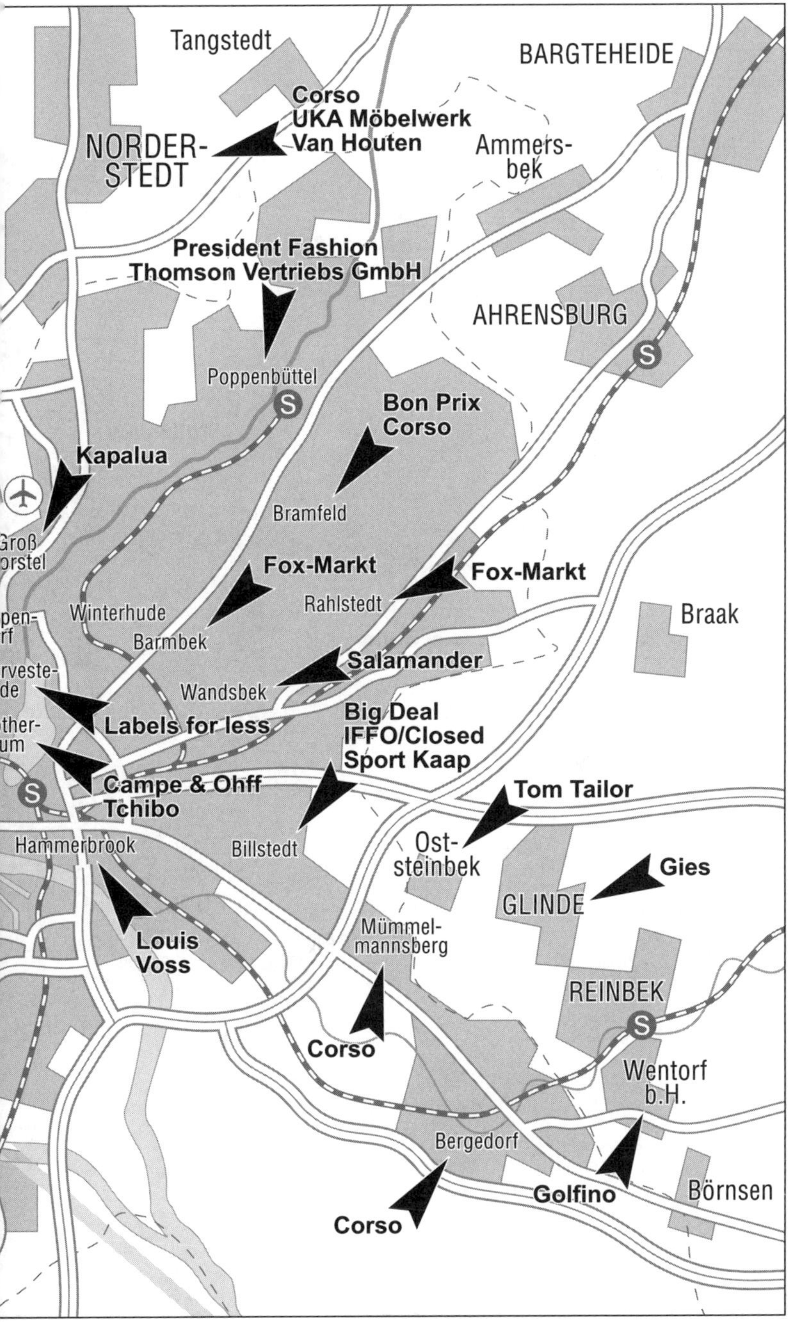
Tangstedt
BARGTEHEIDE
Corso
UKA Möbelwerk
Van Houten
NORDER-
STEDT
Ammers-
bek
President Fashion
Thomson Vertriebs GmbH
AHRENSBURG
Poppenbüttel
Bon Prix
Corso
Kapalua
Bramfeld
Fox-Markt
Fox-Markt
Rahlstedt
Braak
Winterhude
Barmbek
Salamander
Wandsbek
Big Deal
IFFO/Closed
Sport Kaap
Labels for less
Campe & Ohff
Tchibo
Tom Tailor
Hammerbrook
Billstedt
Ost-
steinbek
Gies
GLINDE
Louis
Voss
Mümmel-
mannsberg
REINBEK
Corso
Wentorf
b.H.
Bergedorf
Golfino
Börnsen
Corso

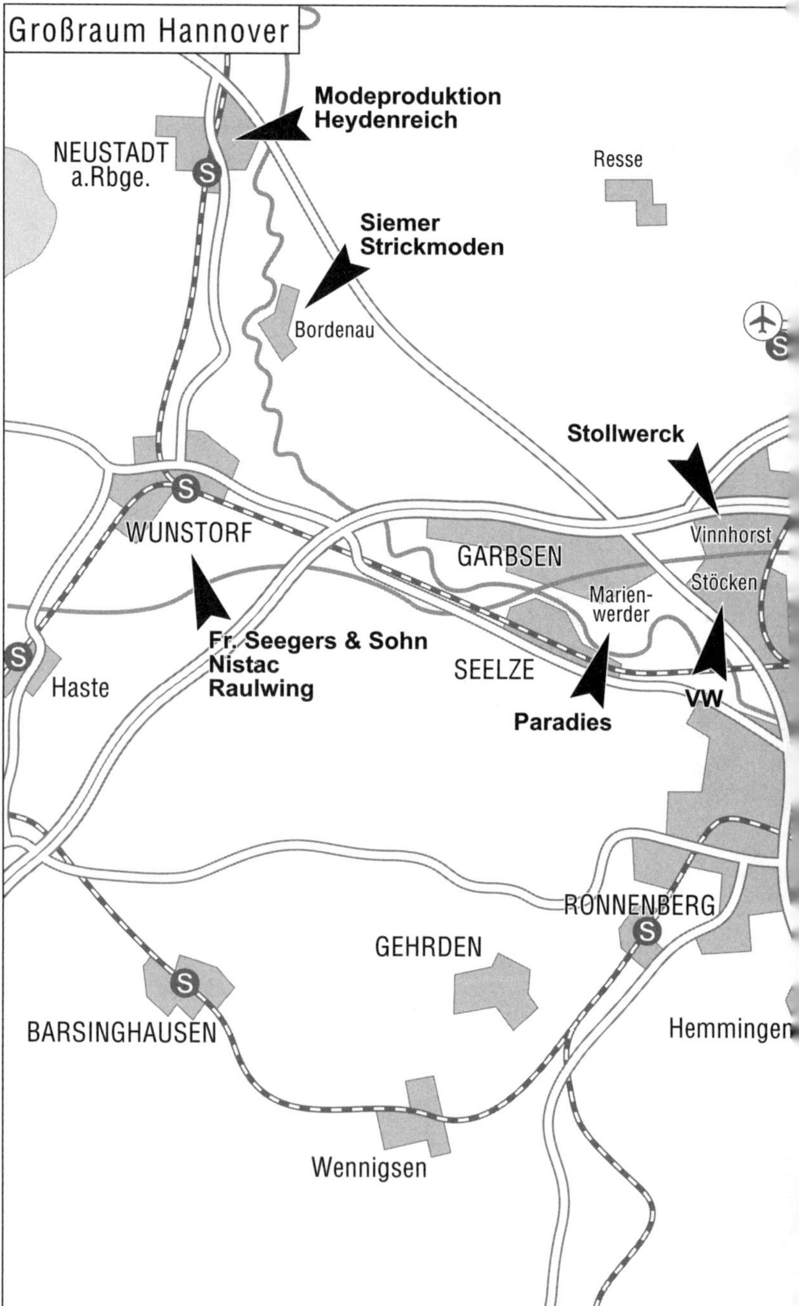
Großraum Hannover
Modeproduktion
Heydenreich
NEUSTADT
a.Rbge.
Resse
Siemer
Strickmoden
Bordenau
Stollwerck
WUNSTORF
GARBSEN
Vinnhorst
Stöcken
Marien-
werder
Fr. Seegers & Sohn
Nistac
Raulwing
Haste
SEELZE
Paradies
VW
RONNENBERG
GEHRDEN
BARSINGHAUSEN
Hemmingen
Wennigsen

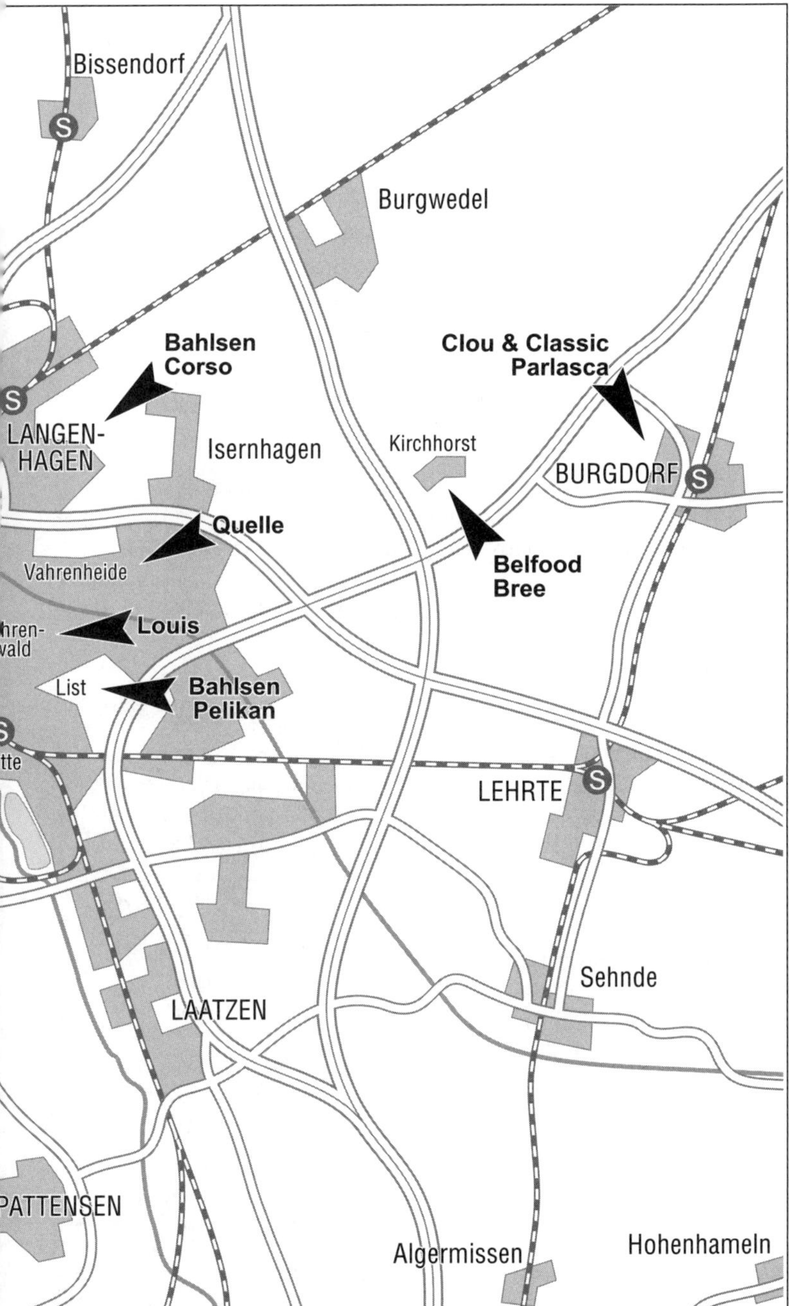
Bissendorf
Burgwedel
Bahlsen
Corso
Clou & Classic
Parlasca
LANGEN-
HAGEN
Isernhagen
Kirchhorst
BURGDORF
Quelle
Vahrenheide
Belfood
Bree
Louis
List
Bahlsen
Pelikan
LEHRTE
Sehnde
LAATZEN
PATTENSEN
Algermissen
Hohenhameln

TUCANO TRADING

EINKAUFS-GUTSCHEIN

Die Tucano Trading GmbH importiert aus Italien und Asien hochwertige, handgemachte Pflanzgefäße. Alle Gefäße sind frostfest und können drinnen und draußen verwendet werden.

Edles, Elegantes, Extravagantes

Warenangebot
Pflanzgefäße sowohl glasiert als auch Terrakotta, speziell auch Terrakotta aus Impruneta.

Ersparnis
30 bis 50 %.

Ambiente
Der Verkauf befindet sich in einer hellen Fabrikhalle und ist 2000 m² groß. Die Auswahl ist riesig und freundliche Berater helfen auch beim Verstauen der schweren Töpfe ins Auto.

Adresse
Tucano Handelsgesellschaft mbH, Lagerverkauf, 28832 Achim bei Bremen, Uphuser Heerstraße 104, Telefon: 0 42 02/52 24 47, Fax: 52 24 48, E-Mail: tucanoinbremen@web.de, Internet: www.tucano.de.

Öffnungszeiten
Montag bis Freitag 10.00 bis 18.00 Uhr, Samstag 10.00 bis 16.00 Uhr.

Weitere Verkaufsstellen
- 25335 **Neuendorf** (bei Elmshorn) Dorfreihe 1, direkt an der B431.
- 25462 **Rellingen,** Industriestraße 6, Telefon: 0 40/85 50 83 86, Fax: 0 41 01/ 37 24 78.

Anreise
A1 Hamburg-Münster, Ausfahrt Bremen-Mahndorf, auf der Uphuser Herrstraße Richtung Bremen-City, nach 400 m ist links Tucano.

gardeur

Die gardeur AG ist eine große deutsche Bekleidungsfirma, die modische Damen- und Herrenbekleidung herstellt. Sie ist bekannt für tragbare, unkomplizierte, sportive Mode, die im guten Fachhandel zu kaufen ist.

Irgendwann ist es gardeur ...

Warenangebot
Damen- und Herrenhosen, Anzüge, Krawatten, Röcke, T-Shirts, Blazer, Pullover, Hemden, Gürtel und Stoffe.

Ersparnis
30 bis 50 %.

Ambiente
Der Verkaufsraum ist mit PVC-Boden ausgelegt und hat auch sonst etwas von einer Lagerhalle. Umkleidekabinen und Spiegel sind ausreichend vorhanden. Die Ware ist übersichtlich geordnet. Nach dem Betreten des Firmengeländes ist der Verkauf gut ausgeschildert. Er befindet sich in einem kleineren Gebäude hinter der Fabrik.

Adresse
gardeur AG, Hauptstraße 400, 26689 Apen-Augustfehn, Telefon: 0 44 89/ 3 09 42.

Öffnungszeiten
Montag bis Freitag 10.00 bis 16.30 Uhr, Samstag 9.00 bis 16.00 Uhr.

Anreise
A28 Richtung Emden, Ausfahrt Apen-Westerstede. Dann nach Augustfehn. Die Firma liegt am Ortsrand an der Hauptstraße und ist nicht zu übersehen.

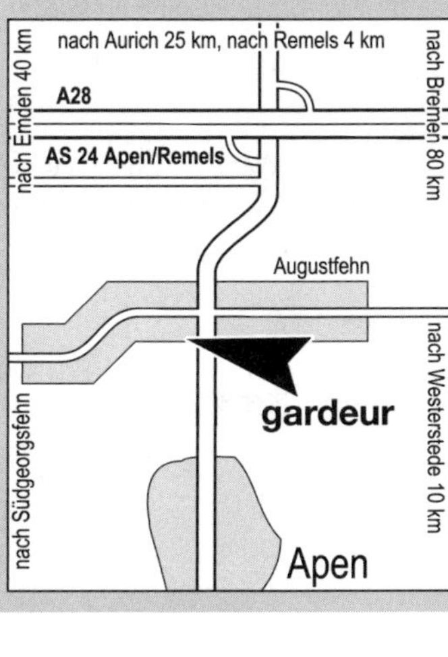

EINKAUFS-GUTSCHEIN

Suwaj-Moden

Die Firma Suwaj-Moden ist ein renommierter Hersteller von Strickwaren der klassischen Linie und auch aktueller Trendmode. Jährlich gibt es sechs neue Kollektionen. Das Angebot im Fabrikverkauf wird abgerundet durch zugekaufte Ware wie Hemden, Blusen, Anoraks und Hosen.

Maschenfest

Warenangebot
Pullover, Strickröcke, Strickjacken, Blusen, Hemden, Anoraks, T-Shirts, Strickkleider, Steppwesten, Sweatshirts und Schals.

Ersparnis
Bis 60% auf Strickwaren aus eigener Produktion und 30% bei zugekaufter Ware.

Ambiente
Der Verkauf befindet sich in einer Art Lagerhalle, die aber recht ansprechend ausgestattet und etwa 250 m² groß ist. Es sind neun Umkleidekabinen vorhanden.

Adresse
Suwaj-Moden, Wedeler Chaussee 18, 25482 Appen-Etz, Telefon: 0 41 01/ 69 02 15, E-Mail: info@suwaj.de.

Öffnungszeiten
Montag bis Freitag 10.00 bis 18.00 Uhr, Samstag 10.00 bis 14.00 Uhr.

Weitere Verkaufsstelle
• 22959 **Linau**, Wentorstraße 1, Telefon: 0 41 54/9 87 70, E-Mail: info@ suwaj.de.

Anreise
A25, Ausfahrt Pinneberg-Süd, Richtung Wedel. Der Suwaj-Fabrikverkauf ist ausgeschildert.

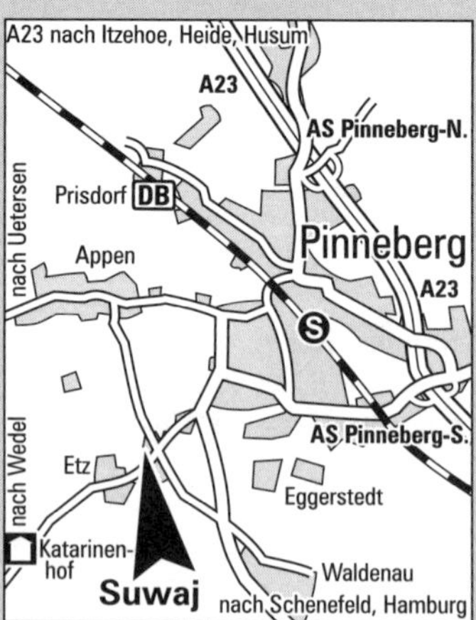

s.Oliver®

&

Marc O'Polo®
SHOES

Das sind bekannte Marken aus der sportiven, legeren Damen- und Herrenmode. Als Zugabe gibt es die passenden Schuhe, Handtaschen und Accessoires dieser Marken. Wobei, wie auch bei der Bekleidung, Marc O'Polo die höherpreisige Marke mit Produkten aus natürlichen Materialien ist, und s.Oliver die preiswertere Variante.

Die richtige Zugabe

Warenangebot

Schuhe für Damen, Herren und in kleinerer Auswahl auch für Kinder. Sie finden alle erdenklichen Arten wie Stiefel, Stiefeletten, Sandalen, Ballerinas, Sneakers, Pumps, Halbschuhe usw. Die Schuhe von s.Oliver sind überwiegend nicht aus Leder, sondern aus neuartigen Kunststoffen, ebenso die Handtaschen, Gürtel oder Geldbörsen.

Ersparnis

50 bis 70 %. Außerdem werden Schuhe aus der vorletzten Saison zu Schleuderpreisen angeboten.

Ambiente

Der Verkauf befindet sich in einer sehr einfachen Lagerhalle, ist aber übersichtlich gestaltet. Parkplätze vorhanden.

Adresse

Direktverkauf Shoes & Accessoires s.Oliver & Marc O'Polo, Sandstraße 5, 31749 Auetal-Rehren, Telefon: 0 57 52/ 92 98 80.

Öffnungszeiten

Montag bis Freitag 10.00 bis 18.30 Uhr, Samstag 10.00 bis 16.00 Uhr.

Anreise

A2 Bielefeld-Hannover, Ausfahrt Rehren/Hessisch Oldendorf, nach rechts, unter der Autobahnbrücke durchfahren, vorbei an der Auffahrt A2 Richtung Dortmund. 2. Straße rechts und wieder rechts in Richtung McDonald's und links zum Kundenparkplatz.

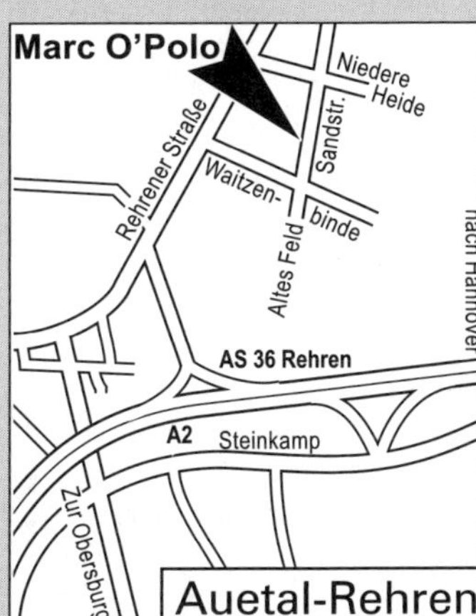

EINKAUFS-
GUTSCHEIN

Die Rintelner Hosenmanufaktur ist auf Hosen spezialisiert. Als Produzent der bekanntesten Hosenmarken in Deutschland, bietet RHM Top-Qualität und neuestes Design. Neben Hosen aus eigener Produktion gibt es auch Bekleidung anderer namhafter norddeutscher Hersteller.

Der Hosenspezialist

Warenangebot
Anzüge, Sakkos, Hosen, Hemden, Pullover, Mäntel, Jeans und Jacken u.a. von Barutti, Masterhand, Benvenuto. Daneben gibt es auch Damenmode, z.B. von Taifun oder Redgreen.

Ersparnis
Bis zu 50 %. Fragen Sie nach der RHM-Kundenkarte. Sie gewährt einen Bonus von 3 % und einige weitere Vorteile

Ambiente
Gepflegter Fabrikverkauf auf über 300 m². Freundliches Personal. Änderungsservice, der die geänderten Teile auch nach Hause liefert.

Adresse
RHM Herrenoberbekleidung, Handelsgesellschaft mbH & Co. KG, Welle 23, 31749 Auetal-Rolfshagen, Telefon: 0 57 53/96 00 20, Fax: 9 21 99.

Öffnungszeiten
Montag bis Mittwoch 15.00 bis 18.00 Uhr, Donnerstag und Freitag 15.00 bis 19.30 Uhr und Samstag 9.00 bis 16.00 Uhr.

Anreise
A2 Hannover-Osnabrück, Ausfahrt Bad Eilsen. Rechts auf die B83 Richtung Hameln/Rinteln, dann links Richtung Rehren, weiter links Richtung Obernkirchen/Rolfshagen und in Rolfshagen rechts Richtung Kathrinhagen. Ca. 200 m nach der Schule finden Sie ein Hinweisschild auf RHM.

highlander®

HAFLINGER

Fabrikverkauf
Bequemschuhe
Hüttenschuhe

EINKAUFS-GUTSCHEIN

Die Marke Haflinger steht für Haus-, Freizeit- und Hüttenschuhe. Sie ist in Deutschland und im Ausland bekannter als die Marke Highlander. Der Angebotsschwerpunkt der Fabrikverkäufe liegt aber auf Highlander-Schuhen. Dies sind Schuhe, in denen Ihre Füße vital und gesund bleiben. Wahre Raumwunder, die die Gelenke und die Wirbelsäule entlasten. Sie werden aus bestem Material in Handarbeit gefertigt.

Der passt!

Warenangebot
Große Auswahl an Bequemschuhen von Highlander für Damen und Herren, für Beruf und Freizeit. Für Damen ab Größe 35, für Herren bis Größe 49. Außerdem: Haflinger Hüttenschuhe und Clogs. Angeboten werden Sondermodelle und 1B-Ware; auch Muster- bzw. Restleder.

Ersparnis
30 bis 50 %. Schuhe außerhalb der Saison zum Teil zusätzlich reduziert.

Ambiente
Kleines Schuhgeschäft mit freundlicher Beratung. Unter www.fabrikverkauf-schuhe.de können Sie die 1B-Ware/Sondermodelle zur Anprobe bestellen. Diese werden im Shop bereit gestellt oder versandkostenfrei geliefert.

Adresse
Fabrikverkauf Bequemschuhe, Hüttenschuhe, Zur Rast 17, 38271 Baddeckenstedt, Telefon: 0 53 45/49 36 67, Internet: www.fabrikverkauf-schuhe.de.

Öffnungszeiten
Montag bis Freitag 10.00 bis 13.00 und 14.00 bis 18.00 Uhr, Samstag 10.00 bis 14.00 Uhr.

Weitere Verkaufsstelle
● 38640 **Goslar**, Frankenberger Straße 32c, Telefon: 0 53 21/30 28 76.

Anreise
A7, Ausfahrt Derneburg/Salzgitter. B6 Richtung Salzgitter/Goslar. In Baddeckenstedt ist der Verkauf gegenüber dem Bahnhof.

KÖSEN DIE PLÜSCHTIER-WELT

Das Unternehmen stellt seit 90 Jahren Spielzeug her. In dieser langen Tradition wurde stets Wert gelegt auf naturgetreues Aussehen, gute Verarbeitung und hohen Spielwert. Durch die Übernahme eines anderen Herstellers werden jetzt auch Stoffpuppen und Stofftiere für das Kleinkindalter gefertigt.

Tiere zum Kuscheln

Warenangebot
Dachs, Waschbär, Siebenschläfer, Berner Sennhund, verschiedene Vogelarten und viele, viele andere Plüschtiere führen hier ein friedliches Miteinander mit Stoffpuppen und Teddybären.

Ersparnis
Ca. 20 %.

Ambiente
Verkaufsräume bei der Spielzeugmanufaktur.

Adresse
Kösener Spielzeug Vertriebs GmbH, Naumburger Straße 13 b, 06628 Bad Kösen, Telefon: 03 44 63/6 13 63, Fax: 33-1 10, Internet: www.koesener.de.

Öffnungszeiten
Montag bis Freitag 10.00 bis 18.00 Uhr, Samstag 10.00 bis 17.00 Uhr, Sonntag und Feiertage 11.00 bis 17.00 Uhr.

Anreise
A9 Nürnberg-Berlin, Ausfahrt Naumburg und weiter auf der B180 nach Naumburg und auf der B87 nach Bad Kösen. Von Naumburg kommend vor der Saale-Brücke rechts in das Ritterbad-Carré.

Die Polstermöbelfabrik Raulwing fertigt und verkauft in Bad Oeynhausen seit 1948 Polstermöbel – modern und Stilmöbel. Sie bietet verschiedene Sitzsysteme und Exklusiv-Modelle in klassischer oder konventioneller Form.

Kein Stilbruch

Warenangebot
Wohnlandschaften, Sofas, Sessel in verschiedenen Stoffen oder in Leder. Sonderanfertigungen sind in allen Maßen möglich, außerdem können Sie hier ihren Polstermöbeln einen Neubezug anpassen lassen.

Ersparnis
Die Ersparnis ist nicht zu benennen, die Polstermöbel werden nur im Direktverkauf angeboten. Es gibt jedoch ständig eine große Zahl von bis zu 50 % reduzierten Ausstellungsstücken.

Ambiente
Riesige Ausstellungsfläche mit kompetenter Beratung. Parkplätze sind in ausreichender Menge vorhanden.

Adresse
Raulwing Polstermöbel, Dehmer Straße 68, 32549 Bad Oeynhausen, Telefon: 0 57 31/50 05.

Öffnungszeiten
Montag bis Freitag 9.30 bis 18.30 Uhr, Samstag 10.00 bis 14.00 Uhr.

Weitere Verkaufsstelle
● 31515 **Wunstorf-Steinhude am Meer**, Bleichenstraße 12, Telefon: 05033/2406. Öffnungszeiten: Montag bis Freitag 10.00 bis 18.30 Uhr, Samstag 10.00 bis 14.30 Uhr.

Anreise
A2 Bielefeld-Hannover, Ausfahrt Autobahnkreuz Bad Oeynhausen und auf der B514 weiter in Richtung Osnabrück bis zur Ausfahrt 34/ Vlothoer Straße/Dehme. Von der Vlothoer Straße nach ca. 1 km in die Dehmer Straße, nach ca. 3 km Polstermöbelfabrik Raulwing.

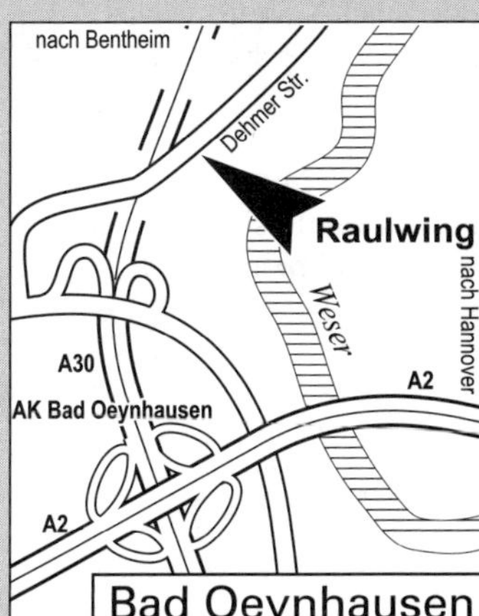

GOLDY®
im rahmen aller möglichkeiten

Die Firma Goldy stellt täglich etwa 10.000 Bilderrahmen her und hat ein Leistenlager von 250.000 laufenden Metern in verschiedenen Profilen und Farben.

Alles im Rahmen

Warenangebot
Große Auswahl an Bilderrahmen und Spiegeln (Barock-, Foto-, Galerie- und Wechselrahmen) in allen Formaten. Meterware, auch Sonderanfertigungen sind möglich.

Ersparnis
40 bis 60 %.

Ambiente
Der Verkauf ist im Bürogebäude. Sie finden dort das Hinweisschild, das Sie zum Verkaufsraum führt.

Adresse
Goldy Rahmen, Siemensstraße 7, 31812 Bad Pyrmont, Telefon: 0 52 81/16 06 12, Fax: 16 08 29.

Öffnungszeiten
Mittwoch 14.00 bis 17.00 Uhr oder nach telefonischer Vereinbarung.

Anreise
A2 Bielefeld-Hannover, Ausfahrt Bad Eilsen und auf der L238 Richtung Rinteln. Weiter nach Barntrup, hier zur B1 nach Bad Pyrmont. Durch Bad Pyrmont hindurch und vor dem Bahnhof links Richtung Hameln. Nach ca. 600 m bei McDonald's rechts in die Siemensstraße.

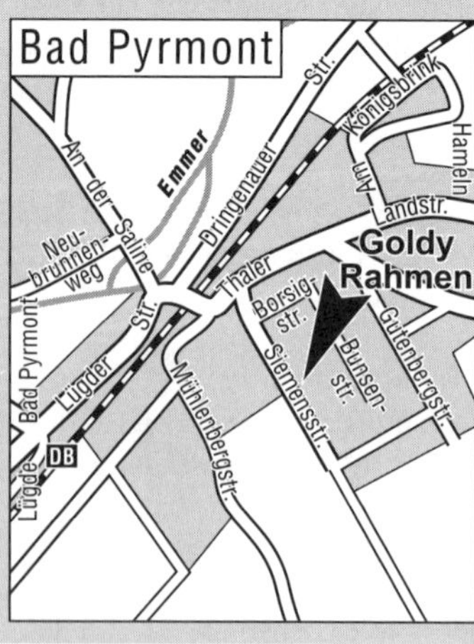

Herr van Rijn stellt bereits seit einiger Zeit in einer Werkstatt neben seinem Wohnhaus Bilderrahmen her. Er verkauft vor allem an Stammkunden, die auch schon einmal eine größere Entfernung dafür zurücklegen. Da seine Bilderrahmen nicht über den Einzelhandel vertrieben werden, ist es nach wie vor ein Geheimtipp.

Aus dem Rahmen gefallen

Warenangebot
Bilderrahmen in zahlreichen Formaten und Ausführungen. Das Angebot reicht von reich verzierten, eher konservativen Bilderrahmen bis zu schlichten, moderneren Formen.

Ersparnis
Da man die Rahmen nicht im Einzelhandel erstehen kann, lässt sich die Ersparnis lediglich auf Konkurrenzprodukte beziehen, denen die Rahmen von Herrn van Rijn qualitativ in nichts nachstehen. Diese Ersparnis beträgt ca. 40 bis 50 %.

Ambiente
Man klingelt am Haus und wird in einen Raum gebracht, wo ein Rahmen neben dem anderen hängt, und wo man schon auch einmal den Kopf ein wenig einziehen muss.

Adresse
Bilderrahmen van Rijn, Lerchenstraße 5, 27432 Barchel, Telefon: 0 47 66/4 60, Fax: 82 00 02, E-Mail: info@vanrijn.de.

Öffnungszeiten
Nach telefonischer Absprache.

Anreise
Auf der B71/B74 aus Bremen bzw. Bremerhaven kommend liegt Barchel etwa 8 bis 10 km vor Bremervörde. Gleich die erste Straße rechts nach Barchel hineinfahren und bald darauf rechts in die Lerchenstraße abbiegen. Dort ist es das Haus links vor der Wendeplatte.

Campe & Ohff

Ein Maßhemd von Campe & Ohff zeichnet sich durch perfekten Sitz und Qualität aus. Es wird nach individuellem Maß im Einzelzuschnitt aus hochwertigen Stoffen gefertigt. Herrenausstatter lassen hier zum Teil die bei ihnen bestellten Maßhemden schneidern.

Visitenkarte Ihrer Garderobe

Warenangebot
Feine Hemden und Blusen, Seidenkrawatten, Pyjamas und Morgenmäntel sowie Janker, Accessoires wie Manschettenknöpfe oder Piccadillykragen-Nadeln. Vereinzelt sind Modelle mit Passformfehlern oder Muster am Lager.

Ersparnis
25 %, bei Sonderaktionen bis 40 %.

Ambiente
Ansprechender Verkaufsraum, Musterteile zur Ansicht hängen an Kleiderständern. Es kann nach Katalog mit Stoffmustern oder persönlich bestellt werden. Lieferzeit für Maßanfertigungen beträgt ca. 4 bis 5 Wochen. Versandkostenpauschale 4,50 €, ab drei Maßhemden portofrei.

Adresse
Campe & Ohff, Leibnizstraße 53, 10629 Berlin-Charlottenburg, Telefon: 030/31004045, E-Mail: info@campe-ohff.de, Online-shop:www.campe-ohff.de.

Öffnungszeiten
Montag bis Freitag 11.00 bis 19.00 Uhr, Samstag 11.00 bis 16.00 Uhr.

Anreise
A100, Ausfahrt Kurfürstendamm, Leibnizstraße/Ecke Kurfürstendamm. Mit öffentlichen Verkehrsmitteln: U-Bahn-Station Adenauerplatz.

design store

Durch Direktimporte von renommierten Markenherstellern aus Italien ist Design Store eine Top-Adresse für Klassiker der Marken Casamilano, Artemide, Bellato, Fornasetti, Kastell u.a. sowie von Bauhausklassikern z. B. von Star-Designer Mies van der Rohe. Das schlagkräftige Motto heißt: „Why pay more?".

Modern Interiors

Warenangebot
Leuchten, Polstermöbel-Kollektionen, Tische, Möbelsysteme und Möbel aller Art, auf Wunsch komplette Objekteinrichtungen.

Ersparnis
Bis 50%. Lieferung bundesweit frei Haus.

Ambiente
Ansprechender Showroom mit edlen Stücken. Beratung erfolgt durch den Chef persönlich. Parkplätze vorhanden.

Adresse
Design Store, Helmholtzstraße 2-9, Gewerbehof, Haus 1, 10587 Berlin-Charlottenburg, Telefon: 030/3152484, Fax: 3152485, E-Mail: mail@design-store.de, Internet: www.design-store.de.

Öffnungszeiten
Dienstag bis Freitag 12.00 bis 19.00 Uhr, Samstag 11.00 bis 16.00 Uhr und nach Vereinbarung.

Anreise
Mit der U2 oder U12 bis Ernst-Reuter-Platz, weiter mit Bus 101 oder 245 bis Höhe Pascalstraße. Mit dem Pkw: A100 über den Kaiserdamm und die Bismarckstraße zum Ernst-Reuter-Platz und von hier halblinks in die Marchstraße und dann links weiter über das Salzufer in die Helmholzstraße.

DOLZER
MASSKONFEKTIONÄRE
SEIT 1963

Durch die Dominanz der großen Markenhersteller ist der klassische Maßanzug etwas aus der Mode geraten und gilt allgemein als unerschwinglich. Die Firma Dolzer erfüllt aber alle Voraussetzungen, um für ein Revival des guten alten Maßanzuges zu sorgen. Durch kostengünstige Fertigung von Maßkonfektion hat das Unternehmen Erfolgsgeschichte geschrieben.

Auf den Leib geschnitten

Warenangebot
Mäntel, Anzüge, Sakkos, Hosen, Hemden für Männer sowie Kostüme, Hosenanzüge, Mäntel, Blusen und Hosen für Frauen. Das Angebot an Stoffen ist reichhaltig. Es reicht von einfachen bis zu teuren Stoffen.

Ersparnis
Die Ersparnis ist schwer zu beziffern, da es Anzüge von Dolzer nur bei der Firma Dolzer nach Maß zu kaufen gibt. Wählt man einen Stoff eines weniger bekannten Herstellers, kostet der Herrenanzug ab ca. 150,- € bis ca. 345,- €. Wählt man den Stoff eines bekannten Markenherstellers reicht die die Spanne von ca. 345,- € bis ca. 550 ,- €. Übergrößen kosten 10 % Aufschlag.

Ambiente
Ansprechende Räume im Backsteingebäude einer renovierten Textilfabrik.

Adresse
Dolzer Maßkonfektionäre, Franklinstraße 12a/b, 10587 Berlin-Charlottenburg, Telefon: 0 30/39 90 75 70, Fax: 39 90 75 72, Internet: www.dolzer.de.

Öffnungszeiten
Montag bis Freitag 9.30 bis 18.30 Uhr, Donnerstag bis 20.00 Uhr, Samstag 9.30 bis 16.00 Uhr.

Weitere Verkaufsstellen
Siehe unter www.dolzer.de im Internet.

Anreise
A100, Ausfahrt Kaiserdamm, der wird zur Bismarckstraße und am Ernst-Reuter-Platz in die Marchstraße, die zur Franklinstraße wird.

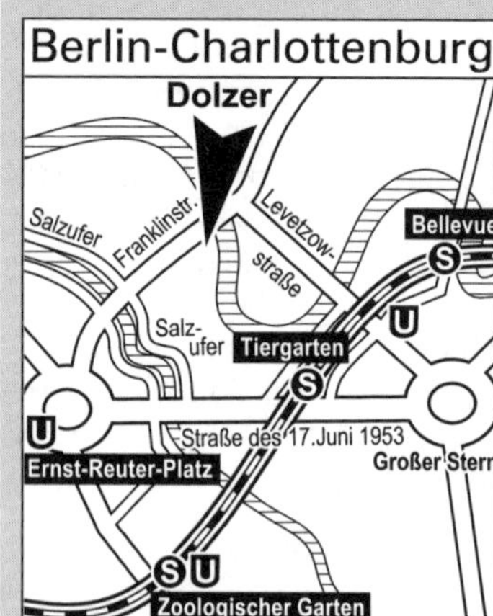

KPM

König Friedrich der Große gab der Porzellanmanufaktur Namen und Zeichen: das königsblaue Zepter. Seitdem entstanden hier in jeder Epoche stilprägende Porzellane, immer wieder neue Klassiker in schöner, traditioneller und moderner Formgebung und Bemalung. Das handgeformte KPM-Porzellan besitzt außerdem hohe Funktionalität und findet deshalb zunehmend Verwendung in der gehobenen Gastronomie.

Die Klassiker in Porzellan

Warenangebot
Angeboten wird im Manufakturverkauf in erster Linie hochwertiges Porzellan. Daneben gibt es jedoch auch B-Ware und Auslaufmodelle.

Ersparnis
10 bis 30 %.

Ambiente
In der Verkaufsgalerie im neuen Pavillon können Sie sich einen einzigartigen Überblick über die außerordentliche Porzellankunst der KPM verschaffen. Die Auslaufware und B-Ware ist besonders gekennzeichnet.

Adresse
KPM-Königliche Porzellanmanufaktur Berlin GmbH, Verkaufsgalerie im Pavillon, Straße des 17. Juni 100, 10785 Berlin, Telefon: 030/39009215, Fax: 39009222, Internet: www.KPM-Berlin.de.

Öffnungszeiten
Montag bis Freitag 10.00 bis 19.00 Uhr, Samstag 10.00 bis 16.00 Uhr.

Anreise
Mit der S5, S75, S3, S9 zum S-Bahnhof Tiergarten. Dort ist der neue Manufakturverkauf. Mit dem Pkw: A100, Ausfahrt Kaiserdamm, dieser wird zunächst zur Bismarckstraße und dann zur Straße des 17. Juni.

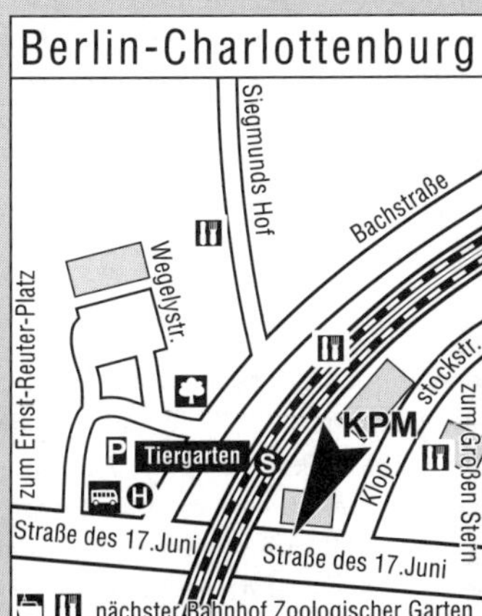

m a c y ' z

First class second hand – so ist hier unter anderem die Designermode von Jil Sander, Gianni Versace, Paul Gaultier, Prada, Gucci, Mijake vertreten. Designerfans, die ihren Geldbeutel schonen wollen, sind hier richtig.

Second hand – taufrisch

Warenangebot
Große Auswahl an exklusiver Damen-Designermode und Accessoires, nicht neu, aber kaum getragen. Ein Jagdgebiet für Edelschnäppchenjägerinnen.

Ersparnis
60 %.

Ambiente
Schon die Klingel an der Tür zeigt, dass Sie hier wirklich „First Class" in guter Atmosphäre, mit erstklassiger Beratung einkaufen.

Adresse
Macy'z, Thea Wirtz, Mommsenstraße 2, 10629 Berlin-Charlottenburg, Telefon: 0 30/8 81 13 63.

Öffnungszeiten
Montag bis Freitag 11.00 bis 18.30 Uhr, Samstag 11.00 bis 16.00 Uhr.

Tipp
Wenn Sie bei Mazy's nicht das Richtige finden, können Sie nebenan in der Mommsenstraße 4 bei 1st & 2nd Hand, in ebenfalls erstklassigem Angebot weiter suchen. Öffnungszeiten: Montag bis Freitag 11.00 bis 18.30 Uhr, Samstag 11.00 bis 16.00 Uhr. Telefon: 0 30/8 81 74 36.

Anreise
Mit der U15 bis Uhlandstraße, mit der S-Bahn bis Savignyplatz oder mit den Bussen 109, 119, 129 und 149. Mit dem Pkw: A100 über den Kurfürstendamm in die Lewishamstraße und links in die Mommsenstraße.

EINKAUFS-GUTSCHEIN

Marc O'Polo®

Marc O'Polo ist innovative, qualitativ hochwertige Bekleidung aus überwiegend natürlichen Materialien für moderne, weltoffene Menschen. Die Lifestyle-Marke ist modisches Statement eines individuellen Lebensgefühls, hat einen hohen Prestigewert und behauptet sich im Premium-Segment.

Lebensgefühl

Warenangebot
Komplettes Sortiment (Pullover, Hosen, Jacken, Hemden, Blusen etc.) für Damen und Herren, Schuhe, Taschen, Wäsche, Kinderbekleidung, Accessoires. Die Ware ist aus der Vorsaison, zum Teil auch 2.-Wahl, Retouren und Musterteile.

Ersparnis
30 bis 50 %.

Ambiente
Der Verkauf erstreckt sich über zwei Etagen und ist im Stil einer normalen Marc O'Polo-Boutique gehalten.

Adresse
Marc O'Polo Lagerverkauf, Kaiserdamm 7, 14057 Berlin-Charlottenburg, Telefon: 0 30/3 25 61 60.

Öffnungszeiten
Montag bis Freitag 10.00 bis 20.00 Uhr, Samstag 10.00 bis 18.00 Uhr.

Weitere Verkaufsstellen

- 28816 **Stuhr-Brinkum bei Bremen**, Bremer Straße 113, Telefon: 04 21/ 8 78 45 80. Montag bis Freitag 10.00 bis 20.00 Uhr, Samstag 10.00 bis 18.00 Uhr.
- 80807 **München-Martinsried**, Lena-Christ-Straße 46, Telefon: 0 89/ 8 57 68 95. Montag bis Freitag 10.00 bis 20.00 Uhr, Samstag 10.00 bis 17.00 Uhr.
- B-3630 **Maasmechelen**, Belgien, Zetellaan 151, Telefon: 00 32/89 38 35 72. Montag bis Freitag 10.00 bis 20.00 Uhr, Samstag 10.00 bis 19.00 Uhr.

Anreise
Mit der U2/U12 bis Sophie-Charlotte-Platz. Mit dem Pkw: A100, Ausfahrt Kaiserdamm.

NICE PRICE
JEANS & CO

Entweder hat die Jeans einen kleinen Fehler oder sie ist aus der vorangegangenen Saison. Hier gibt es überwiegend jugendliche Mode von Markenherstellern wie Diesel, Levi's, Jack & Jones, P.J., Tommy Hilfiger, Trussardi, Tom Tailor u.a. Aber wen stört es schon, dass die Jeans einen kleinen Webfehler hat oder die Waschung vielleicht doch eine Nuance anders ist als in der aktuellen Saison?

Dauer-Knüller

Warenangebot
Jeans, Jeansjacken, T-Shirts, Sweatshirts, Pullis, Mäntel, Jacken, Gürtel und Overalls für Damen und Herren.

Ersparnis
50 %, bei Sonderangeboten mehr.

Ambiente
Übersichtlich gehaltener, lagerähnlicher Verkauf. Überwiegend junges Publikum. Aufmerksame Bedienung.

Adresse
Nice Price Jeans & Co., Knesebeckstraße 8/9, 10623 Berlin-Charlottenburg, Telefon: 030/3126502, Fax: 3129462, Internet: www.nice-price-de.

Öffnungszeiten
Montag bis Freitag 9.00 bis 20.00 Uhr, Samstag 9.00 bis 18.00 Uhr.

Anreise
U2 oder U12 bis Ernst-Reuter-Platz, oder mit der S3 Savignyplatz und zu Fuß in die Knesebeckstraße. Öffentliche Verkehrsmittel sind ratsam, da Parkplatzprobleme. Falls Sie doch mit dem Auto fahren wollen: A100, Ausfahrt Kaiserdamm-Süd, über die Neue Kantstraße zum Savignyplatz und dort links in die Knesebeckstraße.

BECON
FACTORY OUTLET

Becon Berlin ist Hersteller hochwertiger Bekleidung für Herren und Damen. Unter dem Label Becon menswear und Becon women erwartet Sie eine abgestimmte, gut kombinierbare Kollektion aus hochwertigen Stoffen.

Nicht nur Männersache

Warenangebot
Für Herren: Anzüge, Mäntel, Hosen, Sakkos, Westen, Pullis, Schals und Krawatten in reicher Auswahl. Das Angebot für Damen ist eher überschaubar. Viel neue Ware, aber auch Ware aus der vorangegangenen Saison. Kostenlose Änderungen beim Kauf eines Anzugs bzw. eines Kostüms. Zusätzliche Vorteile mit einer Businesscard.

Ersparnis
30 %, bei Sonderangeboten mehr.

Ambiente
Großer Verkauf mit übersichtlicher Warenpräsentation und freundlichem Personal.

Adresse
Becon Berlin, Factory Outlet, Eldenaer Straße 35, 10247 Berlin-Friedrichshain, Telefon: 030/55491215, Internet: www.becon-menswear.de.

Öffnungszeiten
Montag bis Freitag 10.00 bis 20.00 Uhr, Samstag 10.00 bis 16.00 Uhr.

Weitere Verkaufsstellen
- 10117 **Berlin-Mitte**, Mauerstraße 86-88, Telefon: 030/22651870. Montag bis Freitag 11.00 bis 20.00 Uhr, Samstag 10.00 bis 17.00 Uhr.
- 10587 **Berlin-Charlottenburg**, Salzufer 13-14, Telefon: 030/39849948. Montag bis Mittwoch 11.00 bis 18.00 Uhr, Donnerstag und Freitag 12.00 bis 20.00 Uhr, Samstag 10.00 bis 16.00 Uhr.

Anreise
A10, Ausfahrt Berlin-Hellersdorf, B1/B5 stadteinwärts, von der Frankfurter Allee rechts (Petersburger Straße), am Bersarinplatz halbrechts (Thaerstraße) und wieder rechts.

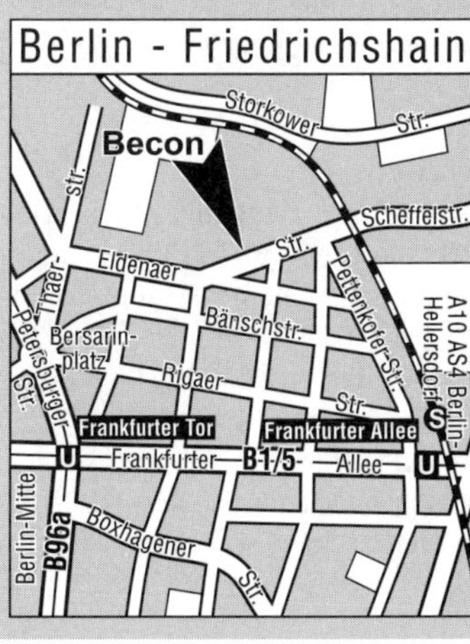

Seilermeister Koch

Handwerksbetrieb mit mehr als 50-jähriger Tradition in der Fertigung von Seilen und Stricken.

Seile für Haus und Sport

Warenangebot
Natur-, Kunstfaser-, Draht-, Niro-, Hebeseile, Gehänge, Antennenabspannungen, Sport-, Schutz- und Abdecknetze, Seil- und Kettenzubehör, Seile für Hausbegrünung. Spezielle Anfertigung von Segelboottakelagen, Hebebändern, Festmachern, Zurrgurten und Architekturseilen usw.

Ersparnis
30 bis 50%.

Ambiente
Der Verkauf findet im Büro bzw. im Lager statt. Das Personal weiß auf jeden Fall, wie stark der Strick für welchen Zweck sein muss, damit er nicht reißt und welches Material am besten geeignet ist.

Adresse
Seilermeister Wolfgang Koch, Neukirchstraße 68/69, 13089 Berlin-Heinersdorf, Telefon: 030/4729609 und 473011-21 oder -22, Fax: 47301123, Mobil: 0172/3082755.

Öffnungszeiten
Montag bis Freitag 8.00 bis 15.00 Uhr oder nach telefonischer Vereinbarung.

Anreise
Mit dem Bus 155 bis Prenzlauer Promenade oder mit dem Auto auf der Prenzlauer Promenade stadtauswärts Richtung A114/Dreieck Pankow bis zur Heimdallstraße/Neukirchstraße.

EINKAUFS-GUTSCHEIN

Graefe 90

Das Strick-Atelier Graefe 90 entwirft und fertigt seit über zehn Jahren extravagante, exklusive Strickmode für jede Figur. Die Teile lassen sich perfekt kombinieren und sind auch lässig als Lagen-Look zu tragen, ob zu festlichen Anlässen oder im Alltag.

Von Maschennetzen umgarnt

Warenangebot
Kleider mit Ärmeln und ohne, Tops, Röcke und Hosen, Chasubles, Stolen, Pullis und Jacken in warmen Farben aus italienischen Effektgarnen u.a. In Berlin ist die Designerin auf der Endverbrauchermesse und auf speziellen Märkten häufig vertreten, außerdem können die Strickteile auch im Internet bestellt werden.

Ersparnis
Bis zu 40 %, bei speziellen Aktionen mehr.

Ambiente
Der neue Salon mit angrenzender Werkstatt in der ersten Etage lädt bei einer Tasse Kaffee zum Stöbern und Anprobieren ein. Es gibt immer einen ganzen Kleiderständer mit Angeboten.

Adresse
Graefe 90, Inhaberin: Monika Franz, Kochstraße 74/75, 10969 Berlin-Kreuzberg, Telefon: 0 30/25 29 24 83, Fax: 25 29 40 66, E-Mail: vertrieb@graefe90.de.

Öffnungszeiten
Montag bis Freitag 11.00 bis 18.00 Uhr.

Anreise
Mit dem Pkw: A100 über Ausfahrt Tempelhofer Damm in die Wihelmstraße, von dort rechts in die Kochstraße. Mit öffentlichen Verkehrsmitteln: U6 bis Haltestelle Kochstraße oder mit dem Bus 129 bis Haltestellle Kochstraße und zu Fuß Richtung Wilhelmstraße. Ca. 30 m von der Wilhelmstraße entfernt liegt auf der rechten Straßenseite die neue Werkstatt.

LEVY

Unter dem Label Levy madame und Levy monsieur wird hier kuschelige Pelzmode, überwiegend als Pelzfutter, meist zum Ausknöpfen, gefertigt. Mit hohem Qualitätsanspruch quer durch alle Pelzarten sind die Modelle eine Anschaffung fürs ganze Leben.

Edel und warm

Warenangebot

Edle Pelze, pelzgefütterte Popeline-, Cashmere- und Ledermäntel sowie Jacken und Westen. Große und dekorative Pelzfoulards für Schlaf- oder Wohnbereich, Besatzfelle und Fellstreifen für modische Bekleidung, Lederwesten, -jacken und -mäntel.

Ersparnis

Bis 30 %.

Ambiente

Die Werkstatt liegt in der 2. Etage eines wunderschönen alten Hauses und das ganze Ambiente wird noch perfekter durch Herrn Levy persönlich.

Adresse

Levy & Co., Felle, Leder- und Pelzkonfektion, Friedrichstraße 210, 10969 Berlin-Kreuzberg, Telefon: 0 30/2 51 20 72, Fax: 2 51 12 42.

Öffnungszeiten

Montag bis Donnerstag 10.00 bis 17.00 Uhr.

Anreise

Mit der U6 bis Haltestelle Kochstraße oder mit Bus 129 bis Kochstraße/Ecke Friedrichstraße. Das Gebäude ist direkt an der Haltestelle. Mit dem Auto A100 über Kaiserdamm/Straße des 17. Juni in die Wilhelmstraße und links in die Kochstraße bis zur Friedrichstraße. Sehr schwierige Parkplatzsituation.

RS-Frottier-Center

Aus dem ehemaligen Werksverkauf der Firma Vossen entstand 1999, nach der Konkursabwicklung, das RS-Frottier-Center. Sie finden hier unsere täglichen Begleiter in Bad, Küche und im Schlafzimmer von führenden Herstellern wie Möve, Vossen, Frottana und Berlins größte Auswahl an Bademänteln für die ganze Familie zu Factory-Outlet-Preisen.

Flauschig, kuschelig, farbenfroh

Warenangebot

Bademäntel, Badematten, Hand-, Bade-, Liege- und Küchentücher, auch Bettwäsche in allen Größen und Farben. Angeboten werden qualitativ hochwertige Waren sowohl in 2. Wahl, als auch Restposten, viele Sonderangebote und ein großes Sortiment an aktueller Ware.

Ersparnis

30 % bei 2.-Wahl-Ware. Oft wechselnde Sonderangebote.

Ambiente

Große, übersichtliche Verkaufshalle in der 1. Etage. Besonders schöne Teile sind dekorativ ausgestellt. Parkplätze vorhanden.

Adresse

RS-Frottier-Center, Motzener Straße 5, 12277 Berlin-Marienfelde, Telefon: 0 30/72 32 37 77, Fax: 72 32 37 78, Internet: www.frottiercenter.de.

Öffnungszeiten

Montag bis Donnerstag 10.00 bis 18.00 Uhr, Freitag und Samstag 10.00 bis 14.00 Uhr.

Anreise

Bus 183, 376, oder X 83 bis Motzener Straße. Zugang vom Nahmitzer Damm, Eingang „Insel Sports Club". Mit dem Pkw: A100 über den Tempelhofer Damm/B101 stadtauswärts auf den Nahmitzer Damm.

STOLLWERCK SUSI

EINKAUFS-GUTSCHEIN

Im Werksverkauf erschließt sich Ihnen das süße Reich großer Marken wie Stollwerk, Sarotti, Delacre, Waldbaur, Sprengel, Gubor, Eszet, usw. Schon der Anblick macht glücklich, wie wird das wohl beim Genießen sein?

Magische Momente

Warenangebot
Reiche Auswahl an Schokolade, Keksen, röstfrischen Nusswaren, Süßwaren aller Art, Pralinen, abgepackt in Beuteln sowie Kinderartikel. Präsente, Präsentkörbe, Geschenkpackungen.

Ersparnis
Zwischen 10 und 50 %. Besonders günstig sind Packungen mit kleinen Fehlern. Oft wechselnde Sonderangebote.

Ambiente
In dem kleinen Eckpavillon liegt die süße Ware in Regalen, auf Verkaufstischen und -gondeln sorgfältig und verführerisch gestapelt und ist mit Preisen ausgezeichnet. Jeder kann sich sein Einkaufskörbchen füllen.

Adresse
SUSI Süßwaren GmbH, Motzener Straße 32, 12277 Berlin-Marienfelde, Telefon und Fax: 0 30/72 01 82 90, Internet: www. sarotti.com.

Öffnungszeiten
Montag bis Freitag 9.30 bis 17.30 Uhr.

Weitere Verkaufsstellen (Auswahl)
- 30419 **Hannover-Vinnhorst**, Rudolf-Diesel-Weg 10, Telefon: 0 5 11/ 6 79 41 02.
- 51149 **Köln**, Stollwerckstraße 27-31, Telefon: 0 22 03/43-3 37.

Anreise
Mit Bus 183, X83 oder 376 bis Haltestelle Motzener/Sperenberg Straße. Ecke Motzener/Sperenberg Straße liegt der Verkaufs-Pavillon. Mit dem Pkw: A100 über den Tempelhofer Damm/Marienfelder Allee/B101 stadtauswärts auf den Nahmitzer Damm und rechts in die Motzener Straße.

EINKAUFS-GUTSCHEIN

AVALON

Die Strickmaschine steht in der Werkstatt Galerie in Hof VIII der Hackeschen Höfe. Die Hackeschen Höfe sind ein Beispiel dafür, was aus unansehnlichen Gebäuden und vergammelten Hinterhöfen entstehen kann. Heute sind sie Zentrum der Szene. Sie sind Anziehungspunkt für Touristen und Leute, die ein Stück neues Berlin erleben wollen.

Die Masche von Avalon

Warenangebot
Körperumschmeichelnde, samtig und weich fließende Strickkleider in allen Farben und Formen, Pullis, Jacken Mäntel. Das Strickdesign wird hier in der Werkstatt entworfen und gestrickt. Es sind sehr ausgefallene Modelle, die in allen Größen zu haben sind, da auch maßgefertigt wird.

Ersparnis
Es handelt sich um ausgefallene Mode, die nicht serienmäßig gefertigt und daher auch nicht billig ist. Aber Restposten werden reduziert angeboten.

Ambiente
Kleines, gemütliches Werkstattatelier.

Adresse
Avalon, Werkstattgalerie, Hackesche Höfe, Hof VIII, Rosenthaler Straße 40/41, 10178 Berlin-Mitte, Telefon: 030/ 6151856, Fax: 7529029, E-Mail: avalonmode@aol.com.

Öffnungszeiten
Montag bis Donnerstag 11.00 bis 19.00 Uhr, Freitag und Samstag 11.00 bis 20.00 Uhr.

Anreise
Mit der U8 Haltestelle Weinmeisterstraße oder mit der S3, 5, 7, 9 zur S-Bahnhaltestelle Hackescher Markt, wenn Sie dann quer über den Marktplatz gehen, sehen Sie groß an einem Gebäude über einem Toreingang die Aufschrift „Hackesche Höfe". Die Hackeschen Höfe sind mit dem Auto nur sehr schwierig zu erreichen.

Bambini Outlet

Was den Großen recht ist, gibt es auch für Kinder. Im Bambini Outlet finden Sie die Designerlabels Bluemarine, DKNY, Simonetta, Versace Young und andere speziell für Kinder. Die Kleidungsstücke sind nicht nur für festliche Anlässe, sondern auch zum Spielen geeignet.

Fein gemacht

Warenangebot
Hochwertige Markenware internationaler Designer für Kinder: Kleider, Röcke Blusen, Hosen, Pullis, Jacken der oben genannten Marken und von vielen anderen Designern.

Ersparnis
50 %.

Ambiente
Kleines Geschäft im Quartier 205, der schicken Einkaufsmeile für den gehobenen Anspruch.

Adresse
Bambini Outlet, Friedrichstraße 67, 10117 Berlin-Mitte, Telefon: 030/2094 5100.

Öffnungszeiten
Montag bis Freitag 10.00 bis 20.00 Uhr, Samstag 10.00 bis 18.00 Uhr.

Anreise
A100, Ausfahrt 20 über Tempelhofer Damm in die Wilhelmstraße und rechts über die Kochstraße in die Friedrichstraße. Besser ist das Quartier 205 jedoch mit der U6, Haltestelle Französische Straße, zu erreichen.

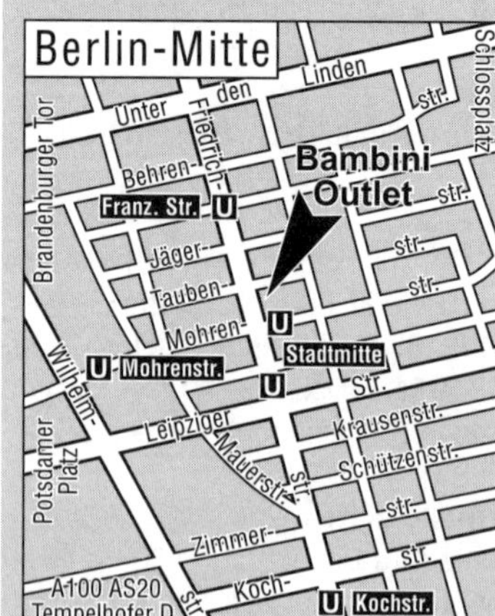

Lisa D.

Unter dem Mono-Label Lisa D. entwirft und schneidert Elisabeth Prantner ihre Kollektionen. Seit 1995 hat sie ihr Atelier in den Hackeschen Höfen. Ihre Mode ist auffällig, ausgefallen und für sehr modemutige Frauen gemacht.

Die Mode-Poetin

Warenangebot

Hosenanzüge, Kostüme, Röcke, Kleider, T-Shirts, Mäntel, Taschen. Der Schnitt ist beileibe nicht konservativ. Elisabeth Prantner arbeitet mit erstaunlich wirkungsvollen Details. Sie verwendet Naturstoffe in warmen Erdfarben, aber auch bunte Farben in neuen Fasern. Die ganz besondere Zugabe sind die Taschen.

Ersparnis

Ausgefallene Mode, die nicht serienmäßig gefertigt ist, hat ihren Preis. Eine Hose kostet etwa 220,– €. Sollte die Hose nicht ganz passen, können Sie diese auch nach Ihren Maßen schneidern lassen. Nebenan in Hof 5 beim Atelier werden Musterteile und Reste aus der Vorsaison zu 20 % reduzierten Preisen angeboten. Hier sind die Öffnungszeiten: Montag bis Donnerstag 12.00 bis 15.00 Uhr, Freitag und Samstag 12.00 bis 19.00 Uhr.

Ambiente

Kleine Boutique in sehr angenehmer Atmosphäre, das Personal hat Freude daran, die Kunden zu beraten .

Adresse

Lisa D., Elisabeth Prantner, Hackesche Höfe, Hof 4, Rosenthaler Straße 40/41, 10178 Berlin-Mitte, Telefon Geschäft: 030/2829061, Geschäft im Hof 5 mit Anschluss an das Atelier, Telefon: 030/2834354, Internet: www.lisad.com.

Öffnungszeiten

Montag bis Samstag 12.00 bis 18.30 Uhr.

Anreise

U8 bis Weinmeisterstraße oder S 3, 5, 7, 9 zur S-Bahnhaltestelle Hackescher Markt. Mit dem Auto sehr schwierig.

ONLY,-

Wer über den schwarz-weiß gekachelten Marmorboden das Geschäft betritt, der ahnt schon, dass hier die ganz großen Namen der Modewelt vertreten sind. Dass die Mode aus der Vorsaison stammt ist nebensächlich. Kunstwerke überdauern mehrere Saisons.

Das Edle liegt im Trend

Warenangebot
Hochwertige Markenware internationaler Designer wie Chloé, Helmut Lang, Gaultier und einige mehr, für Damen und Herren. Außerdem Schuhe, Taschen und andere Accessoires.

Ersparnis
50 %.

Ambiente
Nobles Geschäft mit über 500 m² Verkaufsfläche im Erdgeschoss des Quartier 206.

Adresse
Only,-, Friedrichstraße 71, 10117 Berlin-Mitte, Telefon: 0 30/20 94 60 38.

Öffnungszeiten
Montag bis Freitag 10.00 bis 20.00 Uhr, Samstag 10.00 bis 18.00 Uhr.

Anreise
A100, Ausfahrt 20 über Tempelhofer Damm in die Wilhelmstraße und rechts über die Kochstraße in die Friedrichstraße. Besser ist das Quartier 206 jedoch mit der U6, Haltestelle Französische Straße, zu erreichen.

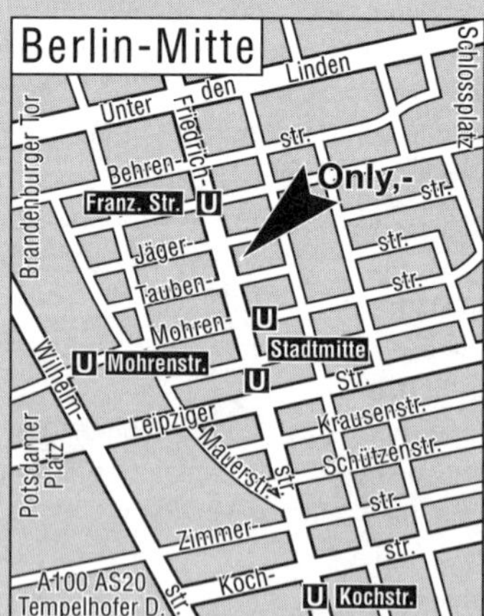

EINKAUFS-GUTSCHEIN

Sojus beglückt die Herzen stilvoller Biker- und Oldtimerfans. Fündig werden aber auch Liebhaber von Lederhosen und -jacken. Für klassische Allwetterkleidung ist Sojus ebenfalls eine günstige Einkaufsquelle. Etwas ganz besonderes sind die Pferdelederjacken aus den 20er- bis 60er-Jahren.

Leather Legends

Warenangebot
Lederjacken und -hosen für Biker, Lederbekleidung für Damen und Herren, auf Wunsch auch nach Maß. Ledermäntel, Allwetterbekleidung, Lederhandschuhe, Motorradbrillen und Halbschalenhelme. Geführt werden die Fabrikate: Aero Leather, Davida, Vanson, Bagjack, Roadrunner's, Leatherman u.a.

Ersparnis
20 bis 30 %, bei Sonderaktionen 40 % und mehr.

Ambiente
Kleiner, hallenähnlicher Raum, Warenangebot übersichtlich, angenehmer typischer Ledergeruch.

Adresse
Sojus Classic Leathers, Inh. Markus Ernst, Schönhauser Allee 177, 10119 Berlin-Mitte, Telefon: 030/6156279, Fax: 6156765, Internet: www.sojus-leathers.de.

Öffnungszeiten
Dienstag bis Freitag 11.00 bis 18.30 Uhr, Samstag 11.00 bis 14.00 Uhr.

Anreise
Mit der U2 bis Haltestelle Senefelder Platz. Verkauf liegt etwas von der Straße zurück gesetzt, gut gekennzeichnet. Öffentliche Verkehrsmittel sind ratsam, da kaum Parkmöglichkeiten. Falls Sie es doch versuchen wollen: A10, Ausfahrt Birkenwerder. Auf der B96 und dann B96a kommen Sie direkt in die Schönhauser Allee.

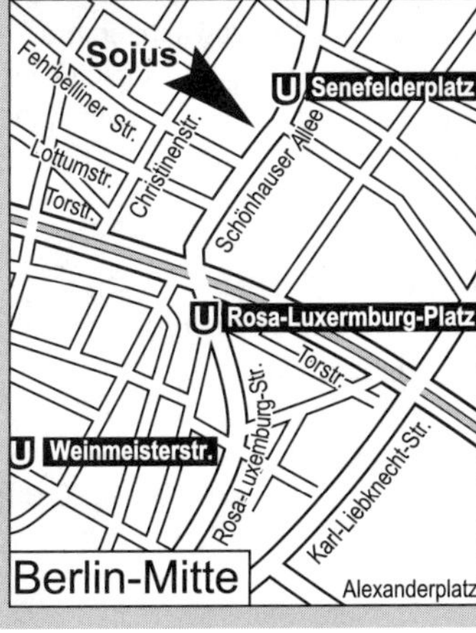

trippen

Die Trippen-Erfolgsgeschichte begann mit einer Holzschuhkollektion. Heute sind Trippen-Schuhe weltbekannt als ergonomische Schuhe in modischem Design, handgefertigt, mit hohem Tragekomfort. Sie werden in einer eigenen Fabrik in Zehdenick hergestellt. Mit seiner Cupkollektion hat Trippen dem Siegeszug der Sneaker ein modernes und handwerklich hochwertiges Produkt entgegengestellt.

Eine Erfolgsgeschichte

Warenangebot
Großes Angebot an klassisch-schlichten Damen- und Herrenschuhen, Stiefeln und Designer-Holzsandalen aus der vorhergehenden Saison.

Ersparnis
Bis 50 %.

Ambiente
Museale Industrieatmosphäre im Hinterhof. Außer dem kleinen Fabrikverkauf im zweiten Hof hinten links gibt es jetzt auf der rechten Seite beim Aufgang D im dritten Stock einen weiteren großen Verkaufsraum. Dieser Verkaufsraum ist nur zu Fuß zu erreichen, der Aufzug ist längst stillgelegt. Ein Telefon gibt es hier ebenfalls nicht.

Adresse
Trippen Fabrikverkauf, Chausseestraße 35, 10115 Berlin-Mitte.

Öffnungszeiten
Montag bis Freitag 10.00 bis 18.00 Uhr, Samstag 10.00 bis 14.00 Uhr.

Anreise
A100 bis AS Beusselstraße und geradeaus weiter in die Seestraße bis zur Kreuzung Seestraße/Müllerstraße. Hier rechts in die Müllerstraße und geradeaus weiter in die Chausseestraße. Oder mit der U6 bis zur Haltestelle Zinnowitzer Straße.

BALMI LACHSRÄUCHEREI

Balmi ist ein Im- und Exportunternehmen, das den Groß- und Einzelhandel beliefert. Angeboten werden feinste Fischsorten, täglich frisch aus dem Rauch, hergestellt nach Spezialrezepten des Hauses und auf baltische Art geräuchert.

Frisch geraucht

Warenangebot
Lachs, Lachsmakrele, Schwarzer Heilbutt und andere Edelfische. Frisches Fischklein für Fischsuppe und -fond und zum Kurzbraten. Vereinzelt auch Fischkonserven.

Ersparnis
20 bis 40 %.

Ambiente
Das ältere Gebäude mit Räucherei und Verkauf liegt auf einem Hinterhof. Dass es hier Fisch gibt, riecht man von Weitem.

Adresse
Albrot & Mirnik GmbH, Balmi Lachsräucherei, Lahnstraße 56/78, 12055 Berlin-Neukölln, Telefon: 030/6848017/18, Fax: 6844389, E-Mail: balmi@t-online.de, Internet: www.balmi-lachsraeucherei.de.

Öffnungszeiten
Montag bis Freitag 7.00 bis 17.00 Uhr, Samstag 8.00 bis 12.00 Uhr.

Anreise
Bus 177 bis Ecke Mittelbuschweg. Mit dem Auto A100 über die Oberlandstraße, die zur Silberstein- und später zur Lahnstraße wird. Einfahrt links über Mittelbuschweg, nach dem Kaufhaus „Futterhaus“, Haus 68, in den Hof.

Fox-Markt

Neckermann verkauft in seinen Foxmärkten Überhänge aus den Versandkatalogen und Artikel mit kleinen Schönheitsfehlern. Die Preise sind sagenhaft günstig und das Angebot kann sich sehen lassen.

Preisknüller

Warenangebot
Damen-, Herren- und Kinderbekleidung, Babyausstattung, Schuhe, Haushaltswaren, Heimtextilien, Unterhaltungselektronik, manchmal Fahrräder und andere Waren aus dem reichhaltigen Angebot.

Ersparnis
30 bis 50 %, zum Teil darüber, bei Sonderaktionen zusätzliche Preisreduzierung.

Ambiente
Großes Kaufhaus über zwei Etagen.

Adresse
Fox-Markt, Karl-Marx-Straße 225, 12055 Berlin-Neukölln, Telefon: 0 30/ 56 82 58 11, Fax: 56 82 58 17.

Öffnungszeiten
Montag bis Freitag 10.00 bis 19.00 Uhr, Samstag 9.30 bis 16.00 Uhr.

Weitere Verkaufsstellen
- 03044 **Cottbus**, Karl-Marx-Straße 68a, Telefon: 03 55/3 83 26 01, Fax: 3 83 26 02.
- 03149 **Forst**, Berliner Straße 41, Telefon: 0 35 62/66 99 58, Fax: 87 15.
- 10243 **Berlin-Friedrichshain**, Karl-Marx-Allee 82, Telefon: 0 30/29 66 68 00, Fax: 29 66 46 27.
- 16227 **Eberswalde**, Eberswalder Straße 105, Telefon: 0 33 34/30 99 30, Fax: 3 35 23.
- 16816 **Neuruppin**, Karl-Marx-Straße 83, Telefon: 0 33 91/35 82 16, Fax: 35 76 00.

Alle Foxmarkt-Standorte und die aktuellen Angebote unter www.fox-markt.de.

Anreise
U7, S41 oder 42, Neukölln. Mit dem Pkw: A100 über die Oberland-/Silbersteinstraße in die Karl-Marx-Straße.

Leiser

Die Leiser Handelsgesellschaft verkauft hier aus ihren zahlreichen Filialen die Restposten. Es sind Schuhe namhafter Hersteller wie Peter Kaiser, Lloyd, Gabor, Sioux u.a., meist handelt es sich um Einzelpaare aus der vorangegangenen Saison.

Die preiswerte Zugabe

Warenangebot
Damen-, Herren-, Kinder- und Sportschuhe in großer Auswahl sowie Taschen und Strumpfwaren.

Ersparnis
Bis zu 50 %.

Ambiente
Der Verkauf befindet sich in der 1. Etage auf 500 m², Schuhe sind nach Größen sortiert. Designer-Schuhe werden in abgegrenzter Abteilung angeboten. Parkplätze auf dem Firmengelände vorhanden.

Adresse
Leiser Handelsgesellschaft mbH, Grenzallee 9-11, 12057 Berlin-Neukölln, Telefon: 0 30/68 37 33 30, Fax: 68 30 20 71.

Öffnungszeiten
Montag bis Freitag 10.00 bis 19.00 Uhr, Samstag 10.00 bis 18.00 Uhr.

246
277

Anreise
Mit den Buslinien 170 oder 177, S-Bahnhof Sonnenallee, mit dem Pkw: A100 über die Oberlandstraße, rechts in die Karl-Marx-Straße und links in die Grenzallee.

EINKAUFS-GUTSCHEIN

PLAKAT-INDUSTRIE

Wie in der guten alten Zeit, als Werbung noch Reklame hieß, wird hier Blech bedruckt, verformt und zu hochwertigen, nostalgischen oder modernen Blechschildern geprägt. Der Slogan: Es wird viel Blech geredet, wir drucken es!

Geprägtes Blech

Warenangebot
Blechdruckschilder, zum Teil aus der Jahrhundertwende, hergestellt nach alter handwerklicher Manier und in modernen Techniken gefertigte Warn- und Hinweisschilder.

Ersparnis
30 bis 50 %.

Ambiente
In einer Welt der Nostalgie können Sie zwischen alten Plakaten Ihr Lieblingsmotiv wählen. Sie können hier aber auch eigene Bildideen verwirklichen lassen oder in modernen Beständen suchen.

Adresse
Gesellschaft für Blechemballage und Plakat-Industrie mbH, Schinkestraße 20, 12047 Berlin-Neukölln, Telefon: 030/ 6981197-17/-14, Fax: 69811 9771, E-Mail:info@plakat-industrie.de, Internet: www.plakat-industrie.de.

Öffnungszeiten
Montag bis Donnerstag 7.30 bis 16.00 Uhr, Freitag 7.30 bis 12.45 Uhr.

Anreise
Mit dem Bus 141 oder der U8 bis Schönleinstraße. Mit dem Pkw: A100 und über die Oberlandstraße/ Silbersteinstraße links in die Karl-Marx-Straße und rechts zum Kottbusser Damm und wieder rechts in die Schinkestraße.

EINKAUFS-GUTSCHEIN

PLANTISSIMO

Bei Plantissimo werden die Bäume nicht aus Ablegern oder Samen gezogen und Schädlinge haben keine Chance. Plantissimo fertigt Dekorationsbäume für Hotels, Gaststätten und Fitnessstudios. Der Baum, den Sie sich hier aussuchen können, bleibt so wie Sie ihn gekauft haben, er wächst nicht und wirkt dennoch.

Täuschend echt

Warenangebot
Alle möglichen Arten von Dekorationsbäumen, meistens Palmen. Sie sind eher für große Wohnzimmer und hohe Wintergärten gedacht und mindestens 2 m hoch.

Ersparnis
50 %.

Ambiente
Die zweiräumige Werkstatt ist gleichzeitig Produktionsstätte, Lager und Verkaufsraum. Hier werden in einem Raum die Stämme und im anderen die Äste mit den Blättern hergestellt.

Adresse
Plantissimo, Allerstraße 46, 12051 Berlin-Neukölln, Telefon und Fax: 030/ 6256091.

Öffnungszeiten
Nur nach telefonischer Vereinbarung.

Anreise
Mit dem Bus 144 oder der U8 Haltestelle Leinestraße. Mit dem Pkw: A100 über die Oberlandstraße/Silbersteinstraße und links in die Hermannstraße und wieder links in die Allerstraße.

Viele individuelle Kunden zieht es in den Ab-Werk-Verkauf wegen der Frische der angebotenen Waren. Und warum sollen es immer Berliner Bären sein und nicht mal die Berliner „Bärlinchen"?

Knusprig und fabrikfrisch

Warenangebot
Cremewaffeln in neun Geschmacksrichtungen, Waffel-Snacks „Bärlinchen", Berliner Knusperbrot, ProVit-Vital-Knusperbrote mit Dinkel, Vollkorn und Sesam.

Ersparnis
Der Ab-Werk-Preisvorteil ist deutlich spürbar bei 2.-Wahl-Ware.

Ambiente
Der Verkauf findet im Verkaufsbüro statt.

Adresse
Spreewaffel Berlin-Pankow GmbH, Thulestraße 28/30, 13189 Berlin-Pankow, Telefon: 030/4720134 (Verkaufsbüro), Fax: 4729033, E-Mail: spreewaffel@t-online.de.

Öffnungszeiten
Montag bis Donnerstag 8.00 bis 16.00 Uhr, Freitag 8.00 bis 14.00 Uhr.

Anreise
Mit den Straßenbahnlinien 50, 52 oder 53 bis Bornholmer Straße oder mit dem Auto auf der B109 stadtauswärts Richtung A114/Dreieck Pankow und auf der Höhe Prenzlauer Promenade links in die Thulestraße.

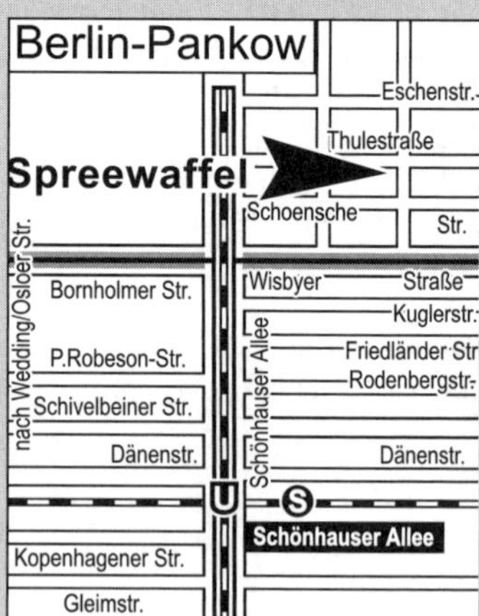

creme fresh

Hier wird in Kommission Designermode von vielen jungen Designerinnen und Designern u.a. unter dem Label maphia verkauft. Dieses Label wird gern von lokalen Prominenten getragen.

Mode vom Hinterhof

Warenangebot
Kleider, Pullis, Röcke, Hosen, T-Shirts, Jacken, Taschen.

Ersparnis
Die Ersparnis lässt sich nicht in Prozenten ausdrücken. Es sind erschwingliche Preise für ausgefallene Mode, die nicht serienmäßig gefertigt wird. Verkaufsschlager ist z.B. ein Rock für 59,– €.

Ambiente
Kleiner, selbst renovierter Laden mit einer Umkleidekabine und einer sehr freundlichen Verkäuferin.

Adresse
Creme fresh, Kastanienalle 21, 10435 Berlin-Prenzlauer Berg, Telefon: 030/ 48 62 58 27.

Öffnungszeiten
Montag bis Freitag 12.00 bis 20.00 Uhr, Samstag 11.00 bis 18.00 Uhr.

Anreise
A100 bis AS Beusselstraße und weiter geradeaus in die Seestraße. Hier Richtung Wedding und weiter geradeaus in die Osloer und dann in die Bornholmer Straße. Von hier rechts in die Schönhauser Allee und nach ca. 1,5 km auf der Höhe der U-Bahn-Haltestelle Eberswalder Straße halbrechts in die Kastanienallee. Oder mit der U2 bis Haltestelle Eberswalder Straße und von hier direkt in die Kastanienallee.

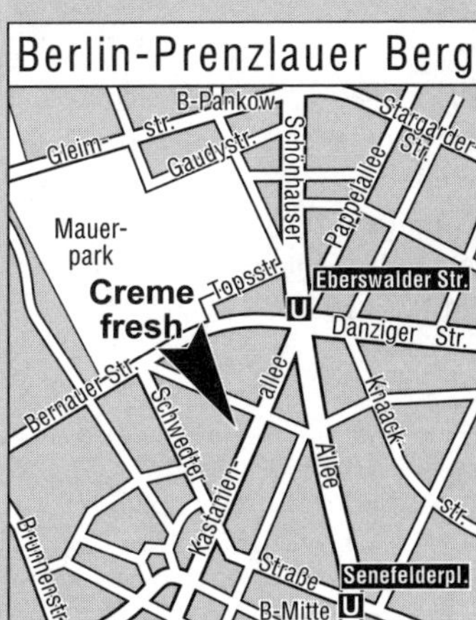

Jeans sind immer in, deshalb stört es auch nicht, dass der Fabrikverkauf überwiegend Restposten, Überhänge, Ware aus der letzten Saison und 2. Wahl anbietet. Die junge Jeansmode für Damen und Herrn wird in der Türkei hergestellt und durch Versandhäuser vertrieben.

Unabhängig von Jahreszeiten

Warenangebot
Flotte Jeans in allen Formen, mit und ohne Nieten, Jeansjacken mit und ohne Fell, Mäntel, Overalls, T-Shirts, Sweatshirts und Pullis in reicher Auswahl,

Ersparnis
25 bis 50 %, bei häufig wechselnden Sonderangeboten auch mehr.

Ambiente
Überfüllter, kleiner Jeansladen, man sieht nur „blau". Sehr hilfsbereites, junges Personal.

Adresse
Cross Jeanswear Company, Schönhauser Allee 120, 10437 Berlin-Prenzlauer Berg, Telefon: 030/44024855.

Öffnungszeiten
Montag bis Freitag 10.00 bis 20.00 Uhr, Samstag 10.00 bis 16.00 Uhr.

Anreise
Mit der U2 bis Haltestelle Eberswalder Straße. Cross liegt etwa auf Höhe Gaudystraße. Öffentliche Verkehrsmittel sind ratsam, da keine Parkmöglichkeit. Falls Sie es doch versuchen wollen: A10 Ausfahrt Birkenwerder. Auf der B96 und dann B96a kommen Sie direkt in die Schönhauser Allee.

Reichmann

Therapeutisch und pädagogisch wertvolle und fantasiereiche Holz- und Murmelspiele, die viel Geschicklichkeit erfordern. Herr Reichmann arbeitet mit Ergotherapeuten zusammen und stattet Praxen aus.

Pädagogisch wertvoll

Warenangebot
Holzspiele aller Art, schon für Kinder ab vier Monaten, anspruchsvolle Geschicklichkeitsspiele, Therapiespiele für Behinderte und mehr. Ein Massageroller wurde zusammen mit einem Orthopäden entwickelt. Fach- und sachgerechte Reparaturen vom alten Teddy bis zur Puppe. Spezielle Sonderwünsche, die in das Fertigungsprogramm passen, werden gerne erfüllt.

Ersparnis
In Prozenten nicht zu benennen, aber bedeutend günstiger als im Einzelhandel und dort meist nicht erhältlich.

Ambiente
In einem älteren Gebäude liegende kleine Werkstatträume mit ganz eigenem Charakter, wie man sie in der heutigen Zeit kaum noch findet. An einer Wand im Gang sind Musterstücke in Regalen zum Vorführen und Ausprobieren. Herr Dr. Reichmann berät Sie persönlich.

Adresse
Dr. Ing. Siegfried Reichmann, Spielzeugwerkstatt, Schönhauser Allee 98, 10439 Berlin-Prenzlauer Berg, Telefon: 030/ 4458926.

Öffnungszeiten
Montag bis Freitag 10.00 bis 20.00 Uhr.

Anreise
Mit der U2, S41, S42 oder S8 bis Haltestelle Schönhauser Allee. Die Werkstatt liegt Höhe Bornholmer Straße. Mit dem Pkw: A10, Ausfahrt Birkenwerder. Auf der B96 und dann B96a kommen Sie direkt in die Schönhauser Allee. Öffentliche Verkehrsmittel sind ratsam, da kaum Parkmöglichkeiten. Werkstatt liegt in einem Hausdurchgang.

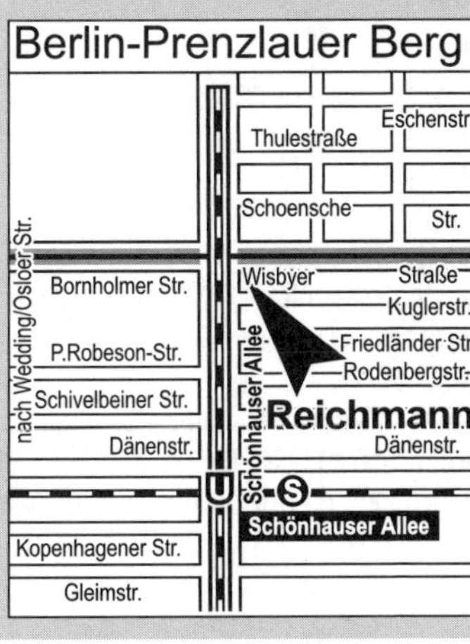

Matratzen direkt vom Hersteller zum Kunden – ohne Zwischenhandel mit Best-Preis-Garantie. Besondere Klasse hat die patentierte Luxus-Matratze Palma mit der „Wohlfühlinsel". Rossauer bietet erste Qualität aus Deutschland. Auf fast alle Produkte gilt eine 5-Jahres-Garantie.

Nächtliche Erholungsinsel

Warenangebot
Matratzen aller Art und Güte, Daunenbetten, Bettwäsche, Matratzenrahmen, Massivholzbetten, eigentlich alles rund ums Bett. Anlieferung möglich.

Ersparnis
30 %, bei den ständig wechselnden Sonderangeboten mehr.

Ambiente
Lagerähnlicher, großer Laden. Schaufenster überfüllt mit Sonderangeboten. Kompetente Fachberatung und reichlich Möglichkeiten zum Probeliegen.

Adresse
Rossauer Matratzen, Schönhauser Allee 153, 10435 Berlin-Prenzlauer Berg, Telefon: 0 30/44 35 57 28, Fax: 44 35 61 92.

Öffnungszeiten
Montag bis Freitag 10.00 bis 19.00 Uhr, Samstag 9.00 bis 14.00 Uhr.

Weitere Verkaufsstelle
● 13405 **Berlin-Reinickendorf**, Scharnweberstraße 50, Telefon: 0 30/ 41 74 66 26.

Anreise
Mit der U2 bis Haltestelle Eberswalder Straße, Verkauf liegt auf Höhe Sredzkistraße. Mit dem Pkw: A10, Ausfahrt Birkenwerder. Auf der B96 und dann der B96a kommen Sie direkt in die Schönhauser Allee.

thatchers

Seit zehn Jahren produziert das Berliner Label Thatchers drei Trendkollektionen pro Jahr und ist die bezahlbare Alternative zu den großen Designernamen. Mode war bis in die 30er-Jahre der Hauptwirtschaftszweig Berlins und erst jetzt kehrt die Branche langsam zurück.

Berliner Modemacher

Warenangebot
Kleider, Hosen, Röcke, Blusen, Jacken, T-Shirts und einige ausgefallene Taschen.

Ersparnis
Die Ersparnis lässt sich nicht in Prozent ausdrücken, aber es ist preiswerte, ausgefallene Mode, die nicht serienmäßig gefertigt ist und wenn etwas nicht passt, wird es entsprechend geändert.

Ambiente
Kleiner Laden nahe der ehemaligen Mauer, wo sich die kleinen Designerläden dicht an dicht drängen.

Adresse
Thatchers, Kastanienallee 21, 10435 Berlin-Prenzlauer Berg, Telefon: 0 30/ 24 62 77 51. Internet: www.thatchers.de.

Öffnungszeiten
Dienstag bis Freitag 12.00 bis 20.00 Uhr, Samstag 12.00 bis 18.00 Uhr.

Weitere Verkaufsstelle
● 10178 **Berlin-Mitte**, Hackesche Höfe IV, Rosenthaler Straße 40/41, Telefon: 0 30/27 58 22 10. Montag bis Freitag 11.00 bis 20.00 Uhr, Samstag 11.00 bis 18.00 Uhr.

Anreise
A100 bis AS Beusselstraße und weiter geradeaus in die Seestraße. Hier Richtung Wedding und weiter geradeaus in die Osloer und dann in die Bornholmer Straße. Von hier rechts in die Schönhauser Allee und nach ca. 1,5 km auf der Höhe der U-Bahn-Haltestelle Eberswalder Straße halbrechts in die Kastanienallee. Oder mit der U2 bis Haltestelle Eberswalder Straße und von hier direkt in die Kastanienallee.

Berlin-Prenzlauer Berg

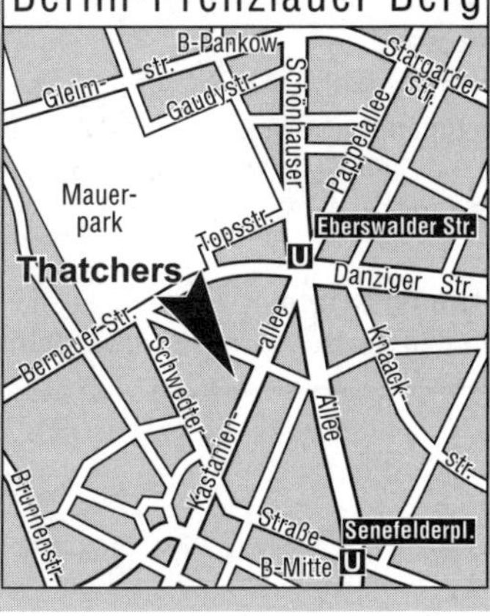

Koch Tiefkühlkost

Die nach strengen Quallitätsnormen hergestellte Tiefkühlkost ist für die Gastronomie bestimmt, aber auch Endverbraucher können sich hier die erforderlichen Zutaten beschaffen, um am Herd ohne großen Aufwand zu glänzen.

Schnelle Küche

Warenangebot
Das Angebot umfasst überwiegend Tiefkühlkost: Calamares, Weinbergschnecken und Garnelen, Fisch und Fleisch, Kuchen und Torten, Gemüse, Antipasti und Eis. Fleisch oder Lachsfilet gibt es z. B. auch frisch. Angeboten werden überwiegend Großpackungen, aber auch Mengen für den kleineren Haushalt.

Ersparnis
30 bis 40 %.

Ambiente
Lagerhalle mit Tiefkühltruhen.

Adresse
Koch Tiefkühlkost, Nachfolger K.-D. Wegmann, Ollenhauerstraße 17, 13403 Berlin-Reinickendorf, Telefon: 030/ 4962082/83, Fax: 4960513.

Öffnungszeiten
Montag bis Freitag 11.30 bis 16.00 Uhr.

Anreise
Mit der U6 oder den Bussen 121, 221 und 228 bis Kurt-Schumacher-Platz. Mit dem Pkw: A111/105 über den Kurt-Schumacher-Damm in die Ollenhauer Straße.

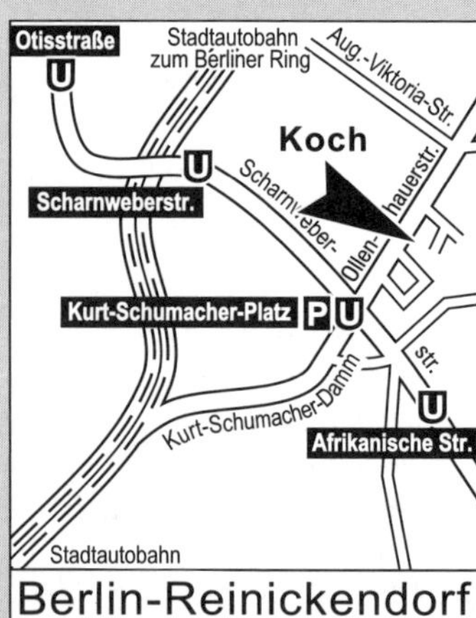

Die Mago Kohn & Kempkes GmbH & Co. KG beliefert Großkunden mit ihren Fleisch- und Wurstwaren aus Berlin und Brandenburg. Mit seiner Devise „Frische, Qualität und Service" ist es dem Unternehmen gelungen, für eine Vielzahl seiner Produkte DLG-Prämierungen zu erhalten.

Es ist nicht alles Wurst

Warenangebot
Reichhaltiges Sortiment an Roh- und Kochwurst, Schinken und Braten. Außerdem gibt es hier die weltbekannte Spreewälder Sülze, original Spreewälder Schlackwurst und leckere Feinkostsalate ohne Konservierungsstoffe.

Ersparnis
20 bis 30 %.

Ambiente
Appetitlich und übersichtlich wird die Ware in einem großen Verkaufsraum mit regem Kundenandrang angeboten.

Adresse
Mago Kohn & Kempkes GmbH & Co. KG Wurst- und Fleischwaren, Miraustraße 68, 13509 Berlin-Reinickendorf, Telefon: 030/43 55 82-0, Fax: 4 35 10 41, Internet: www.mago.wurst.de.

Öffnungszeiten
Dienstag bis Freitag 9.00 bis 18.00 Uhr, Samstag 9.00 bis 14.00 Uhr.

Anreise
Mit dem Bus 322 bis Miraustraße oder mit dem Pkw: A105 über die Holzhauser Straße und links in die Miraustraße.

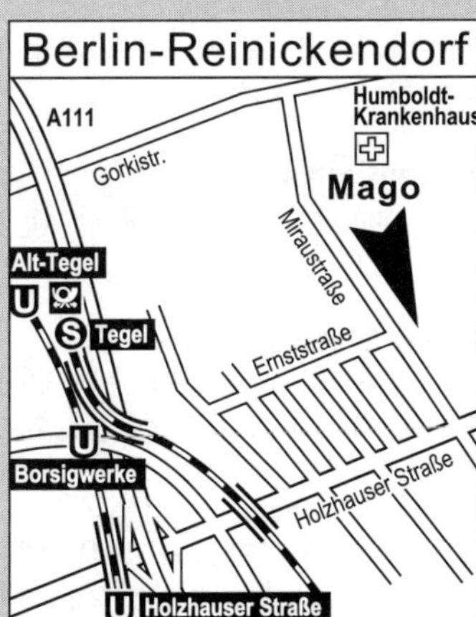

In den 60er-Jahren ging die Generation der Lederranzen zu Ende. Mit dem Leichtschulranzen mit Sicherheitsausstattung hat Scout den Lederranzen verbannt. Heute begleitet Scout die Kinder schon vom Kindergartenalter an mit seinen Umhängetaschen, und ist auch im Freizeitleben stets präsent.

In die Schule geh' ich gern

Warenangebot
Schulranzen, Rucksäcke, Reisetaschen, Turnbeutel, Mäppchen, Umhängetaschen und vieles mehr für markenbewusste Kids in 2. Wahl oder als Auslaufmodelle.

Ersparnis
30 bis 40 %.

Ambiente
Einfache, übersichtliche Warenpräsentation.

Adresse
Alfred Sternjakob GmbH & Co. KG, Wilhelmstraße 21-25, 13593 Berlin-Spandau.

Öffnungszeiten
Donnerstag und Freitag 11.00 bis 19.00 Uhr.

Weitere Verkaufsstellen
- 67227 **Frankenthal/Pfalz**, Frankenstraße 47-55, Telefon: 0 62 33/ 49 01-1 30. Mittwoch 9.30 bis 18.00 Uhr.
- 90475 **Nürnberg**, Raudtener Straße 17, Telefon: 09 11/98 43-2 15. Dienstag 10.00 bis 17.00 Uhr, Donnerstag 10.00 bis 16.00 Uhr.

Anreise
Mit dem Bus 135 oder 638, bis Haltestelle Melanchthonplatz. Mit dem Pkw: A10, Ausfahrt Berlin-Spandau und über die B5/Heerstraße nach Spandau und links in die Wilhelmstraße.

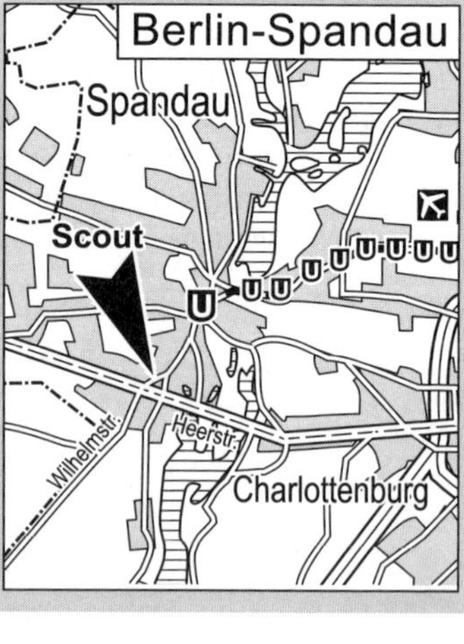

Die Firma Bahlsen ist ein traditionsreicher, großer Keksbäcker mit immer neuen Backideen. Die Liebe zum Backen spiegelt sich nicht nur im Geschmack, sondern auch in der Optik wider. Den wachsenden Ansprüchen der Kunden begegnet das Unternehmen mit hochwertigen Qualitätsprodukten.

Der große Keks

Warenangebot

Fast alle Bahlsen-Produkte in 1. oder 2. Wahl, vom einfachen Keks bis zu den aufwändigen neueren Kreationen.

Ersparnis

30 %, bei 2. Wahl 50 %.

Ambiente

Der Verkauf wirkt wie ein Discounter und ist in einem roten Backsteingebäude neben verschiedenen anderen Geschäften, nicht beim Bahlsen-Werk, untergebracht. Die Ware ist zum Teil in Kartons und zum Teil in Regalen. Der Kundenandrang ist außerordentlich rege. Parkplätze sind vorhanden.

Adresse

Bahlsen KG, Oberlandstraße 52-63, 12099 Berlin-Tempelhof, Telefon: 0 30/ 7 59 50.

Öffnungszeiten

Montag bis Freitag 9.00 bis 18.00 Uhr, Samstag 9.00 bis 13.00 Uhr.

Weitere Verkaufsstellen

- 26135 **Oldenburg**, Oberlandstraße 52-63, Telefon: 04 41/9 23 50.
- 26316 **Varel**, Am Hafen, Telefon: 0 44 51/12 30.
- 30655 **Hannover-List**, Sutelstraße 54, Telefon: 05 11/96 00.
- 30853 **Langenhagen**, Walsroder Straße 194/Ecke Hubertusstraße, Telefon: 05 11/77 19 10.

Die Öffnungszeiten sind unterschiedlich.

Anreise

Mit dem Bus 170 oder mit Pkw: A100, Ausfahrt Oberlandstraße.

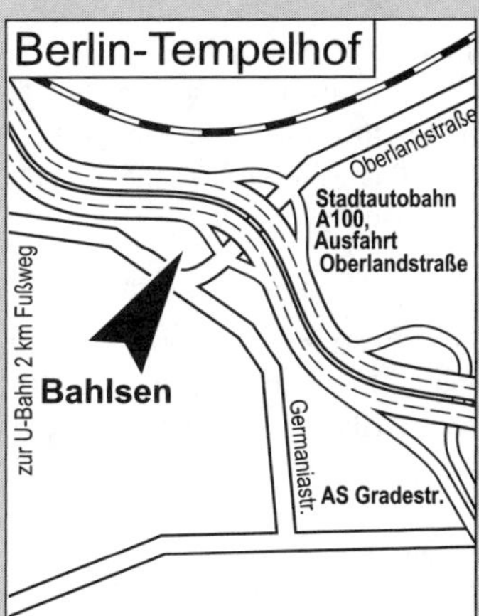

MARCCAIN Marc Cain Second Season

Immer etwas besonderes: Das ist Designermode von Marc Cain. Marc Cain kleidet Frauen von Kopf bis Fuß, von den Strümpfen und Schuhen bis hin zum Hut, zu Taschen und Accessoires. Marc Cain hat einen eigenen lebhaften, farbenfrohen Stil und ist dem Trend oft voraus.

Treffpunkt Mode

Warenangebot
Sie können ein komplettes Outfit von Marc Cain aus der vorherigen Saison zusammenstellen, vereinzelt gibt es auch 2.-Wahl-Ware, aber auch diese aus der vorherigen Saison. Die Größen reichen von 1 bis 6, was den Größen 34 bis 42 entspricht. Es gibt Mäntel, Lederbekleidung, Blusen, Röcke, Hosen, Jacken, T-Shirts, Strickwaren, Schuhe, Accessoires, Schals, Taschen, Hüte.

Ersparnis
50%. Außerdem gibt es immer eine Ecke mit zusätzlich reduzierter Ware.

Ambiente
Großer gepflegter Lagerverkauf mit übersichtlich nach Farben sortierter Ware. Das Personal ist sehr freundlich und hilfsbereit.

Adresse
Marc Cain Second Season, Marc Cain GmbH, Oudenarder Straße 16, 13347 Berlin-Wedding, Telefon: 030/4550090, Fax: 45500925.

Öffnungszeiten
Montag bis Freitag 10.00 bis 19.00 Uhr, Samstag 10.00 bis 16.00 Uhr.

Weitere Verkaufsstellen
- 72411 **Bodelshausen**, Steinstraße 3, Telefon: 07471/709-0.
- 89073 **Ulm**, Am Hafenbad 12, Telefon: 0731/9699550.

Anreise
A100 bis zum Ende und geradeaus in die Seestraße. In Richtung Wedding halten. Kurz nach der Kreuzung Seestraße/Müllerstraße bei den Osram-Höfen rechts liegt die Oudenarder Straße. Parkplätze im Innenhof.

Stoff

Hochwertige Heimtextilien, direkt vom Produzenten, Restposten internationaler Hersteller. Sie finden hier die neuen Interior-Trends, egal ob Sie schlichtes Weiß, Streifen oder Rosenromantik bevorzugen.

Am laufenden Meter

Warenangebot

Dekostoffe in Seide, Leinen, Halbleinen oder Ausbrenner, Polsterstoffe, Tischdecken. Die Mengen sind begrenzt, u.U. nicht nachkaufbar, die Sortimentspalette der Hersteller ist nicht komplett und die Ware hat zum Teil kleine Fehler.

Ersparnis

50 bis 70 %.

Ambiente

Einfach gestaltetes Geschäft, in dem die Ware übersichtlich präsentiert ist. Fachpersonal hilft bei der Berechnung der Stoffmenge und gibt auch sonst bei Bedarf gerne fachliche Ratschläge, Näharbeiten können an ein Atelier weitergegeben werden und für Polsterarbeiten können Adressen erfragt werden.

Adresse

Stoff, Wohnkultur, Oudenarder Straße 16, 13347 Berlin-Wedding, Telefon: 0 30/ 45 80 32 45, Fax: 45 80 32 46.

Öffnungszeiten

Montag bis Freitag 11.00 bis 19.00 Uhr, Samstag 11.00 bis 16.00 Uhr.

Anreise

A100 bis zum Ende und geradeaus in die Seestraße. In Richtung Wedding halten. Kurz nach der Kreuzung Seestraße/Müllerstraße bei den Osram-Höfen rechts liegt die Oudenarder Straße. Parkplätze sind im Innenhof. Mit öffentlichen Verkehrsmitteln: U6 Haltestelle Seestraße, U9 Haltestelle Osloer Straße oder mit den Straßenbahnen Nr. 23 und 24, Haltestelle Osram-Höfe.

HIFI COMPONENTS®
BERNHARD VEHNS

Bernhard Vehns ist ein Fachversand für hochwertige HiFi- und Stereo-Komponenten mit Online-Katalog. In seinen Abholfilialen in München und Berlin gibt es Restposten, Auslaufmodelle, Ausstellungs- und Einzelstücke als Abholschnäppchen, die weit unter den Versandpreisen liegen.

Maxi-Power – Mini-Preise

Warenangebot
HiFi-Komponenten der Marken AKG, Denon, Canton, Harman Kardon, Infinity, JVC, Kenwood, Onkyo, Panasonic, Philips, Pioneer, Sharp, Sony, Technics, Yamaha, Canon, Olympus, Fuji, Pioneer, Minolta, JBL, Thomson, Magnat, Toshiba, Grundig u.a., Fernsehgeräte, Digitalkameras u.a.

Ersparnis
Ab 30 %.

Ambiente
Kleiner Laden, in dem Sie fachlich gut beraten werden und die Abholschnäppchen gleich mitnehmen können. Parkmöglichkeiten gibt es kaum, aber die Möglichkeit zum Be- und Entladen die hierfür vorgesehene Spur oder den Rasenstreifen in der Straßenmitte zu benutzen.

Adresse
Hifi Components Bernhard Vehns, Filiale Berlin, Kurfürstendamm 138, 10711 Berlin-Wilmersdorf, Telefon: 030/ 8967060, Fax: 89670613, E-Mail: brinkmann@hificomponents.de, www.hificomponents. de.

Öffnungszeiten
Montag bis Freitag 10.00 bis 13.00 und 14.00 bis 18.30 Uhr, Samstag 10.00 bis 13.00 Uhr.

Anreise
Mit der S45 und S46 bis Halensee oder mit dem Bus 110. Mit dem Auto von der A100 auf den Kurfürstendamm.

EINKAUFS-GUTSCHEIN

Factorial-Preise lautet das Geheimnis des Outdoor-Ausstatters, der hochwertiges Markenequipment, z.B. von Jack Wolfskin, VauDe, Salewa, Our Planet, Keela, The North Face, Tatonka, Lowa u.a. ausschließlich reduziert verkauft. Dass es sich dabei um Messe- und Vertretermuster, Auslaufmodelle, Überhänge und Konkursware handelt, ist in der Outdoor-Szene bekannt.

Sport ist Fun

Warenangebot
Wander-, Ski-, Kletter- oder Trekkingbekleidung, Zelte, Rucksäcke, Schlafsäcke, Campingartikel sowie komplette Reiseausrüstungen, auch Freizeit- und Allwetterbekleidung. Vereinzelt werden auch Marken-Second-Hand-Teile angeboten. Das Warenangebot wechselt ständig. Auch für Rest- und Aktionsposten gilt eine Gewährleistung von sechs Monaten.

Ersparnis
50 % und mehr.

Ambiente
Großer, überfüllter, trotzdem übersichtlich gehaltener und zweckmäßig eingerichteter Verkauf. Auf Wunsch fachliche Beratung.

Adresse
McTrek, Der Outdoorschotte GmbH, Uhlandstraße 103, 10715 Berlin-Wilmersdorf, Telefon: 0 30/86 39 45 93, Fax: 86 39 45 93, Internet: www.mctrek.de.

Öffnungszeiten
Montag bis Freitag 10.00 bis 20.00 Uhr, Samstag 10.00 bis 16.00 Uhr.

Weitere Verkaufsstellen
- 10243 **Berlin-Friedrichshain**, Karl-Marx-Allee 112-114, am U-Bahnhof Weberwiese, Telefon: 0 30/ 29 04 89 04.
- 28816 **Stuhr-Brinkum bei Bremen**, Bremer Straße 111 (neben adidas), Telefon: 04 21/8 98 37 25.

Anreise
U7 bis Blissestraße, Ausgang Uhlandstraße. Mit dem Pkw: A100, Ausfahrt Detmolder Straße, über die Blisse- in die Uhlandstraße.

conceptuk BASICS

Die Firma Umlauf und Klein hat Erfahrung in der Herstellung damenhaft-sportiver Mode. Die Firma wurde in Burgdorf bei Hannover gegründet und ist dann nach Berlin umgezogen. Hier werden jetzt die in Mode und Qualität ansprechenden Modelle entwickelt, die dann in Asien gefertigt werden.

Berliner System

Warenangebot
Damenmäntel, Freizeitjacken, Blazer, Röcke, Hosen, T-Shirts und Blusen. Es handelt sich nicht nur um Ware aus der Vorsaison. Es gibt auch Modelle aus der laufenden Kollektion und 2.-Wahl-Ware.

Ersparnis
30 bis 50%.

Ambiente
Großer Lagerverkauf beim Werk mit Selbstbedienung. Umkleidekabinen sind vorhanden, Parkmöglichkeiten auf der Straße vor dem Firmengebäude.

Adresse
Umlauf und Klein GmbH & Co, Seesener Straße 10/13, 10709 Berlin-Wilmersdorf, Telefon: 030/8960040.

Öffnungszeiten
Montag 15.00 bis 18.00 Uhr, Freitag 13.00 bis 16.00 Uhr.

Anreise
A100, Ausfahrt Hohenzollerndamm, dort Richtung Wilmersdorf halten. An der 1. Kreuzung links in die Seesener Straße. Oder mit der S41, S42 oder S47 bis zur Haltestelle Hohenzollerndamm und zu Fuß ca. 400 m zum Fabrikverkauf.

Zuerst die schlechte Nachricht: Der Canda-Fabrikverkauf in Mettingen am Sitz von Canda wurde geschlossen. Die gute Nachricht: Dafür wurden in Ahaus, Bersenbrück, Nordhorn und Haselünne - nicht gar zu weit von Mettingen entfernt, gleich vier Factory-Outlets eröffnet.

Aus 1 mach 4

Warenangebot
Herrenbekleidung: Anzüge, Sakkos, Hosen, Damenbekleidung, Kinderbekleidung. Überhänge, Auslaufartikel, vorwiegend 2. Wahl und Musterteile.

Ersparnis
Ab 30 bis über 40%, bei einigen Auslaufartikeln noch mehr.

Ambiente
Factory-Outlet-Einrichtung, in der man sich gut zurecht findet. Die Ware wird so präsentiert, dass die gute Qualität richtig zur Geltung kommt. Die Mitarbeiter helfen auf Wunsch. Anprobemöglickeiten vorhanden.

Verkaufsstellen
- 48529 **Nordhorn**: Canda International, Friedrich-Ebert-Straße 32, Telefon: 0 59 21/99 48 13. Montag bis Freitag 9.30 bis 18.00 Uhr, Samstag 9.30 bis 13.30 Uhr.
- 48683 **Ahaus**: Canda International, Coesfelder Straße 10-12, Telefon: 0 25 61/44 41 61. Montag bis Freitag 9.30 bis 13.00 und 14.30 bis 18.00 Uhr, Samstag 10.00 bis 16.00 Uhr.
- 49593 **Bersenbrück**: Canda International, Lindenstraße 14, Telefon: 0 54 39/60 97 50. Montag bis Freitag 9.30 bis 13.00 und 14.30 bis 18.00 Uhr, Samstag 9.00 bis 13.00 Uhr.
- 49740 **Haselünne**: Canda International, Industriestraße 14, Telefon: 0 59 61/94 03 33. Montag bis Freitag 9.30 bis 18.00 Uhr, Samstag 9.00 bis 13.00 Uhr.

Anreise
A1, Ausfahrt 66 Holdorf dann Richtung Lingen. Bersenbrück ist der erste Ort auf dieser Strecke.

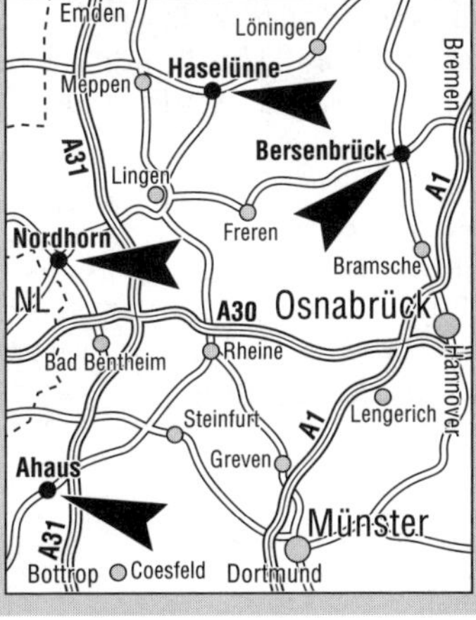

Das Solling-Möbel-Team weiß aus langer Erfahrung, worauf es bei Gartenmöbeln ankommt. Solling Gartenmöbel aus Buchenholz oder Robinie bestechen durch ihr zeitgemäßes Design und ihre schöne Oberfläche. Eine UV-beständige Lackierung erhält die Möbel lange Jahre in gepflegtem Zustand.

Buche für den Garten

Warenangebot
Möbel für Garten, Balkon, Terrasse und Wintergarten, Pflanzkübel in verschiedenen Größen, Holzliegestühle mit Stoffbespannung und Fußteil in traditioneller Bauweise. Auslaufmuster und 2.-Wahl-Ware (minimale Beschädigungen).

Ersparnis
Ersparnis ca. 30 %.

Ambiente
Ausstellungsraum im Werksgebäude mit fachkundiger Beratung.

Adresse
Solling-Möbel, Feldstraße 6, 37688 Beverungen-Würgassen, Telefon: 0 52 73/ 73 92.

Öffnungszeiten
Februar bis Juni: Montag bis Freitag 9.30 bis 18.00 Uhr, Samstag 9.30 bis 12.00 Uhr, in der übrigen Zeit nach telefonischer Vereinbarung.

Anreise
A44 Dortmund-Kassel, Ausfahrt Warburg/Beverungen. Über die B241 in Richtung Beverungen zum Ortsteil Würgassen.

windsor.

Windsor ist eine alte Bielefelder Marke. Aber dennoch werden hier auch die verrücktesten Bekleidungsstücke für junge Leute geschnitten. Das Label Windsor steht für die klassische Linie, Clothcraft für die sportive Mode.

Markenkleidung mit Pfiff

Warenangebot
Jeans, Anzüge, Sakkos, Blazer, Hosen, Kostüme, Röcke, Blazer, Baumwollhosen, Seiden-T-Shirts, farbige Herrenbekleidung – auch von der grellen Sorte. Reguläre Ware und herabgesetzte Stücke.

Ersparnis
40 bis 50 % bei reduzierter Ware. Die regulären Artikel kaum billiger als im Textilhandel.

Ambiente
Gepflegter Bekleidungssupermarkt mit Fachpersonal, Anprobekabinen.

Adresse
Windsor Damen- und Herrenbekleidungs-GmbH, Am Ellerbrockshof 2, 33617 Bielefeld-Brackwede, Telefon: 05 21/1 45 30. Verkaufsraum in der Aachener Straße 23.

Öffnungszeiten
Montag bis Freitag 10.30 bis 18.00 Uhr und Samstag von 9.00 bis 16.00 Uhr.

Anreise
A2, Ausfahrt Brackwede-Sennestadt, Richtung Brackwede, Paderborner Straße (B68) bis Südring, auf Südring an Anschluss Severingstraße/Westfalendamm vorbei bis Einfahrt Gewerbegebiet, Straße „Im Brocke", in Archimedesstraße bis Mitte Aachener Straße. Verkauf nur in Aachener Straße 23.

emform

müller möbelwerkstätten

Emform ist ein Hersteller von Wohn- und Büroaccessoires. Die Verwendung von hochwertigen Materialien wie z.B. Edelstahl, aber auch Schichtholz und Aluminium und die Zusammenarbeit mit bekannten Designern garantieren zeitlos moderne Formen.

Designorientierte Geschenke

Warenangebot

Wohnaccessoires, Bilderrahmen und Kleinmöbel. Büroaccessoires aus Chrom oder Edelstahl und Designgeschenke. Außerdem sind hochwertige Taschen im Angebot. Bei den meisten Artikeln handelt es sich um 2.-Wahl-Produkte mit minimalen Fehlern, aber auch Auslauf- und Messeware sowie 1.- Wahl-Artikel.

Ersparnis

Mindestens 50 %

Ambiente

In einem kleinen Verkaufsraum ist die Ware gut sortiert und übersichtlich geordnet. Außerdem gibt es in der Möbelproduktion der zugehörigen Firma Müller Möbelwerkstätten von Zeit zu Zeit einen Möbel-Sonderverkauf. Parkmöglichkeiten vor dem Fabrikverkauf vorhanden.

Adresse

Emform GmbH & Co. KG, Urwaldstraße 8, 26345 Bockhorn, Telefon: 0 44 53/98 23 35 oder Fabrikverkaufsladen (nur zu den Öffnungszeiten) 0 44 53/98 23 40. E-Mail: info@emform.de, Internet: www.emform.de.

Öffnungszeiten

Freitag 14.00 bis 18.00 Uhr, Samstag 10.00 bis 13.00 Uhr.

Anreise

A29 Oldenburg-Wilhelmshaven, Ausfahrt Varel/Bockhorn. Weiter auf der B437 Richtung Bockhorn. Vor den Klinkerwerken Bockhorn rechts ab und auf der Langen Straße nach Bockhorn. An der T-Kreuzung vor dem Supermarkt Combi links und gleich wieder rechts Richtung Zetel in die Urwaldstraße.

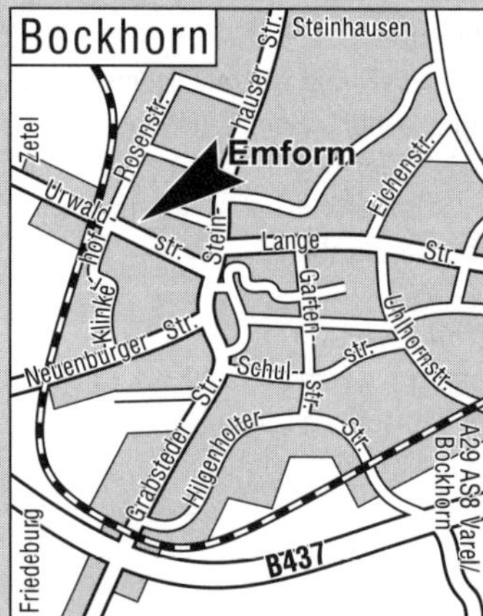

Seit HERKULES® 1908

EINKAUFS-GUTSCHEIN

Die Herkules Hobelbankfabrik geht mit ihren Produkten über die Baumarkt-Qualität hinaus. Ihre schweren und halbschweren Hobelbänke sind auch für den professionellen Einsatz geeignet. Im Möbelbereich fertigt sie Container und Regalsysteme.

Wo gehobelt wird ...

Warenangebot
Neben Hobelbänken gibt es Werkbänke mit Stahlrohruntergestellen, auch höhenverstellbar und behindertengerecht. Das Containersystem mit Massivholzschubkästen ist komplett aus Buchenholz hergestellt und das Herkules-Regalprogramm aus Massivholzstollen. Damit kann sich der Kunde Regale jeder Abmessung zusammenstellen. Regal- und Containerprogramm sind in Möbelqualität.

Ersparnis
25 bis 50 %.

Ambiente
Heller Raum, in dem Teile der Ware ausgestellt sind.

Adresse
Herkules Hobelbankfabrik, Uslarer Straße 22, 37194 Bodenfelde, Telefon: 0 55 72/18 35, Fax: 49 21, Internet: www.herkules-deutschland.de.

Öffnungszeiten
Montag bis Freitag 16.00 bis 18.00 Uhr, Samstag 9.00 bis 13.00 Uhr.

Anreise
A7 Kassel-Hannover. Von Norden: Ausfahrt Northeim, von Süden: Ausfahrt Hann. Münden. Von Westen: A4 Dortmund-Kassel, Ausfahrt Warburg. Jeweils Richtung Uslar/Beverungen fahren. Der Verkauf liegt am Ortsanfang rechts.

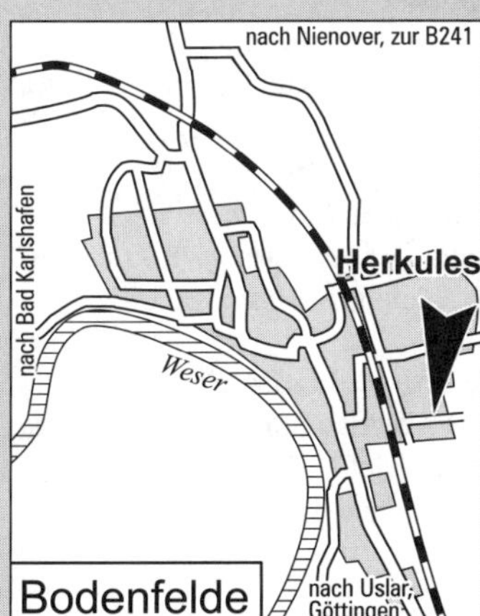

Die Gummi Bear Factory ist ein Unternehmen der Mederer Gruppe und stellt verschiedene Sorten bekannter Fruchtgummis her. Ob süß oder sauer, für jeden ist etwas dabei. Außerdem gibt es eine große Schokoladenvielfalt.

Auf alle Fälle lecker

Warenangebot
Schokolade, Trüffel, Pralinen, Kakao, Nüsse und Rosinen, umhüllt von Schokolade, Marzipan, Bonbons und alle erdenklichen Arten von Fruchtgummi.

Ersparnis
30 bis 50 %.

Ambiente
Der Verkaufsraum befindet sich direkt im Haupteingangsbereich des Betriebsgebäudes. Es ist ein Werksverkauf, in dem auch Nicht-Betriebsangehörige einkaufen können.

Adresse
Gummi Bear Factory, Ringstraße 3, 19258 Boizenburg, Telefon: 03 88 47/3 82 40.

Öffnungszeiten
Montag bis Donnerstag 8.00 bis 16.00 Uhr, Freitag 8.00 bis 15.00 Uhr.

Weitere Verkaufsstelle
● 19230 **Hagenow**, Steegener Chaussee 13, Telefon: 0 3883/6 1090.

Anreise
A24 Hamburg-Berlin, Ausfahrt Zarrentin, Richtung Boizenburg. In Boizenburg links auf die Umgehungsstraße/B5 Richtung Ludwigslust bis zur Ampelanlage mit dem Hinweisschild Boize-Center und Gewerbegebiet. Im Gewerbegebiet der Vorfahrtsstraße folgen und nach 300 m links in die Ringstraße einbiegen.

EINKAUFS-
GUTSCHEIN

Dieser Fashion-store führt aktuelle Markenware, Restposten und Auslaufmodelle für Sie und Ihn in durchweg guter Qualität und überwiegend jugendlichem, legerem Stil.

Mode im alten Tanzsaal

Warenangebot
Gute Auswahl an T-Shirts, Sweatshirts, Pullovern, Jacken, Jeans und vieles mehr.

Ersparnis
Aktuelle Ware bis 20 %, Sonderangebote 60 %.

Ambiente
Sie kaufen in uriger Atmosphäre, in den Räumen eines ehemaligen Dorftanzsaales. Freundliche Bedienung, Spielecke für Kinder. Parkplätze direkt vor der Tür.

Adresse
Big Deal, Dorfstraße 17, 21438 Brackel, Telefon: 0 41 85/50 93, E-Mail: big-deal@t-online.de.

Öffnungszeiten
Mittwoch 13.00 bis 18.00 Uhr, Donnerstag und Freitag 10.00 bis 19.00 Uhr, Samstag 10.00 bis 14.00 Uhr. Im Dezember erweiterte Öffnungszeiten.

Weitere Verkaufsstellen
● 21339 **Lüneburg**, Goseburgstraße 27, Telefon: 0 41 31/38 09 29.
● 22117 **Hamburg-Billstedt**, Schleemer Weg 34-36, Telefon: 0 40/7 32 08 00.

Anreise
A7 Hamburg-Hannover, Ausfahrt Thieshope. Dann links nach Brackel bis zur Hauptstraße, am Stoppschild rechts. Die Dorfstraße ist die 1. Straße links. Nach ca. 300 m auf der linken Seite finden Sie Big Deal.

Heimbs KAFFEE

Die Firma Heimbs Kaffee stellt qualitativ herausragenden Kaffee her und bereitet damit perfekte Gaumenfreuden. Heimbs beliefert die Gastronomie und ist auf deren Ansprüche und Wünsche eingestellt.

Die Preiskrönung

Warenangebot
Verschiedene Kaffeemischungen, die sonst nur für Großabnehmer erhältlich sind.

Ersparnis
10 bis 20 %.

Ambiente
Ganz kleiner Laden mit sehr nettem Personal, das gerne auch ein bisschen mit seinen Kunden „schnackt".

Adresse
Heimbs Kaffee, Rebenring 30, 38106 Braunschweig, Telefon: 05 31/38 00 20.

Öffnungszeiten
Freitag 8.00 bis 13.00 Uhr.

Anreise
A2 Hannnover-Magdeburg, Ausfahrt Braunschweig, immer Richtung Zentrum, dann nach der Straßenbahnhaltestelle Hamburger Straße links in den Rebenring, eine der Hauptverkehrsadern Braunschweigs. Die Firma Heimbs liegt auf der linken Seite. Den Verkauf erreichen Sie durch das Lkw-Tor ins Firmengelände; dann ist linker Hand der Laden zu sehen.

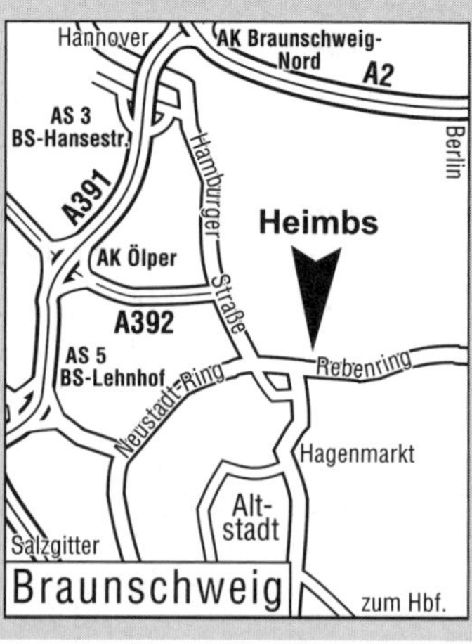

HOLZ BRANDT

Holz Brandt hat mit seinem Stammhaus ein Marken-Outlet der anderen Art, nämlich ein Abholzentrum für Heimwerkerbedarf, eröffnet. Wer Lust auf Bauen und Renovieren hat, findet hier eine Adresse für preiswertes Material.

Outlet für Heimwerker

Warenangebot
Parkett, Laminat, Vertäfelungen, Haus- und Innentüren, Farben, Lasuren, Lacke, Dämmstoffe u.a. in Haushaltsmengen oder ganzen Paketen.

Ersparnis
30 bis 50%.

Ambiente
Mitnahmemarkt mit fachkundiger Beratung.

Adresse
Holz Brandt, Frankfurter Straße 232-246, 38122 Braunschweig, Telefon: 0531/81010, Fax: 8101450.

Öffnungszeiten
Montag bis Freitag 8.00 bis 20.00 Uhr, Samstag 8.00 bis 18.00 Uhr.

Anreise
A2 Hannover-Magdeburg. Am Autobahnkreuz Braunschweig Nord auf die A391 in Richtung Salzgitter wechseln. Hier an der Ausfahrt 7 Braunschweig-Gartenstadt abfahren. Über die Theodor-Heuss-Straße links in die Frankfurter Straße. Nach ca. 50 m befindet sich links die Firma Holz Brandt. Auf dem Firmengelände der Ausschilderung zum MOC folgen.

VIERKE CORPORATE FASHION

Die Vierke Corporate Fashion GmbH ist spezialisiert auf die Herstellung von Sport- und Freizeitbekleidung von mittlerer bis guter Qualität. Der Verkauf der anfallenden Überproduktion, 1B-Ware und Musterkollektionen findet in dem eigens gegründeten Shop mit dem Namen Boxx statt.

Was Aktive anzieht

Warenangebot
T-Shirts, Sweatshirts, Jogginghosen, Regenjacken, Damenpullover, Lederwesten und -jacken. Neben Mode aus eigener Herstellung ist auch zugekaufte Ware im Angebot.

Ersparnis
20 bis 50 %.

Ambiente
Der Verkauf findet in einer Lagerhalle auf ca. 85 m² statt.

Adresse
Vierke Corporate Fashion GmbH, Hans-Porner-Straße 20, 38126 Braunschweig, Telefon: 05 31/26 44 00.

Öffnungszeiten
Donnerstag und Freitag 10.00 bis 19.00 Uhr.

Anreise
A39, Ausfahrt Braunschweig-Südstadt, links auf die Salzdahlumer Straße, von da 300 m bis Parkplatz Netto/Boxx.

SIGNUM

Das Hemd ist in den Blickpunkt der Mode gerückt und muss auch ohne Schlips bestehen können. Das reine Krawattenhemd hat ausgedient. Bei Dittmar Fashion werden aus hochwertigen Stoffen modische Hemden zum Anzug und für die Freizeit unter dem bekannten Label Signum hergestellt.

Hemden-Klassiker

Warenangebot
Kleines Angebot an klassischen Herrenhemden und Freizeithemden. Daneben gibt es eine kleine Auswahl an Herrenjeans, Freizeitjacken und Shirts.

Ersparnis
Bis 50 %.

Ambiente
Kleiner Laden im Firmengebäude, der von einer großen Lagerhalle abgetrennt ist. Wenn Sie sich an der Pforte für den Fabrikverkauf anmelden, werden Sie von einer Mitarbeiterin abgeholt und bedient.

Adresse
Signum Hemden, Dittmar Fashion GmbH, Grotrian-Steinweg-Straße 48, 38112 Braunschweig-Veltenhof, Telefon: 05 31/ 21 08 00.

Öffnungszeiten
Montag bis Donnerstag 7.30 bis 15.30 Uhr und Freitag 7.30 bis 12.00 Uhr.

Anreise
A2 Hannover–Braunschweig, Ausfahrt 54 Braunschweig-Hafen. Nach ca. 1 km Richtung Braunschweig dem Wegweiser nach links in die Grotrian-Steinweg-Straße folgen. Hier finden Sie nach weiteren 500 m links die Signum-Hemden-Fabrik.

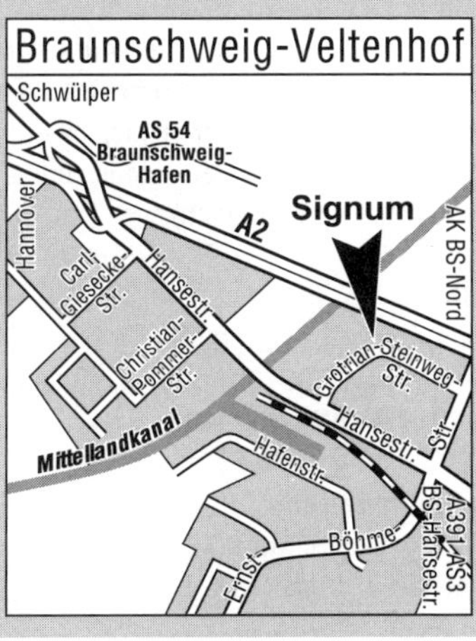

Mustang ist die bekannteste deutsche Jeansmarke. Sie garantiert perfekte Passform und gute Verarbeitung, ist nahezu immer salonfähig und ist selbst in „used-Optik" oder „runtergewaschen" oder mit geräumigen Taschen niemals out.

Unschlagbare Trendsetter

Warenangebot
Große Auswahl an verschiedenen Jeansmodellen und Jacketts für Damen und Herren. Jeansröcke und -kleider, Sweatshirts, Freizeithemden, Jeanshemden, Pullover, T-Shirts und Accessoires wie Gürtel, Freizeitschuhe, Caps und Taschen. Bei dem gesamten Angebot handelt es sich um 2.-Wahl-Ware, Auslaufmodelle und Restposten.

Ersparnis
25 bis 70 %. Laufend viele Sonderangebote.

Ambiente
Großzügig gestalteter Verkaufsraum mit 20 Kabinen, hilfsbereitem Verkaufspersonal und einer Kinderspielecke mit Rutsche. Direkt vor dem Haus gibt es ausreichend Parkmöglichkeiten.

Adresse
Jeans-Depot Mustang, Otto-Lilienthal-Straße 7-11, 06796 Brehna, Telefon: 03 49 54/4 18 24, Fax: 4 18 25.

Öffnungszeiten
Montag bis Freitag 9.30 bis 19.00 Uhr, Samstag 9.30 bis 16.00 Uhr.

Weitere Verkaufsstellen
- 74653 **Künzelsau**, Würzburger Straße 4-8-52, Telefon: 0 79 40/9 25 20.
- 74743 **Seckach**, Waidachshofer Straße 25, Telefon: 0 62 92/9 51 05.

Anreise
A9 Nürnberg-Berlin, Ausfahrt Halle/Bitterfeld und auf der B100 Richtung Brehna/Bitterfeld. An der 1. Ampel rechts zum Gewerbegebiet/Business Center und 1. Straße links. Der Verkauf ist an den Fahnen zu erkennen.

PADDOCK'S®
JEANS

Paddock's ist eine der größten und bekanntesten deutschen Jeansmarken. Die Firma stellt vor allem klassische Jeans der mittleren Preiskategorie her.

German Jeans

Warenangebot
Jeans, T-Shirts, Sakkos, Jacken, Jeansjacken, Westen, Kinderjeans.

Ersparnis
50 %, bei 2. Wahl mehr.

Ambiente
Das Factory Outlet befindet sich in einem separatem Gebäude mit moderner Präsentation und fachmännischer Beratung.

Adresse
Ospig Textilgesellschaft W. Ahlers GmbH & Co., Carsten-Dressler-Straße 17-19, 28279 Bremen-Arsten, Telefon: 0421/ 8401146, Fax: 8401-137.

Öffnungszeiten
Montag bis Freitag 10.00 bis 18.00 Uhr, Samstag 10.00 bis 14.00 Uhr.

Anreise
A1 Bremen-Oldenburg, Ausfahrt Arsten, dort auf den Autobahnzubringer Richtung Arsten. In Habenhausen abfahren, Richtung Arsten/ Arsterdamm. Dann links Richtung Arsten und in das Industriegebiet hinein. Die Firma Paddock's ist hier ausgeschildert. In einer Rechtskurve nun links in die Carsten-Dressler-Straße. Diese beschreibt einen Halbkreis um die Firma Paddock's herum.

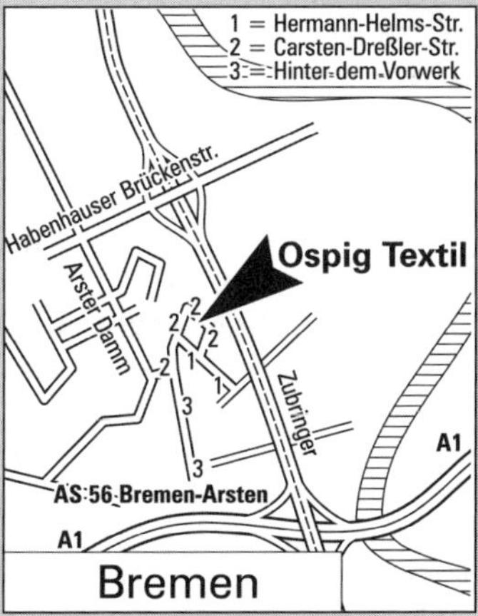

Kleine Wolke

LEIFHEIT

Die Kleine Wolke ist seit über 25 Jahren einer der führenden Badtextilienhersteller. Als Tochterfirma des Leifheit-Konzerns werden hier auch viele Haushaltsgeräte im Werksverkauf angeboten.

Praktisches für Bad & Co.

Warenangebot
Badteppiche, Duschvorhänge, Sicherheitseinlagen, Frottierwaren, Accessoires, Bügeltische, Stehhilfen, Leitern, Haushaltstritte, Wäschetrockner, div. Haushaltsartikel wie Isolierkannen und Ähnliches.

Ersparnis
Bei 1B-Ware bis 50 %, bei Auslaufartikeln, 2. Wahl und Überproduktionen 60 %.

Ambiente
Direkt am Parkplatz des Verwaltungsgebäudes befindet sich der Eingang zum Werksverkauf. Großzügiger Verkaufsbereich mit umfangreichem Warenangebot, der aber den Charme einer Lagerhalle aufweist.

Adresse
Kleine Wolke Textilgesellschaft mbH & Co. KG, Fritz-Tecklenborg-Str. 3, 28759 Bremen-Grohn, Telefon: 04 21/6 26 10.

Öffnungszeiten
Donnerstag 10.00 bis 18.00 Uhr, Samstag 10.00 bis 13.00 Uhr. Achtung: von Anfang Mai bis Ende September nur donnerstags geöffnet!

Anreise
Die Kleine Wolke Textilgesellschaft befindet sich in Bremen-Nord. Von der A27 Bremen-Cuxhaven in Bremen-Burglesum abfahren und auf der B74 nun in Richtung Burglesum/Vegesack weiterfahren. Bei Bremen-Grohn abfahren, zweimal links in die Schönebecker Straße, diese nun ganz durchfahren bis zur Kreuzung.

zero

Zero ist ein junges, europäisches Modeunternehmen mit Sitz in Bremen. Was die Top-Stylisten in Mailand und Paris zeigen, wird hier in trag- und bezahlbare Mode umgesetzt. Jedes Jahr werden mehr als 2000 aufeinander abgestimmte Fashion-Artikel produziert, zugeschnitten auf die moderne, städtische Lebensart.

European Lifestyle

Warenangebot
Reichhaltiges Angebot an „junger Damenmode" für jede Gelegenheit: fürs Büro, für die City, für den Sport, für die Party, für den Ball und als Zugabe die passenden Accessoires wie Schuhe, Gürtel, Taschen, Tücher u.a. Bei dem Angebot handelt es sich um Ware aus der Vorsaison, Musterteile, Restposten und 2. Wahl.

Ersparnis
30 bis 50 %, bei speziellen Sonderangeboten mehr und im WSV/SSV gibt es weitere Preisreduzierungen.

Ambiente
Großes, neues Factory Outlet , zielgruppenorientiert mit jungem, freundlichem Personal.

Adresse
Zero Factory Store, Scipiostraße 10, 28279 Bremen-Habenhausen, Telefon: 04 21/83 18 34, Fax: 8 30 50 41, Internet: www.zero.de.

Öffnungszeiten
Montag bis Freitag 10.00 bis 20.00 Uhr, Samstag 9.00 bis 18.00 Uhr.

Anreise
A1 Osnabrück-Hamburg, Ausfahrt Bremen-Arsten und auf den Autobahnzubringer 6 Richtung Obervieland, Ausfahrt Habenhauser Brückenstraße und von hier links in die Habenhauser Landstraße und wieder links in die Scipiostraße.

BSF WILKENS

Traditionsreiche Silbermanufaktur. Seit 1810 werden hier Silberwaren in sehr guter Qualität hergestellt. Im Fabrikverkauf werden Rest- und Sonderposten sowie Rückläufe außerordentlich günstig angeboten.

Highlights der Tafelkultur

Warenangebot
Bestecke zwischen klassisch und modern, Tafelgeräte in den Materialien 925-Sterling-Silber, 180 g versilbert sowie 18/10 Edelstahl, Geschenkartikel, Schmuck, Porzellan, Messer, Glaswaren, Weinzubehör, Scheren und Maniküre-Set der Marke Zwilling etc.

Ersparnis
30 bis 50 %, bei Sonderposten evtl. mehr.

Ambiente
Ansprechend ausgestatteter, einzelhandelsmäßig anmutender Verkaufsraum mit freundlicher, entgegenkommender Bedienung.

Adresse
M. H. Wilkens & Söhne GmbH, Osenbrückstraße, 28305 Bremen-Hemelingen, Telefon: 04 21/41 03-2 04.

Öffnungszeiten
Montag bis Mittwoch und Freitag 9.30 bis 16.00 Uhr, Donnerstag 9.30 bis 18.00 Uhr, Samstag 9.30 bis 14.00 Uhr.

Anreise
A1 Bremen-Osnabrück, Ausfahrt Bremen-Hemelingen. Auf dem Zubringer die 2. Ausfahrt, dann rechts (An der Grenzpappel), gleich wieder links in die Hannoversche Straße einbiegen. Auf der Bahnüberführung links fahren in die Hemelinger Bahnhofstraße. Von dieser ist dann die 3. Straße rechts die Osenbrückstraße.

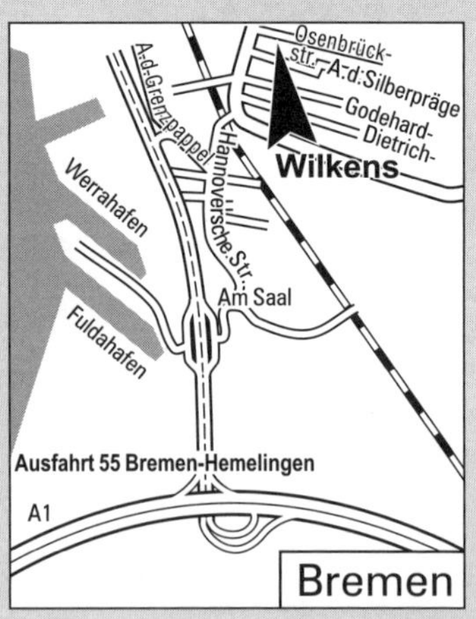

Finnforest

Der Tipp für Bastler und Heimwerker ist der Fabrikverkauf der Firma Finnforest Deutschland. Hier gibt es alles, was sich der Heimwerker schon immer gewünscht hat, zu Preisen, die das kostensparende Hobby erst richtig rentabel werden lassen.

Do-it-yourself

Warenangebot
Gehobelte Leisten, Dekoleisten, gehobelte Rahmen, Bretter, Profilholz, Leimholzplatten in Fichte und Kiefer, Fertigparkett.

Ersparnis
Bis zu 50 %.

Ambiente
Verkauf aus einer Halle neben Tor 2, in der meistens reger Betrieb herrscht.

Adresse
Finnforest Deutschland GmbH, Louis-Krages-Straße 30, 28237 Bremen-Industriehäfen, Telefon: 04 21/6 91 17 41.

Öffnungszeiten
Mittwoch 8.00 bis 12.00 Uhr, Donnerstag und Freitag 14.00 bis 18.00 Uhr, Samstag 8.00 bis 12.00 Uhr.

Anreise
Autobahn Bremen-Cuxhaven, Ausfahrt Industriehafen, dann immer den Schildern Industriehafen nach. Das Werk liegt rechter Hand, ein riesiges Schild weist auf den Verkauf hin.

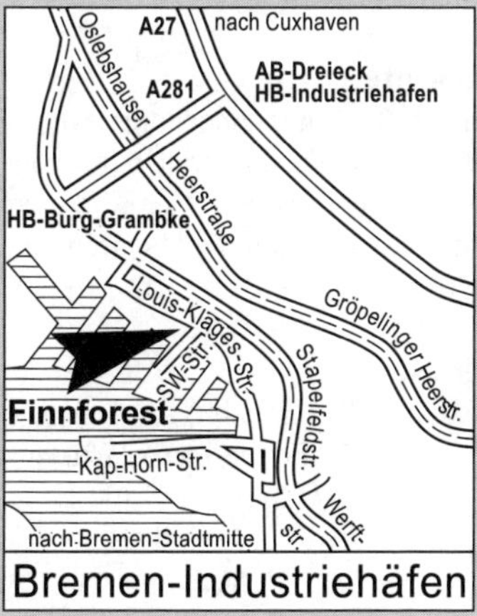

CASSENS & PLATH GMBH

Die Firma Cassens und Plath bietet traditionell nur qualitativ hochwertige Waren an. Die Besonderheit dieses Fabrikverkaufs liegt nicht im besonders günstigen, sondern im qualitativ hochwertigen Angebot.

Perfekte Orientierung

Warenangebot

Es werden alle Arten von Kompassen, Sextanten und Barometern angeboten. Ebenso verkauft man Prismen-Ferngläser, Anometer, Kartenmaterial, nautische Literatur, Peilscheiben, Windlupen und andere Instrumente.

Ersparnis

Die Ersparnis ist nicht in Prozenten auszudrücken, weil es keine Vergleichsmöglichkeit gibt. Die Firma legt Wert auf höchste Qualität. Die Preise können einem Laien unverhältnismäßig hoch erscheinen. Es gibt hier aber Ferngläser, die im normalen Fachgeschäft nicht zu finden sind.

Ambiente

Ein Großteil des Angebotes wird in einem Büro in einer Vitrine mit schöner Dekoration präsentiert. Man wird exzellent und sachkundig beraten und bedient.

Adresse

Cassens & Plath GmbH, Am Lunedeich 131, 27572 Bremerhaven-Wulsdorf, Telefon: 04 71/7 10 11 oder 7 10 12.

Öffnungszeiten

Montag bis Donnerstag 8.00 bis 16.00 Uhr, Freitag 8.00 bis 13.00 Uhr.

Anreise

A27 Bremen-Bremerhaven, Ausfahrt Bremerhaven/Fischereihafen, Richtung Fischereihafen. Das Fabrikgebäude liegt im Gewerbegebiet bei den Kühlhäusern.

WAGNER PRALINEN

Wagner-Confiseriekunst aus dem schönen Schleswig-Holstein. Bereits in der vierten Generation stellt dieser Familienbetrieb handgefertigte Tafelschokolade und feinste Trüffel her.

Kein Wagnis – die Wagner-Praline

Warenangebot
In dem Fabrikverkauf sind alle Wagner-Pralinen vorrätig.

Ersparnis
Ca. 20%, bei Bruchware mehr.

Ambiente
Der Verkauf ist in der Gaussstraße um die Ecke in einem Shop neben der Warenausgabe.

Adresse
Wagner-Pralinen GmbH, Gutenbergring 3-5 (Firma), Verkauf: Gaußstraße (neben der Warenausgabe), 25541 Brunsbüttel, Telefon: 0 48 52/5 49 00.

Öffnungszeiten
Montag bis Donnerstag 7.00 bis 14.45 Uhr.

Anreise
B5 aus Richtung Itzehoe über die Hochbrücke. Ausfahrt Brunsbüttel-Zentrum. Geradeaus in Olof-Palme-Allee bis Aral-Tankstelle. Dann links bis zur Polizei, dort rechts, von hier aus sieht man die Praline.

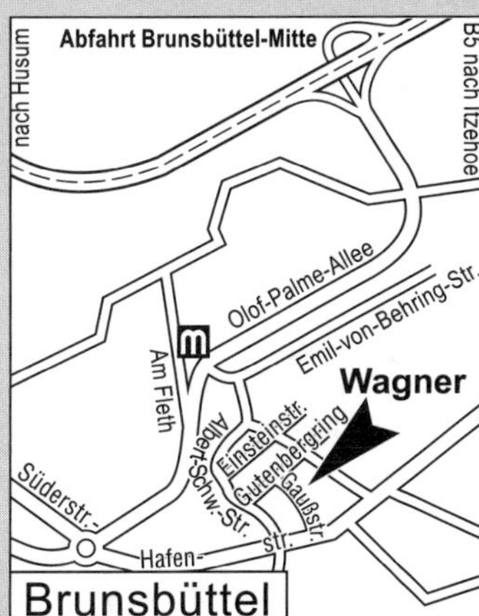

EINKAUFS-GUTSCHEIN

killtec®

Killtec ist ein Handelsunternehmen, das in aller Welt Sportbekleidung vertreibt. Killtec steht für modisches Outfit mit einem sehr guten Preis-Leistungs-Verhältnis.

Killt nicht jeden Preis

Warenangebot
Sport- und Freizeitbekleidung aller Art, Tennis- und Jogginganzüge, Skibekleidung, Regenbekleidung usw., Sportschuhe für Training, Jogging, Tennis und Trekking sowie Sporttaschen und Outdoor-Jacken.

Ersparnis
Im Schnäppchenmarkt werden Einzelartikel bzw. hochwertige Muster mit einem Nachlass bis zu 70 % angeboten.

Ambiente
Der Schnäppchenmarkt ist in einem dem Sportshop angegliederten, eigenen Raum untergebracht.

Adresse
Killtec Sport- und Freizeit GmbH, Zimmererstraße 5, 21244 Buchholz in der Nordheide, Telefon: 0 41 81/2 00 80, Fax: 2 00 84 89, E-Mail: shop@killtec.de.

Öffnungszeiten
Montag bis Freitag 9.00 bis 18.00 Uhr, Samstag 9.00 bis 14.00 Uhr.

Anreise
A1 Bremen-Hamburg, Ausfahrt Dibbersen, auf der B75 Richtung Buchholz. Nach ca. 3 km links in die Zimmerer Straße abbiegen zum rotblauen „Killtec"-Gebäude.

BIRKENSTOCK

Birkenstock-Sandalen und als Neuheit Footprints-Modelle (geschlossener Schuh), sind mehr als nur fußgesunde Schuhe. Birkenstock steht für eine besondere Lebensauffassung, für einen Lebensstil und ist ein Export-Schlager und Kultprodukt bis in die USA.

Darauf steht die Welt

Warenangebot
Breite Palette an Sandalen (Größe 24-50) der Hausmarken Birkenstock, Papillio, Tatami sowie die hochwertigen, geschlossenen Schuhe von Footprints. Große Auswahl an Schuhen für den medizinischen Bereich.

Ersparnis
10 bis 60 %.

Ambiente
Schuhgeschäft mit Erwachsenen- und Kinderabteilung; Beratung durch Fachpersonal.

Adresse
Birkenstock-Fachgeschäft, Am Hafentörn 2, 25761 Büsum, Telefon: 0 48 34/ 96 29 04, Fax: 96 29 05.

Öffnungszeiten
Saisonbedingt geänderte Öffnungszeiten bitte telefonisch erfragen! In der Regel November bis Ostern: Montag bis Freitag 11.00 bis 18.00 Uhr, Samstag 10.00 bis 14.00 Uhr. Ostern bis Oktober: Montag bis Freitag 9.30 bis 19.00 Uhr, Samstag 9.30 bis 16.00 Uhr, Sonntag 11.00 bis 16.00 Uhr.

Weitere Verkaufsstellen in Norddeutschland:
- 23730 **Neustadt i.H.**, Eutiner Straße 49, Telefon: 0 45 61/ 51 37 92.
- 37441 **Bad Sachsa-Tettenborn**, Steinlohstraße 1-7 (im Gelände „Wedler").

Anreise
A23 Elmshorn-Heide, Ausfahrt Heide West, B203 nach Büsum. Der Neubau „Am Hafentörn" liegt an der B203.

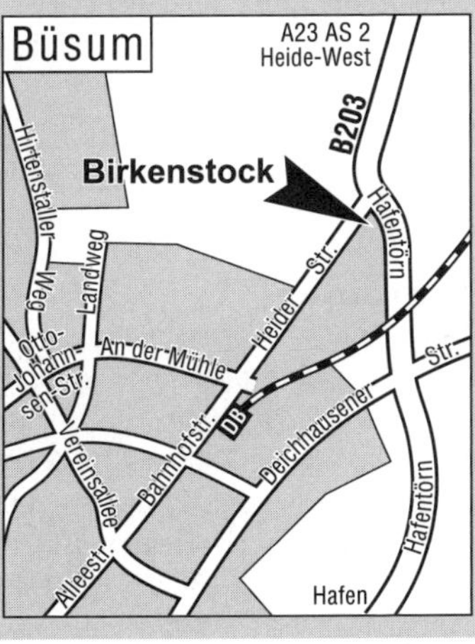

trigema®

Trigema, Deutschlands größten T-Shirt- und Tennisbekleidungs-Hersteller, kennt man aus der Fernsehwerbung. Trigema produziert im Gegensatz zu vielen anderen Herstellern ausschließlich in Deutschland.

Made in Germany

Warenangebot
Jogginganzüge, Sweatshirts, Thermowesten, Freizeitmode, Tennismode, Bermudas, Leggings, T-Shirts, Sportunterwäsche, Nachtwäsche, Bademoden, Accessoires für Sport und Fitness, kurz: das ganze Katalogangebot. Die Kataloge sind gegen eine Schutzgebühr erhältlich.

Ersparnis
Ein Preisvergleich ist nicht möglich, da Trigema-Artikel selten im normalen Sport-Einzelhandel angeboten werden.

Ambiente
Keine Beratung, aber das volle Katalogangebot; sehr große Verkaufsfläche.

Adresse
Trigema-Verkauf, Am Hafentörn 2, 25761 Büsum, Telefon/Fax: 0 48 34/ 96 28 60.

Öffnungszeiten
Saisonbedingt unterschiedliche Öffnungszeiten; bitte telefonisch erfragen. In der Regel: November bis Ostern: Montag bis Freitag 11.00 bis 18.00 Uhr, Samstag 10.00 bis 14.00 Uhr. Ostern bis Oktober: Montag bis Freitag 9.30 bis 19.00 Uhr, Samstag 9.30 bis 16.00 Uhr. Sonntag 11.00 bis 16.00 Uhr.

Weitere Verkaufsstellen in Norddeutschland
- 23730 **Neustadt i.H.**, Eutiner Straße 49, Telefon: 0 45 61/ 71 47 11.
- 37441 **Bad Sachsa-Tettenborn**, Steinlohstraße 1-7 (im Firmengelände „Wedler"), Telefon: 0 55 23/30 34 88.

Anreise
A23 Elmshorn-Heide, Ausfahrt Heide/West, B203 nach Büsum. Der Neubau „Am Hafentörn" liegt an der B203.

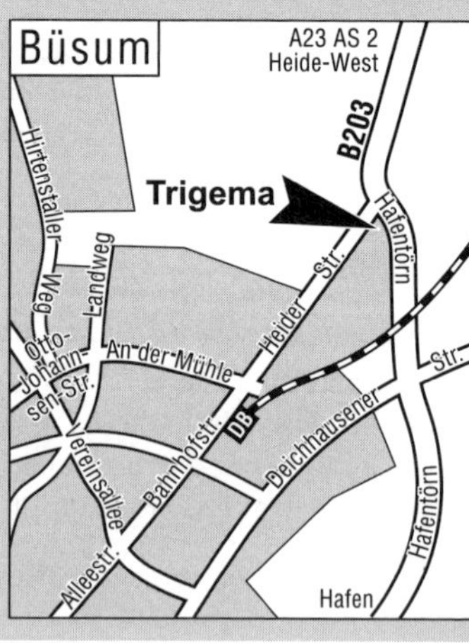

In der großen Werkstatt werden Schiffszubehör und Seemannsausrüstung für den Hobbyseemann und den Profi hergestellt.

Alles, was der Seemann braucht

Warenangebot
Schiffsfender in jeder Ausführung für die große und die kleine Jacht. Schwimmwesten, Rettungsringe, Hängematten und Werkstatttaschen aus Persenning, Hundewesten, Trapezhosen, Lotsenleitern, Tauwerk, Abdeckplanen usw. Neben der eigenen Produktion wird auch Handelsware angeboten.

Ersparnis
Die Ersparnis lässt sich nicht genau beziffern, da es sich nicht nur um Serienproduktion, sondern oft auch um Sonderanfertigungen handelt. Preisbeispiele: Schwimmwesten EN 395 CE in 7 Größen 35,– bis 60,– €.

Ambiente
Der Verkaufs- und Ausstellungsraum befindet sich gleich an der Straße. Die Beratung ist ausgesprochen fachkundig. Parkmöglichkeiten vor dem Haus.

Adresse
Eckhard Knoll, Schiffszubehör, Bahnhofstraße 13, 18246 Bützow, Telefon: 03 84 61/6 52 03, Mobil: 01 71/ 7 27 28 24.

Öffnungszeiten
Montag bis Freitag 7.00 bis 17.00 Uhr. In dringenden Fällen kann auch danach oder am Samstag mit dem Chef gesprochen werden.

Anreise
A19 Rostock-Berlin, Ausfahrt Laage, Richtung Schwaan-Bützow. Der Hauptstraße über den Bahnübergang folgend gelangt man in die Bahnhofstraße. Dort ist vor der Warnow rechts die Firma Knoll.

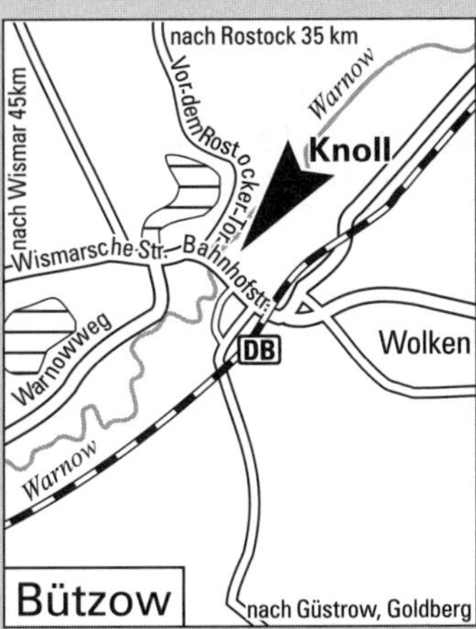

Parlasca ist weit über Niedersachsen und Ostwestfalen hinaus für knusprig frische Kekse bekannt. Außerdem hat Parlasca mit seinem guten und wohlschmeckenden Angebot an Diabetiker-Produkten den Markt bereichert.

Wie selbst gemacht

Warenangebot
Alles, was man auch im Einzelhandel an Gebäck findet. Schokokekse, Waffeln, Spritzgebäck, Blätterteiggebäck etc. In der Vorweihnachtszeit gibt es zusätzlich Lebkuchen, Marzipan, Stollen. Alle diese Produkte sind auch für Diabetiker erhältlich.

Ersparnis
Ca. 30%, gespart wird vor allem bei Großpackungen.

Ambiente
Kleine Ladentheke mit freundlicher Bedienung. Parkplätze vorhanden.

Adresse
Georg Parlasca Keksfabrik, Vor dem Celler Tor 49, 31303 Burgdorf, Telefon: 0 51 36/8 80 13.

Öffnungszeiten
Montag bis Freitag 8.30 bis 17.00 Uhr.

Anreise
A37 aus Hannover oder Celle kommend Ausfahrt Otze. Durch Otze hindurch nach Burgdorf und dort, kurz hinter der Sorgenser Windmühle, liegt rechts die Keksfabrik.

Clou & Classic®

Innovationen und individuelle Konzepte verbinden den Charme der Vergangenheit mit der Gegenwart und machen Tischdekorationen möglich, die bei Oma und Enkeln gleichermaßen wohlige Gefühle wecken und zu Harmonie und Entspannung beitragen.

Tee trinken mit Stil

Warenangebot
Tafel-, Kaffee- und Teegeschirr aus Fine Bone China, mundgeblasene Gläser, Glasplatzteller, Leuchter und Bestecke aus eigener Produktion, Tee, Kerzen und Servietten.

Ersparnis
50 bis 70 %.

Ambiente
Angenehm übersichtlich gestalteter Verkauf in einem alten Bauernhaus. Auf einfachen Holzmöbeln steht Regal für Regal eine andere Tafelgeschirrserie.

Adresse
Clou & Classic GmbH, Werksverkauf, Dorfstraße 4, 31303 Burgdorf-Heeßel, Telefon: 0 51 36/8 89 10.

Öffnungszeiten
Montag bis Freitag 10.00 bis 12.00 und 15.00 bis 18.00 Uhr, Samstag 10.00 bis 13.00 Uhr.

Anreise
A37 aus Hannover kommend, Ausfahrt Burgdorf. Dann Richtung Burgdorf auf der B188. An der B188 Verkauf im Ortsteil Heeßel auf der rechten Seite gegenüber der DEA-Tankstelle.

Clivia, dieser Name steht seit mehr als 40 Jahren für aktuelle, qualitativ gute Damen- und Herren-Strickmode. Im Clivia-Mode-Park ist der Fabrikverkauf, in dem Sie neben dieser Strickmode auch Blusen und Hosen sowie andere Artikel aus den Clivia-Handelskollektionen finden.

Grenzenlos bequem

Warenangebot
Aktuelle Strickwaren in großer Auswahl für jeden Anlass für Damen und Herren, daneben gibt es auch Blusen, Hosen, Röcke, Kleider, einige Kindersweatshirts und Heimtextilien.

Ersparnis
30 %.

Ambiente
Liebevolle Dekoration mit alten Maschinen in ansprechender, offener Architektur, freundliches Personal und für die Pause eine nette Kaffee-Ecke.

Adresse
Clivia Mode-Park, Fabrikverkauf, Zum Fruchthof 7, 21614 Buxtehude, Telefon: 0 41 64/8 86 30, Fax: 88 63 29, E-Mail: info@clivia-mode-park-de, Internet: www.clivia-mode-park.de.

Öffnungszeiten
Dienstag, Donnerstag, Freitag 10.00 bis 18.00 Uhr, Samstag 10.00 bis 14.00 Uhr.

Anreise
A1 Bremen-Hamburg, Ausfahrt Rade und weiter auf der B3 bis Wulmstorf und dann auf der B73 nach Buxtehude. Hier die Ausfahrt Buxtehude Industriegebiet West nehmen, diese führt geradewegs zum Fruchthof.

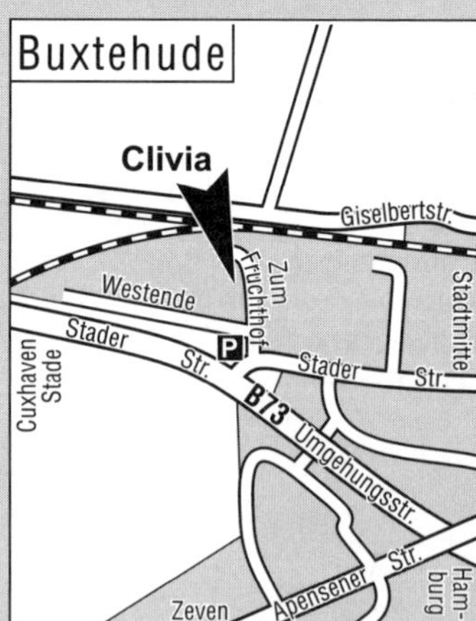

Die Firma Meyer stellt Fahrräder z. B. der Marken Recordia oder van de Falk her. Diese Marken sind zwar wenig bekannt, haben jedoch einen hohen Qualitätsstandard.

Der Spezialist am Ritzel

Warenangebot
Alle Arten von Fahrrädern, vom Kinderfahrrad bis zum Damen-Tourenrad und Herren-Mountainbike. Die Fahrräder gibt es für Groß und Klein, die Rahmenhöhe liegt zwischen 50 und 66 cm.

Ersparnis
20 bis 30 %.

Ambiente
Fast ein normales Fahrradgeschäft. Der Verkauf befindet sich auf dem Firmengelände. Es stehen verschiedene Fahrräder zur Auswahl bereit. Die Beratung ist sehr fachkundig und individuell.

Adresse
Fahrradfabrik Engelbert Meyer GmbH, Hauptstraße 31, 49692 Cappeln-Sevelten, Telefon: 0 44 71/94 66 31.

Öffnungszeiten
Montag bis Freitag 8.00 bis 12.00 und 13.00 bis 17.00 Uhr. Während der letzten drei vollen Wochen der Schulferien in Niedersachsen sind Betriebsferien. Im Winter eingeschränkte Öffnungszeiten.

Anreise
A1 Münster-Bremen, Ausfahrt Cloppenburg, auf der B72 Richtung Cloppenburg und dann links nach Cappeln. In Cappeln bei der Kirche rechts Richtung Cloppenburg und nach 300 m links Richtung Sevelten. Im Ort Sevelten am Stopp-Schild links, ca. 200 m nach der Kirche ist die Fahrradfabrik auf der linken Seite.

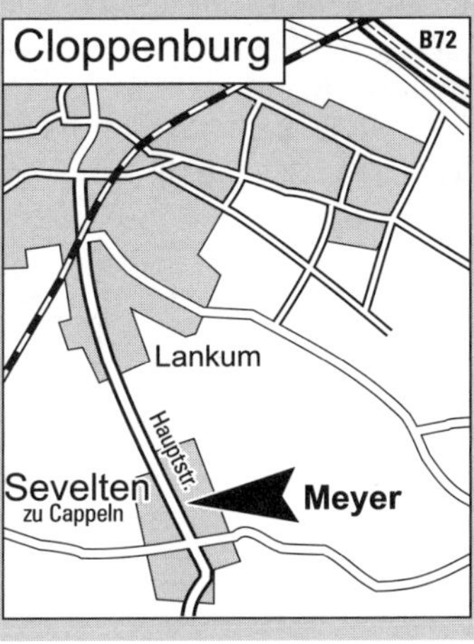

CECIL Street One

Die Marken Cecil und Street One sind mit ihrer unkomplizierten, sportiven Mode ein unverkennbarer Trend. Mit markanten Einzelteilen und ihrer vielseitigen Kombimode bieten sie das Rezept für den neuen Stilmix.

Stil-Cocktail

Warenangebot
Pullover, Hosen, Jacken, Jeans, Kleider, Westen, Hemden, Röcke, Socken, Unterwäsche, Accessoires. Bei 2. Wahl zum Teil mit Fehlern.

Ersparnis
Bis zu 50 % und mehr.

Ambiente
Der Verkauf befindet sich in einem hellen Raum im Erdgeschoss. Die Ware wird übersichtlich präsentiert.

Adresse
Fashion Logistik-GmbH, Wernerusstraße 39, 29227 Celle, Telefon: 0 51 41/99 80.

Öffnungszeiten
Montag bis Freitag 10.00 bis 18.00 Uhr, Samstag 9.00 bis 14.00 Uhr.

Anreise
Vom Zentrum Celle aus die Hannoversche Straße in Richtung Westercelle/Hannover. In Westercelle geht dann eine relativ große Straße (Dasselbrucher Str.) rechts ab, der man folgt, bis rechter Hand keine Wohnhäuser mehr zu sehen sind. Dort geht es dann rechts ins Industriegebiet Westercelle. Der Verkauf ist ein etwas von der Straße zurückgesetztes, neues weißes Gebäude mit auffälligen, roten Tür- und Fensterrahmen.

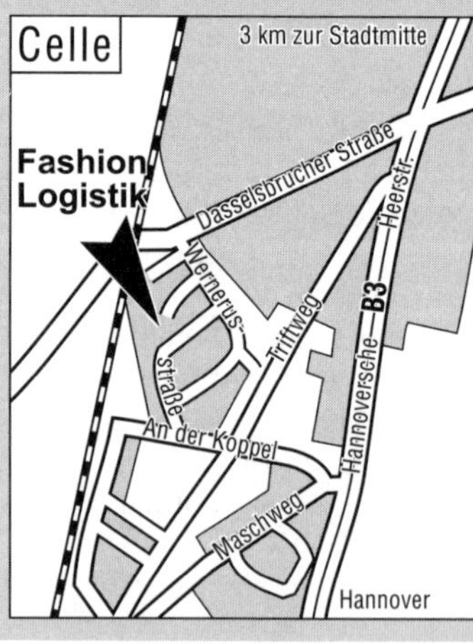

Moritz Willenborg

Fahrräder verschiedener Marken gibt es im Zweirad- und Babyparadies Willenborg zu Schnäppchenpreisen.

No Mountain too high

Warenangebot
Eigenmarken und Sondermodelle von Trekkingrädern, Mountainbikes, Touren- und Hollandfahrrädern sowie Kinderfahrräder in großer Auswahl.

Ersparnis
10 bis 30 %, je nach Modell, Hersteller und Preisgruppe.

Ambiente
Großes Zweirad-Center, in dem Sie auf über 1500 m^2 neben Fahrrädern und Zubehör auch Babyartikel und Nähmaschinen kaufen können.

Adresse
Moritz Willenborg, Zweirad- und Babyparadies, Löninger Straße 8, 49661 Cloppenburg, Telefon: 04471/2329, Internet: www.moritz-willenborg.de.

Öffnugszeiten
Montag bis Freitag 9.00 bis 18.00 Uhr, Samstag 9.00 bis 13.00 Uhr, am 1. Samstag im Monat 9.00 bis 16.00 Uhr.

Anreise
A1 Münster-Wilhelmshaven, Ausfahrt Cloppenburg und auf der B72 nach Cloppenburg. Ausfahrt Cloppenburg West, dann die Löninger Straße Richtung Zentrum fahren. Das Zweirad-Center liegt nach ca. 1 km auf der linken Seite.

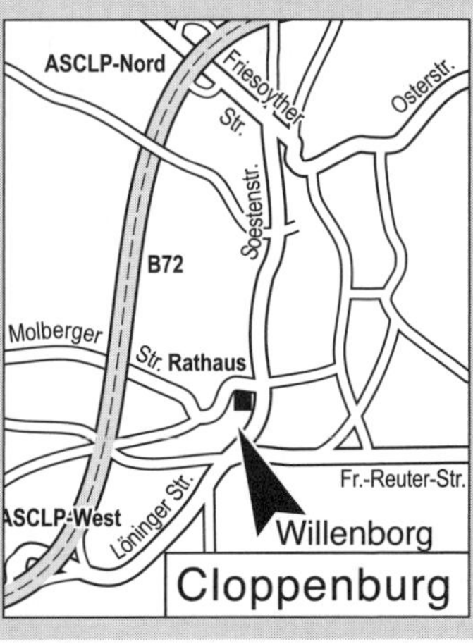

Dannenberger Textilfabrik

Die Dannenberger Textilfabrik ist eine kleine Firma, deren Stofffabrik so etwas wie der Geheimtipp der nähenden Hausfrauen und Hausmänner von Dannenberg und Umgebung zu sein scheint.

Stoff für alle

Warenangebot
Dekostoffe, bunt und einfarbig, Gardinenstoffe und Reste.

Ersparnis
30 %.

Ambiente
Verkauf mit Lageratmosphäre und freundlicher, netter Beratung.

Adresse
Dannenberger Textilfabrik, Ordasstraße 36, 29451 Dannenberg (Elbe), Telefon: 0 58 61/22 06.

Öffnungszeiten
Montag bis Freitag 9.00 bis 12.00 und 14.00 bis 17.00 Uhr.

Anreise
Nach Dannenberg kommen Sie von Lüneburg aus über die B216 oder von Uelzen über die B191. Von Dannenberg Ortsmitte Richtung Lüneburg, am Ortsende links in die Rehfeldstraße, die dann in die Ordasstraße übergeht.

nya nordiska textiles

nya nordiska stellt qualitativ hochwertige Stoffe her. Und wenn Sie irgendwo besonders schöne Dekostoffe sehen, z.B. in Schöner Wohnen – dann sind sie bestimmt von nya nordiska.

Nordisch gut

Warenangebot
Gardinen-, Deko- und Möbelstoffe, Tischdecken, Stoffe mit kleinen Fehlern oder Auslaufware, Reststücke, Bastelreste, Kiloware.

Ersparnis
40 %.

Ambiente
Neu renovierter, schöner Laden.

Adresse
nya nordiska textiles gmbh, An den Ratswiesen 4, 29451 Dannenberg (Elbe), Telefon: 0 58 61/80 90.

Öffnungszeiten
Donnerstag und Freitag 9.00 bis 16.30 Uhr.

Anreise
Nach Dannenberg kommen Sie von Lüneburg über die B216. Aus Lüneburg kommend am Prochaskaplatz links in die Jeetzelallee einbiegen. Nach 1000 m rechts in die Ratswiesen bis zur Einfahrt nya nordiska Innenhof. Ab dort ist der Magazinverkauf ausgeschildert.

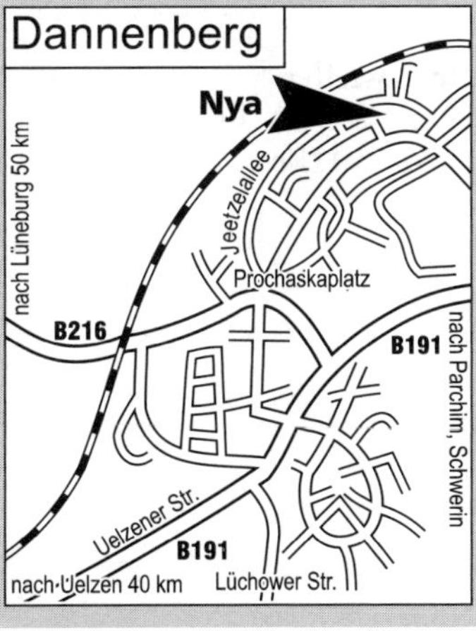

Hosenfabrik Körber

Die Hosenfabrik Körber stellt hauptsächlich Herrenhosen und -jacken für die Freizeit her, kleines Angebot an Damenhosen.

Herr der Freizeit

Warenangebot
Leichte Herren- und Damenhosen aus Baumwolle. Auch modische Jeans. Ebenso Winterbekleidung (Sympatex-Blousons).

Ersparnis
Ca. 40 %, bei 2. Wahl mehr.

Ambiente
Der Laden befindet sich auf dem Fabrikgelände.

Adresse
Hosenfabrik Körber GmbH, Obere Torstraße 13a, 37586 Dassel-Markoldendorf, Telefon: 0 55 62/86 63 oder 68 50.

Öffnungszeiten
Freitag 14.00 bis 18.00 Uhr, Samstag 9.00 bis 13.00 Uhr.

Anreise
Von Einbeck Richtung Dassel. Durch Markoldendorf hindurch. und nach dem Ort links, großes Schild.

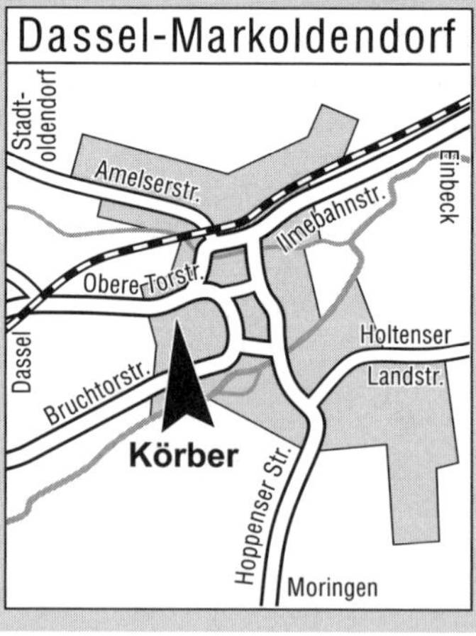

dELMOD

Elegant und effektvoll, klassisch, sportlich und feminin, so lässt sich die qualitativ hochwertige Damenmode von delmod international beschreiben. Mit diesen Attributen hat Delmod international sich einen Platz in der internationalen Modewelt errungen.

Einfach klassisch

Warenangebot
Röcke, Hosen, Blusen, Kleider, Kostüme, Hosenanzüge, Blazer, Mäntel, auch Kombimode sowie elegante Abendmode. Es gibt 1.- und 2.-Wahl-Ware. Delmod international gibt es von Größe 36 bis 50 und 18 bis 25.

Ersparnis
30 bis 50 %.

Ambiente
Großer Verkaufsraum im Moorweg 5 mit 13 Umkleidekabinen. Parkplätze vorhanden.

Adresse
Delmod international, Bekleidungsindustrie GmbH & Co. Hanse-Kleidung KG, Brauenkamperstr. 97, 27753 Delmenhorst, Telefon: 0 42 21/85 40.

Öffnungszeiten
Montag bis Mittwoch und Freitag 12.00 bis 17.00 Uhr, Donnerstag 12.00 bis 20.00 Uhr, Samstag 9.00 bis 13.00 Uhr.

Anreise
A28 Oldenburg/Delmenhorst, Ausfahrt Delmenhorst-Deichhorst, Richtung Stadtmitte, die 1. Straße rechts und dann der Beschilderung folgen. Der Lagerverkauf ist gut ausgeschildert.

EINKAUFS-GUTSCHEIN

DekoVries

DekoVries ist Hersteller von Strandkörben und Gartenmöbeln aus Teak und handelt mit Rattanmöbeln für den Wintergartenbereich. DekoVries beliefert den deutschen Fach- und Versandhandel sowie Baumarktketten.

Urlaubsgefühle

Warenangebot
Strandkörbe, Teakholz- und Rattanmöbel, Kissenauflagen und Accessoires, Schränke und andere Einzelstücke in 2. Wahl und Auslaufmodelle.

Ersparnis
Bei 2. Wahl 30 bis 50 %.

Ambiente
150 m^2 Ausstellungsfläche mit kompletten Dekorations- und Gestaltungsideen sowie ca. 150 m^2 SB-Lagerfläche.

Adresse
DekoVries GmbH, Birkenstraße 1-2, 26847 Detern-Deternerlehe, Telefon: 0 49 57/91 01 13, Fax: 91 01 40, Internet: www.dekovries.de.

Öffnungszeiten
Mittwoch bis Freitag 9.00 bis 18.00 Uhr, Samstag 9.00 bis 13.00 Uhr.

Anreise
A28 Oldenburg-Leer, Ausfahrt Apen/Remels, Richtung Remels, nach 1 km links Richtung Hollen und nach diesem Ort links in Richtung Detern-Deternerlehe. Nach ca. 2,5 km links in den Mittelweg und wieder links in die Birkenstraße.

TESATTI®
CREATION LEDERBEKLEIDUNG GMBH

Tesatti bietet hochwertige, aktuelle Ledermode zu Fabrikpreisen. Hinzu kommt noch eine große Auswahl an Textilmoden, Accessoires und Jeansmode.

Leder und Jeans: Alles unter einem Dach

Warenangebot
Mäntel, Jacken, Westen, Röcke, Hosen, Jeansmoden, großes Angebot an Motorradbekleidung, Übergrößen und untersetzte Größen. Ferner Gürtel und Taschen. Nur 1. Wahl.

Ersparnis
Deutlich, teilweise bis zu 50 %.

Ambiente
Große, auf zwei Etagen gelegene übersichtliche Verkaufsräume. Leder und Jeansbereich getrennt. Die Verkäufer helfen auf Wunsch gerne weiter. Parkplätze vor der Tür.

Adresse
Tesatti Creation Lederbekleidung GmbH, Osnabrücker Straße 50a, 49201 Dissen, Telefon: 0 54 24/21 31 43 oder 44.

Öffnungszeiten
Montag bis Freitag 9.00 bis 19.00 Uhr, Samstag 9.00 bis 16.00 Uhr, Sonntag Schautag 14.00 bis 18.00 Uhr.

Anreise
A33, Ausfahrt Dissen/Bad Rothenfelde, am Kreisverkehr direkt an der Autobahn, ganz einfach zu finden.

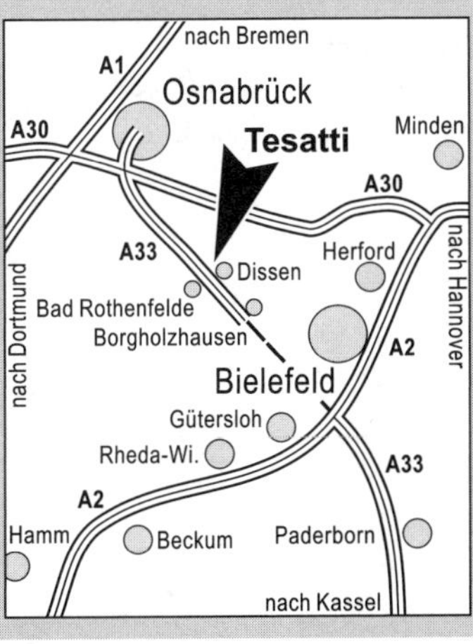

Unter der Marke Dresden Crystal hat die Glashütte Döbern die traditionelle Handwerkskunst weiterentwickelt. Hier entstehen mit Fantasie und Kunstfertigkeit sowohl klassische als auch moderne Glaswaren aus 24 % Bleikristallglas, die ihren Weg in alle Welt finden.

Feinschliff

Warenangebot
Karaffen, Schalen, Schüsseln, Kerzenhalter, Kelche, Kuchenplatten, Gläser, Vasen u.a.

Ersparnis
30 bis 40 %, bei Sonderverkäufen mehr.

Ambiente
Verkaufsraum auf dem Firmengelände.

Adresse
Glashütte Döbern GmbH, Ringstraße 26, 03159 Döbern, Telefon: 03 56 00/ 2 92 43, Fax: 2 92 10.

Öffnungszeiten
Montag bis Freitag 9.00 bis 18.00 Uhr, Samstag 9.00 bis 13.00 Uhr.

Anreise
Döbern liegt in der Niederlausitz in der Nähe von Torgau. Sie erreichen Torgau von der A9, Ausfahrt Zörbig in Richtung Bitterfeld auf der B183 und fahren von hier nach Döbern.

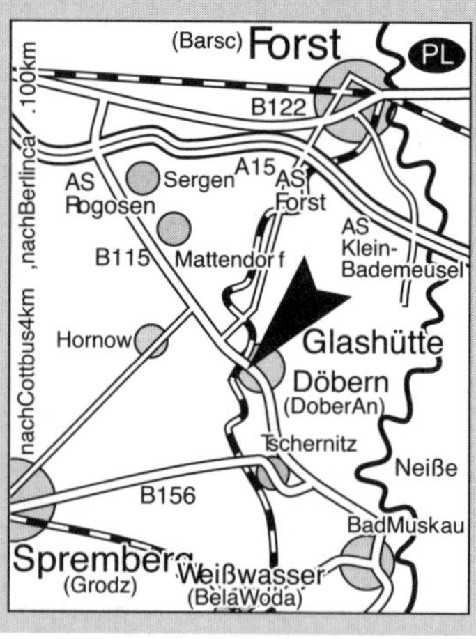

Zekiwa

Seit 150 Jahren gibt es die Kinderwagen von Zekiwa. Bis 1989 war Zekiwa Hauptlieferant für den osteuropäischen Raum, heute liefert die Firma weltweit.

Gut gefahren

Warenangebot

Kinderwagen in allen Ausführungen, vom ganz normalen Kinderwagen bis zum Zwillingswagen, vom Buggy bis zum Jogger ist hier alles vertreten, auch im Kleinformat als Puppenwagen. Außerdem gibt es Hochstühle, Kinderwagenzubehör und viele andere wichtige und nützliche Dinge rund ums Kind.

Ersparnis

Die Ersparnis ist am deutlichsten bei den Sonderangeboten.

Ambiente

Großer Verkaufs- und Ausstellungsraum mit Präsentation des gesamten Sortiments und optimaler Beratung. Sie finden hier alle Neuheiten, Exklusiv-Designs, Sondermodelle und viele Sonderangebote.

Adresse

Zekiwa GmbH, Industriering 7, 06712 Döschwitz-Hollsteitz, Telefon: 03 44 25/ 30 80, Fax: 3 08 29, Internet: www. zekiwa.de.

Öffnungszeiten

Montag bis Freitag 10.00 bis 18.00 Uhr.

Anreise

An der B180 von Naumburg nach Zeitz liegt Döschwitz. Im Ortsteil Hollsteitz im Gewerbegebiet finden Sie die neue Firmenadresse.

Fox-Markt

Neckermann verkauft in seinen Fox-Märkten Überhänge aus den Versandkatalogen und Artikel mit kleinen Schönheitsfehlern. Die Preise sind sagenhaft günstig und das Angebot kann sich sehen lassen.

Preisknüller

Warenangebot
Damen-, Herren- und Kinderbekleidung, Babyausstattung, Schuhe, Haushaltswaren, Elektrogeräte, Unterhaltungselektronik, Computer, Software, Fahrräder, Möbel und vieles mehr.

Ersparnis
30 bis 50 %, teils darüber, bei Sonderaktionen und im WSV/SSV zusätzliche Reduzierung. Kostenlose Warenanlieferung, Kreditkauf möglich, EC-Karte, Visa-, Mastercard werden akzeptiert.

Ambiente
Großes, gut sortiertes Kaufhaus mit den drei Abteilungen Textil, Technik und Möbel. Die Verkaufsfläche ist über 3000 m² groß. Über 100 Parkplätze.

Adresse
Fox-Markt, Eberswalder Straße 105, 16227 Eberswalde, Telefon: 0 33 34/ 42 99 88, Fax: 3 35 23.

Öffnungszeiten
Montag bis Freitag 9.00 bis 20.00 Uhr, Samstag 9.00 bis 16.00 Uhr.

Weitere Verkaufsstellen
(Angebot und Öffnungszeiten sind unterschiedlich, Möbel nur in Eberswalde):

- 03044 **Cottbus,** Karl-Marx-Straße 68a, Telefon: 03 55/3 83 26 01, Fax: 3 83 26 02.
- 03149 **Forst,** Berliner Straße 41, Telefon: 0 35 62/66 99 58, Fax: 87 15.
- 16816 **Neuruppin,** Karl-Marx-Straße 83, Telefon: 0 33 91/35 82 16, Fax: 35 76 00.

Alle Fox-Markt-Standorte und die aktuellen Angebote unter www.fox-markt.de.

Anreise
A11 Berlin-Prenzlau, Ausfahrt Finowfurt, B167 nach Eberswalde. Fox-Markt zwischen dem Ortsteil Finow und Eberswalde.

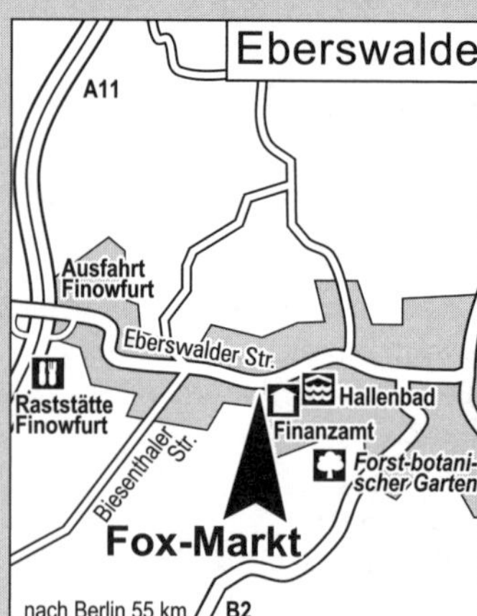

Meica ist Deutschlands Würstchenmarke Nr. 1. Ob Frankfurter, Wiener, Cocktail-, Rinds- oder Schinken-Würstchen, in der Dose oder im Glas, die Würstchen-Spezialitäten sind alle sehr lecker.

Mit Beule, aber billig

Warenangebot

Im Fabrikverkauf werden nur Fleischkonserven und Suppen angeboten. Kein Frischfleisch. Die Konserven werden auch deshalb so billig abgegeben, weil sie oft kleine Fehler, wie z.B. kleine Beulen, haben.

Ersparnis

Rund 30%.

Ambiente

Laden auf dem Fabrikgelände rechts vor dem Haupttor ist ausgeschildert. Verkauft wird, was gerade da ist, nicht das gesamte Angebot.

Adresse

Meica, Ammerländische Fleischwarenfabrik, Meicastraße 6, 26188 Edewecht, Telefon: 04405/9990, Internet: www.meica.de.

Öffnungszeiten

Freitag 7.00 bis 15.00 Uhr.

Anreise

Von Oldenburg Richtung Edewecht und dort auf der Hauptstraße Richtung Süddorf. Meica ist in Edewecht ausgeschildert.

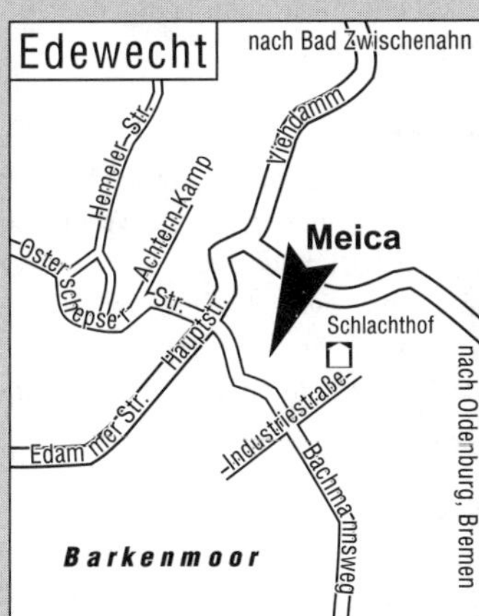

EINKAUFS-GUTSCHEIN

Einbecker Blaudruck

Die Firma Wittram ist die älteste Werkstatt in Deutschland, die im Handdruckverfahren Blaudrucke herstellt. Sie ist seit 1638 im Familienbesitz und arbeitet zum Teil noch mit Modellen aus dieser Zeit. Bedruckt werden Leinenstoffe, Halbleinen- oder Baumwollstoffe. Eine Besonderheit ist, dass hier mit acht verschiedenen Farben gearbeitet wird.

Handwerkskunst

Warenangebot

Tischdecken, Servietten, Gardinenstoffe, Tischläufer, Meterware, bedruckte Leinenröcke, Schürzen. Das gesamte Angebot ist besonders für Liebhaber des Landhausstils attraktiv.

Ersparnis

Die Ersparnis ist nicht in Prozenten zu beziffern. Blaudrucke sind hochwertige, arbeitsaufwändige Qualitätsprodukte, die nach einer sehr alten Technik hergestellt werden. Zwischendurch gibt es auch mal Ware in 2. Wahl etwas günstiger. Katalog mit Farbproben gegen eine Schutzgebühr von 4,– €.

Ambiente

Neu gestalteter Verkaufsraum in einem denkmalgeschützten Haus. Wenn Sie Zeit und Lust haben, können Sie sich beim Fremdenverkehrsverein unter der Telefonnummer 0 55 61/91 61 21 zu einer Führung durch die Werkstatt anmelden.

Adresse

Einbecker Blaudruck W.A. Wittram, Möncheplatz 2, 37574 Einbeck, Telefon: 0 55 61/33 50, Fax: 7 42 28.

Öffnungszeiten

Montag bis Freitag 9.00 bis 18.00 Uhr, Samstag 9.00 bis 13.00 Uhr.

Anreise

A7 Kassel-Hannover, Ausfahrt Northeim-Nord und auf der B3 nach Einbeck. Der Möncheplatz liegt in der Nähe des Marktplatzes von Einbeck.

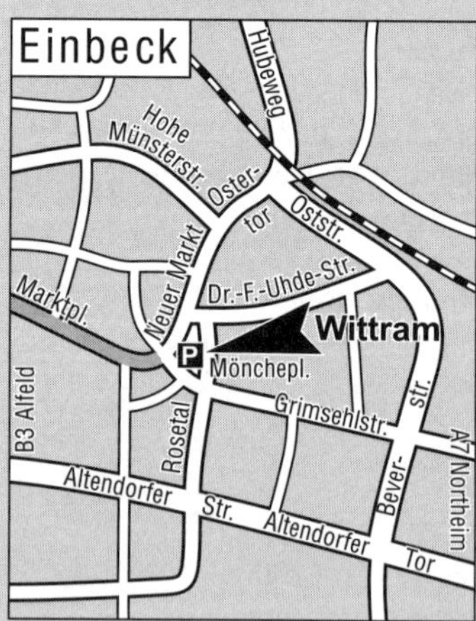

JILSANDER

Designer-Couture der internationalen Modemetropolen. Der Name Jil Sander steht für Modernität, Understatement, Qualität und Innovation. Die Kollektionen, gefertigt aus edlen Naturfasern oder neuartigen Materialmixturen, zeichnen sich aus durch puristische und dreidimensionale Schnitte. Die Marke hat Weltruf: 60 % der Produktion gehen in den Export.

Purismus Pur

Warenangebot
Die nahezu komplette Kollektion der vergangenen Saison: Blusen, Pullover, Hosen, Blazer, Anzüge, Gürtel, Schuhe, Taschen – keine Kosmetikprodukte.

Ersparnis
50 bis 70 %.

Ambiente
Sehr gepflegtes Ambiente mit freundlichem Verkaufspersonal.

Adresse
Jil Sander AG, Berliner Damm 5-11, 25479 Ellerau, Telefon: 0 40/55 30 20.

Öffnungszeiten
Montag bis Freitag 10.00 bis 19.00 Uhr, Samstag 10.00 bis 16.00 Uhr.

Anreise
A7 Richtung Flensburg, Ausfahrt Quickborn, Richtung Ellerau, gleich auf der rechten Seite am Berliner Damm.

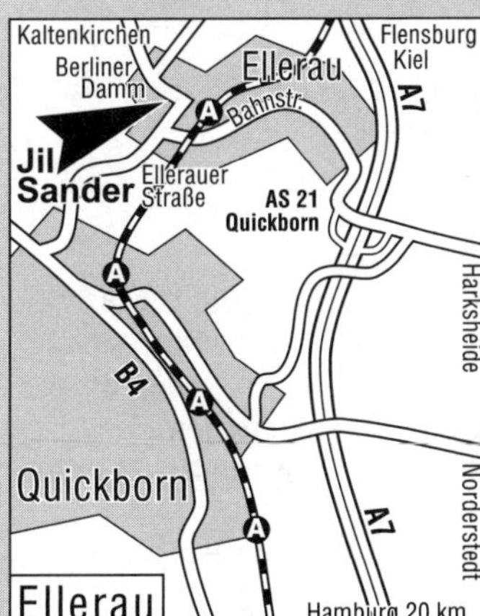

WIEBOLD
Confiserie

Seit dem Film „Chocolat" wissen wir: Pralinen verzaubern. Und gezaubert wird auch in dem Familienunternehmen Wiebold Confiserie. Qualität, Frische, Ideenreichtum, Flexibilität und traditionelle Herstellung sind die Zauberformeln.

Heute schon genascht?

Warenangebot
Feinste Pralinensorten in erlesener Qualität, ein echter Hit sind die Minitrüffel und -pralinen und auch die Saisonartikel.

Ersparnis
Je nachdem, welche Verpackungsart oder Qualitätsstufe Sie wählen; die günstigste Möglichkeit ist der Kauf von fertig verpacktem Bruchmaterial, hier sparen Sie mehr als 50 %.

Ambiente
Kleiner, schön eingerichteter Laden.

Adresse
Wiebold Confiserie, Ernst-Abbé-Straße 2, 25337 Elmshorn, Telefon: 0 41 21/ 47 71-0.

Öffnungszeiten
Montag bis Freitag 9.00 bis 18.00 Uhr, Samstag 9.00 bis 13.00 Uhr.

Weitere Verkaufsstellen
- 24103 **Kiel**, Exerzierplatz 24, Telefon: 0 4 31/9 96 98 33.
- 25462 **Rellingen**, Hauptstraße 50, Telefon: 0 41 01/59 19 60.
- 25469 **Halstenbek**, Poststraße 10, Telefon: 0 41 01/4 43 60.

Anreise
A23, Ausfahrt Elmshorn, rechts auf die B431 Richtung Elmshorn, nach ca. 200 m die 1. Straße links, in den Ramskamp einbiegen. Nach der langgezogenen Rechtskurve in die 1. Straße rechts einbiegen: Ernst-Abbe-Straße. Auf der rechten Seite sehen Sie Parkplätze und biegen dahinter an der großen Toreinfahrt rechts zur Wiebold Confiserie ein.

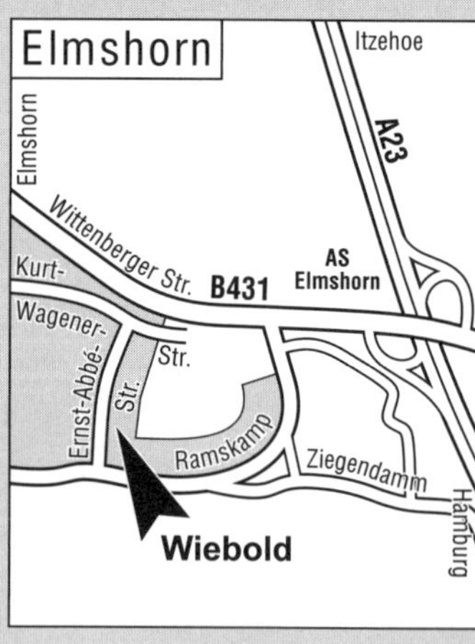

W&B
Quality Appliances
General-Importeur
General-Distributor

Hier finden Sie Elektrogeräte mit hohem Qualitätsstandard aus den USA und Design-Hausgeräte aus Neuseeland. Geräte, die durch eine optimale Gestaltung zum Blickfang für jede Trendküche werden.

Cool, cooler, supercooler

Warenangebot

Amerikanische Kühlschränke, großvolumige Kühl- und Gefrierkombinationen, Waschmaschinen und Trockner. Alles auf dem modernsten Stand der Technik: Cooler in allen RAL-Farben, Volledelstahl und Aluminium erhältlich. Neuseeländische Hausgeräte wie z.B. Geschirrspüler im Schubladenformat finden Sie ebenso wie Geräte von fast allen deutschen Herstellern. Kein Vollsortiment, nur Messemuster, 2.-Wahl-Ware und Auslaufmodelle.

Ersparnis

Bis zu 50 %.

Ambiente

Lageratmosphäre; die Ware ist übersichtlich ausgestellt und mit Preisen versehen. Personal zur Beratung steht zur Verfügung. Die Ware wird dort bar bezahlt und kann gegen Gebühr auch geliefert werden.

Adresse

W & B Quality Appliances, Neutorstraße 75-77, 26721 Emden, Telefon: 0 49 21/ 9 03 00, Fax: 90 30 99, E-Mail: info@ wienholtz-becker.de, Internet: www. wienholtz-becker.de.

Öffnungszeiten

Montag bis Donnerstag: 7.30 bis 12.30 und 13.45 bis 17.30 Uhr, Freitag 7.30 bis 12.30 Uhr.

Anreise

A31, Ausfahrt Emden Nord, links ab Richtung Stadtmitte auf der Auricher Straße, die zur Neutorstraße wird.

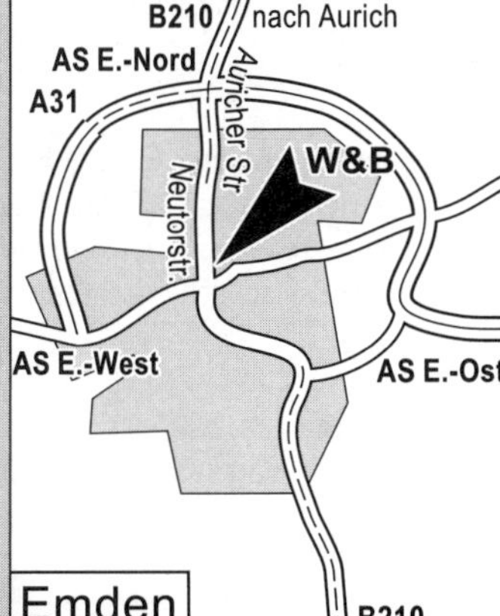

Die Rotkäppchen Sektkellerei GmbH hat eine wechselvolle Geschichte. Sie wurde vor mehr als 100 Jahren als Champagnerfabrik gegründet, hat gegen Heidsiek vor vielen Jahren einen Prozess um die Namensgebung verloren und sich dann entschlossen, den Namen „Rotkäppchen" wegen des roten Flaschenkopfs zu führen.

Durchs Sektglas betrachtet

Warenangebot
Klassische Flaschengärung: Weißburgunder-Extra Trocken, Saale-Unstrut-Sekt b.A., Flaschengärungen: Brut – Riesling Trocken, Extra Trocken, Traditionssekte: Trocken (auch für Diabetiker), Halbtrocken, Rubin Halbtrocken, Mild und Mocca Schaumwein auch als 0,2- Liter-Flasche.

Ersparnis
10 % auf klassische Flaschengärung.

Ambiente
Kleiner Verkaufsraum an der Vorderseite der Sektkellerei.

Adresse
Rotkäppchen Sektkellerei GmbH, Freyburg, Sektkellereistraße 5, 06632 Freyburg/Unstrut, Telefon: 03 44 64/3 40, Internet: www.rotkaeppchen-sektkellerei.de.

Öffnungszeiten
Montag bis Sonntag 10.00 bis 18.00 Uhr.

Anreise
A9, Richtung Leipzig und auf der B180 über Naumburg ins Saale-Unstrut-Weinbaugebiet nach Freyburg, am Stadtzentrum vorbei und dann links in die Sektkellereistraße einbiegen.

FÜRSTENBERG

Fürstenberg ist ein idyllisch gelegener Ort, der sich mit seiner Porzellantradition Weltruf erworben hat.

Weltbekannt

Warenangebot

Gesamtkollektion der Manufaktur in 1. und 2. Wahl: Porzellanservice, Geschenkartikel, Figuren, Sonderauflagen usw.

Ersparnis

30 bis 50 % bei 2.-Wahl-Artikel und Sonderangeboten.

Ambiente

Wunderschön im historischen Schlosshof der Manufaktur gelegener, gut sortierter Verkauf.

Tipp

Das schmucke Städtchen Fürstenberg liegt am Rande des Naturparks Solling-Vogler, am östlichen Ufer der Weser, direkt an der Märchenstraße. Das manufaktureigene, einzige Porzellanmuseum Norddeutschlands sowie das Café Lottine sind immer einen Besuch wert.

Adresse

Porzellanmanufaktur Fürstenberg; Meinbrexener Straße 2, 37699 Fürstenberg/Weser, Telefon: 0 52 71/40 10.

Öffnungszeiten

Dienstag bis Sonntag und Feiertage 10.00 bis 18.00 Uhr. 23.12. bis 26.12. und 31.12. bis 7.1. geschlossen. Die Öffnungszeiten sind jeweils kostenlos zu erfragen unter der Telefonnummer 08 00/7 67 93 55.

Anreise

Von Norden: B83 über Hameln Richtung Holzminden/Höxter. Dort auf die B497 Richtung Uslar. In Neuhaus im Solling Richtung Boffzen. Dort der Beschilderung nach Fürstenberg folgen. Von Süden und Westen: A44, Ausfahrt Warburg, B252 Richtung Brakel, dann auf der B241 Richtung Beverungen. Über Beverungen/Lauenförde und Meinbrexen nach Fürstenberg.

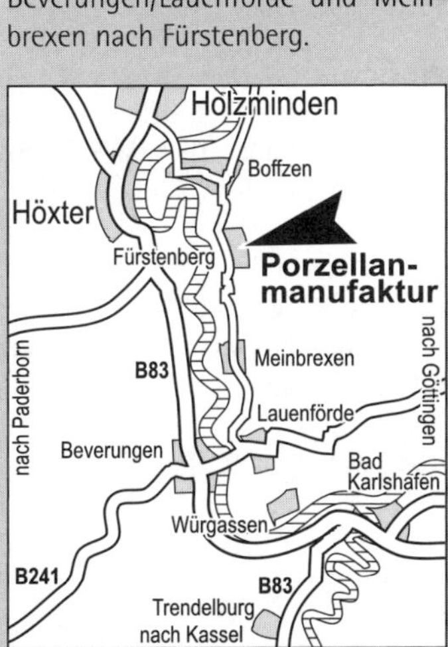

Ursprünglich auf Röcke und Hosen spezialisiert, haben sich die Annelie Modelle durch ML Coordinates zu einem Gesamtprogramm für jung gebliebene Damen entwickelt, die modisch Tragbares zu tragbaren Preisen bevorzugen. Die Fertigung erfolgt überwiegend im Betrieb in Georgsmarienhütte. Das Bekleidungsprogramm reicht von Größe 38 bis 50.

Eine gute Basis

Warenangebot
Röcke, Hosen, Blusen, Jacken und Westen, die gut zu kombinieren sind. Im Fabrikverkauf ist jedoch üblicherweise nicht das ganze Kombiprogramm vorhanden.

Ersparnis
30 bis 50 %.

Ambiente
Der Laden befindet sich auf dem Fabrikgelände.

Adresse
Manfred Lasarz, Annelie Modelle, Hamburger Straße 10, 49124 Georgsmarienhütte, Telefon: 0 54 01/8 60 00.

Öffnungszeiten
Freitag 14.00 bis 18.00 Uhr. Bitte vorher anrufen, hin und wieder bleibt der Verkauf geschlossen!

Anreise
A33, Ausfahrt 10, Harderberg. Beim 1. Kreisverkehr an der 3. Möglichkeit abfahren. Am folgenden Kreisverkehr wieder in die 3. Straße ins Industriegebiet abfahren. Dort in den 1. Weg rechts.

Gies ist führender Hersteller von Wachskerzen aller Art. Von einfachen Tafel- oder Weihnachtsbaumkerzen bis hin zu kunstvoll verzierten Schmuckkerzen – alles wird in hoher Qualität angeboten.

Damit Ihnen ein Licht aufgeht

Warenangebot
Kerzen aller Art, Duftkerzen, Kerzenhalter, Kerzenleuchter, Fackeln, Teelichter, Geschenksets.

Ersparnis
30 bis 40 %.

Ambiente
Man betritt den Kerzenverkauf durch einen ausgeschilderten Seiteneingang.

Adresse
Gies Kerzen GmbH, Beim Zeugamt 8, 21509 Glinde, Telefon: 0 40/71 00 07-0.

Öffnungszeiten
Dienstag und Donnerstag 9.00 bis 16.00 Uhr, Freitag 9.00 bis 12.00 Uhr.

Anreise
Mit dem Pkw: A24 Hamburg-Berlin, Ausfahrt Reinbek, rechts Richtung Glinde. An der 1. großen Kreuzung nach rechts auf die Möllner Landstraße und gleich wieder links in die Berliner Straße. Dann gleich wieder rechts in die Straße „Beim Zeugamt". Am Ende der Sackgasse befindet sich das Fabrikgelände von Kerzen Gies. Mit öffentlichen Verkehrsmitteln: S2 oder S21 nach Bergedorf, von dort mit dem Bus 137 bis zur Haltestelle „Kerzen Gies".

wilckens®

Die Firma Wilckens ist eine Lack- und Farbenfabrik mit Tradition. Sie besteht seit 1845 und war lange in dem 1705 erbauten Provianthaus, dem letzten Gebäude aus der Anlage des alten Königsschlosses am Hafen, untergebracht. Jetzt ist der gesamte Betrieb in einen Neubau in das Industriegebiet Süd umgezogen.

Hier ist niemand der Gelackte

Warenangebot
Alle denkbaren Farben und Lacke, die teilweise aus verschiedenen Baumärkten zurückkommen. Es kann daher passieren, dass die Waren noch Preisschilder tragen, die nicht mehr gültig sind. Zu kaufen sind auch Pinsel und ähnliches Zubehör.

Ersparnis
Bis 50 %.

Ambiente
Der Verkaufsraum ist provisorisch in einem Container am Mitarbeiter-Parkplatz auf der rechten Seite des Firmengeländes untergebracht, das zu den Öffnungszeiten trotz des Verbotsschildes betreten werden darf.

Adresse
Wilckens Farben GmbH, Schmiedestraße 10, 25348 Glückstadt, Telefon: 0 41 24/ 60 60.

Öffnungszeiten
Dienstag und Donnerstag 8.00 bis 13.00 Uhr.

Anreise
Wenn Sie auf der B431 aus Hamburg/Elmshorn kommen, gleich am Ortseingang die 1. Straße rechts in das Industriegebiet Süd einbiegen und wieder rechts in die Schmiedestraße.

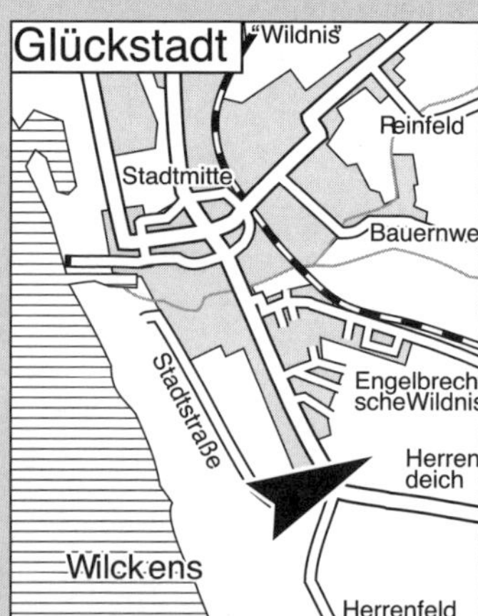

Original
Spreewälder Wurstwaren
aus Golßen

Original Spreewälder Wurstwaren sind ein Begriff im In- und Ausland und jeder Wurstliebhaber weiß die deftigen, würzigen Spezialitäten nach Hausmacherart zu schätzen. Aus den traditionellen Hausschlachtungen hat sich das Untenehmen seit 1912 zu einem der bedeutendsten Lebensmittelproduzenten der Region Südbrandenburg entwickelt.

Spreewaldqualität

Warenangebot
Reichhaltiges Sortiment an Roh- und Kochwurst wie Rot- oder Leberwurst, Schinken, Braten, die weltbekannte Spreewälder Sülze, original Spreewälder Schlackwurst nach Hausschlachtungsart und auch leckere Salate.

Ersparnis
20 bis 30 %.

Ambiente
Appetitlich und übersichtlich wird die Ware in einem großen Verkaufsraum angeboten.

Adresse
Golßener Fleisch- und Wurstwaren GmbH & Co. Produktions KG, Am Klinkenberg 1, 15938 Golßen, Telefon: 03 54 52/3 86 30-33, Fax: 3 86 66, Internet: www.mago.wurst.de.

Öffnungszeiten
Montag bis Freitag 9.00 bis 18.00 Uhr und Samstag 9.00 bis 13.00 Uhr.

Anreise
Golßen liegt an der B96 zwischen Zossen und Luckau/Finsterwalde. Die Golßener Fleisch- und Wurstwaren GmbH liegt im Gewerbegebiet. Von Zossen/Baruth kommend finden Sie das Gewerbegebiet, wenn Sie ca. 500 m nach der Bahnlinie rechts fahren. Das Gewerbegebiet und der Verkauf sind gut ausgeschildert.

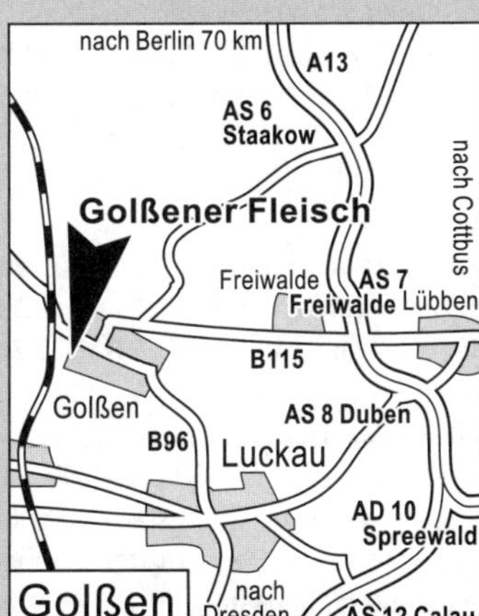

highlander®

HAFLINGER

Fabrikverkauf
Bequemschuhe
Hüttenschuhe

EINKAUFS-GUTSCHEIN

Die Marke Haflinger steht für Haus-, Freizeit- und Hüttenschuhe. Sie ist in Deutschland und im Ausland bekannter als die Marke Highlander. Der Angebotsschwerpunkt der Fabrikverkäufe liegt aber auf Highlander-Schuhen. Dies sind Schuhe, in denen Ihre Füße vital und gesund bleiben.

Der passt!

Warenangebot
Gute Auswahl an Bequemschuhen von Highlander für Damen und Herren, für Beruf und Freizeit. Es gibt jeweils einen Schuh des Monats. Auch Golfschuhe. Haflinger Hüttenschuhe und Clogs. Sondermodelle und 1B-Ware.

Ersparnis
30 bis 50 %. Schuhe außerhalb der Saison teilweise zusätzlich reduziert.

Ambiente
Zielgruppengerechtes, kleines Schuhgeschäft in der „alten Schuhfabrik". Neu: Unter www.fabrikverkauf-schuhe.de können Sie sich die Sondermodelle/1B-Ware in den Shop oder versandkostenfrei nach Hause bestellen.

Adresse
Fabrikverkauf Bequemschuhe, Hüttenschuhe, Frankenberger Straße 32 c, 38640 Goslar, Telefon: 0 53 21/30 28 76.

Öffnungszeiten
Montag bis Freitag 10.00 bis 13.00 und 14.00 bis 18.00 Uhr, Samstag 10.00 bis 14.00 Uhr. Verkauf von Hüttenschuhen (gegenüber): Dienstag und Donnerstag 10.00 bis 11.00 und 16.00 bis 17.00 Uhr.

Weitere Verkaufsstelle
● 38271 **Baddeckenstedt**, Zur Rast 17, direkt an der B82, Telefon: 0 53 45/49 36 67. Größerer Verkauf.

Anreise
A7 Kassel-Hannover, Ausfahrt Rhüden (von Süden), Derneburg/Salzgitter (von Norden). B82 nach Goslar. Dort Richtung Altstadt. Am Ende der Bäringer Straße rechts und gleich links auf den Hof.

EINKAUFS-GUTSCHEIN

bugatti ODERMARK

Die Odermark Bekleidungwerke produzieren sportliche und klassische Herrenmode im mittleren und hohen Qualitäts-Genre. Neben den eigenen Produkten wird Bekleidung namhafter Hersteller angeboten.

Ausschließlich Männersache

Warenangebot
Anzüge, Sakkos, Sportswear, Hosen, Mäntel, Hemden, Krawatten, Strickwaren und Gürtel etc. In vermieteten Nebenräumen gibt es hochwertige Damenbekleidung bekannter Hersteller.

Ersparnis
30 bis 40 %, bei Sonderposten und 2. Wahl entsprechend mehr. Zweimal im Jahr findet ein Sonderverkauf statt.

Ambiente
Einzelhandelsähnlicher Verkaufsraum mit kompetenter und freundlicher Bedienung.

Adresse
Odermark Bekleidungswerke Brinkmann GmbH & Co. KG, Odermarkplatz 1, 38640 Goslar, Telefon: 0 53 21/7 08-1 45 und 2 65, E-Mail: info@odermark.de, Internet: www. Odermark.de.

Öffnungszeiten
Montag bis Freitag 13.00 bis 18.00 Uhr, Samstag 9.00 bis 13.00 Uhr.

Anreise
A7, Ausfahrt Rhüden auf die B82 oder Ausfahrt Derneburg auf die B6 nach Goslar und hier Ausfahrt Ohlhof/Zentrum in die Immenröder Straße bis zur Kreuzung Okerstraße. Hier liegt der Odermarkplatz. Zufahrt über den Hof der AOK.

In Grabow werden seit langer Zeit Küsschen produziert. Schokoküsse mit kakaohaltiger Fettglasur, die sich aufgrund der hohen Qualität auf dem Markt behaupten. Dem Trend – und der Konkurrenz – folgend, werden den großen „Küsschen" nun auch kleine folgen: „kleine Küsschen".

Küsschen – kartonweise

Warenangebot
Schokoküsse groß und klein, Waffeln in verschiedenen Geschmacksrichtungen, Waffelblätter, Gebäck, Bruchware.

Ersparnis
Bis zu 20 %.

Ambiente
Neu eingerichteter Verkaufsraum an der früheren Pforte.

Adresse
Grabower Süßwaren GmbH, Kiebitzweg, 19300 Grabow, Telefon: 03 87 56/3 70.

Öffnungszeiten
Montag bis Freitag 8.00 bis 18.00 Uhr.

Anreise
A2 Hamburg-Berlin Ausfahrt Ludwigslust, über Ludwigslust auf der B5 von Norden kommend die 1. Ausfahrt nach Grabow nehmen, nach ca. 200 m links spitzwinklig in den Kiebitzweg Richtung Groß Laasch einbiegen. Nach den Bahngleisen erscheinen rechts die Neubaublöcke. Den Neubaublöcken gegenüber ist links die Werkseinfahrt.

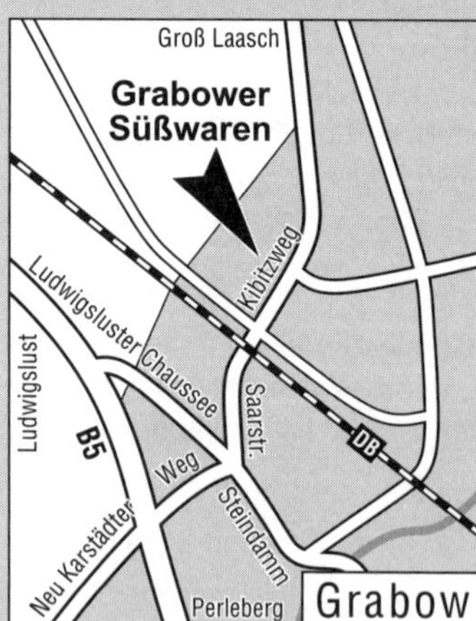

GOLFINO Sportswear

Golfino entwirft und fertigt hochwertige Freizeitmode und ist Europas führender Hersteller von Golfbekleidung. Golfino bietet das komplette Outfit für die ganze Familie.

Die Welt ist ein Golfplatz

Warenangebot

Hosen, Westen, Jacken, Pullover, Fleece-Bekleidung, Windstopper, Shorts, Polos, Funktionswäsche, Caps, Accessoires, Regenanzüge und eine kleine Kinderkollektion. Die angebotene Ware ist erste Qualität aus vergangenen Saisons.

Ersparnis

30 bis 50 %. Sonderaktionen zu besonderen Anlässen ergänzen das Angebot.

Ambiente

Die Ware wird in großzügigem Ambiente in einem exklusiven Shop präsentiert. Vom Golfino-Team werden Sie bestens beraten.

Adresse

Golfino Outlet, Seestraße 7, 23743 Grömitz, Telefon und Fax: 0 45 62/30 81.

Öffnungszeiten

Saisonbedingt unterschiedliche Öffnungszeiten. Bitte vorher telefonisch erfragen. In der Regel im Sommer Montag bis Samstag 10.00 bis 18.30 Uhr, Sonntag 11.00 bis 18.00 Uhr.

Weitere Verkaufsstelle

● 21465 **Wentorf**, Hauptstraße 3, Telefon: 0 40/73 93 76 30. Montag bis Freitag 10.00 bis 18.30 Uhr, Samstag 10.00 bis 14.00 Uhr.

Anreise

A1 Lübeck Richtung Norden, Ausfahrt 13 Neustadt in Holstein-Pelzerhaken. Auf der B501 nach Grömitz und dort über die Theodor-Klinkforth-Straße und Wicheldorfstraße zum Strand fahren. Hier finden Sie die Seestraße.

Die Gummi Bear Factory ist ein Unternehmen der Mederer Gruppe und stellt verschiedene Sorten bekannter Fruchtgummis her. Ob süß oder sauer, für jeden ist etwas dabei. Außerdem gibt es eine große Schokoladenvielfalt.

Süß, süßer ...

Warenangebot
Schokolade, Trüffel, Pralinen, Kakao, Nüsse und Rosinen, umhüllt von Schokolade, Marzipan, Bonbons und alle erdenklichen Arten von Fruchtgummi.

Ersparnis
30 bis 50 %.

Ambiente
Der Verkaufsraum befindet sich direkt im Haupteingangsbereich des Betriebsgebäudes. Es ist ein Werksverkauf, in dem auch Nicht-Betriebsangehörige einkaufen können.

Adresse
Gummi Bear Factory, Steegener Chaussee 13, 19230 Hagenow, Telefon: 0 38 83/6 10 90.

Öffnungszeiten
Montag bis Donnerstag 8.00 bis 16.00 Uhr, Freitag 8.00 bis 15.00 Uhr.

Weitere Verkaufsstelle
- 19258 **Boizenburg**, Ringstraße 3, Telefon: 03 88 47/3 82 40.

Anreise
A24 Hamburg-Berlin, Ausfahrt Wittenburg, über Zapel nach Hagenow und dort Richtung B 321 nach Schwerin. Am VW-Autohaus vorbei und nach der Fußgängerampel in die Steegener Chaussee einbiegen.

Mecklenburger Kartoffelveredlung

Mecklenburg ist ein Kartoffelland. Seitdem der Alte Fritz den Anbau verordnete, pflanzen und ernten die Mecklenburger Bauern prächtige Erdäpfel. Und die Hagenower Kartoffelveredler setzen dem die Krone auf. Unter dem Firmenzeichen „Mecklenburger Küche" liefern sie ihre Erzeugnisse heute europaweit.

Tolle Knolle

Warenangebot
Kartoffel-Trockenprodukte in Normalportionstüten, z.B. Stampfkartoffeln, verschiedene Pürees, gekochte Klöße, Klöße halb und halb.

Ersparnis
Der Testbesuch ergab 20 bis 30 %.

Ambiente
Gekauft wird an der Pforte.

Adresse
Mecklenburger Kartoffelveredlungs GmbH, Dr.-Rabe-Straße, 19230 Hagenow, Telefon: 0 38 83/73 50.

Öffnungszeiten
Beim Pförtner kann von 6.00 bis 22.00 Uhr eingekauft werden, auch am Wochenende.

Anreise
Von Schwerin kommend dem Hauptstraßenverlauf folgen, 1. und 2. Ampelanlage passieren, dann aber über die Bahnschienen geradeaus in das Gewerbegebiet Steegener Straße fahren, nach ca. 500 m links dem Hinweisschild folgen.

1996 war das erste Dosenwürstchen 100 Jahre alt. Erfunden wurde es in Halberstadt, in der einst größten Fleischwarenfabrik Europas. Dafür wurde ein Patent erworben. Halberstädter Würstchen sind bis heute ein Begriff. Das Rezept stammt von Friedrich Heine, dem Firmengründer. Die Würstchen werden noch immer in der Original-Kaminräucherei mit Buchenholz geräuchert

Würstchenpatent

Warenangebot
Halberstädter Würstchen und andere Fleisch- und Wurstkonserven, Suppen, Eintopfgerichte.

Ersparnis
20 bis 30% bei 2.-Wahl-Ware, z.B. Knickdosen.

Ambiente
Kleiner Selbstbedienungsmarkt mit Discountcharakter. Frischware gibt es an einer Extra-Theke im daneben gelegenen Penny-Markt.

Adresse
Halberstädter Würstchen- und Konservenfabrik GmbH, Große Ringstraße, 38820 Halberstadt, Telefon: 0 39 41/ 3 10, Internet: www.halberstaedter-wuerstchen.de.

Öffnungszeiten
Montag bis Freitag 9.00 bis 18.00 Uhr, Samstag 9.00 bis 12.00 Uhr.

Anreise
Halberstadt liegt zwischen der Straße der Romantik und der Deutschen Alleenstraße an der B81 Richtung Magdeburg. In Halberstadt am Bahnhof vorbei halbrechts in die Kehrstraße und links in die Große Ringstraße.

EINKAUFS-GUTSCHEIN

Halloren ist die älteste Schokoladenfabrik Deutschlands. Im Jahr 2004 feiert sie ihr 200-jähriges Jubiläum. Sie war bis zum Zweiten Weltkrieg berühmt durch Ihre Mignon Pralinés und ist seit 1950 wieder als Schokoladenfabrik in Betrieb. Seit den 90er-Jahren ist sie auf Erfolgskurs mit einer der modernsten Produktionsstraßen Europas.

Die Kugel rollt

Warenangebot

Die original Halloren-Kugel ist wohl das bekannteste Produkt. Es gibt sie in vielen Geschmacksrichtungen, z.B. Sahne-Cacao, Latte Macchiato, Stracciatella und Schoko-Eierlikör. Außerdem die beliebten Baumkuchenkugeln, Kokosflocken, sowie Trüffel, Pralinen, Schokoladetafeln und die bekannt guten Mozartkugeln aus eigener Produktion.

Ersparnis

Die größte Ersparnis gibt es bei Ware mit kleinen Schönheitsfehlern und Bruchware.

Ambiente

Der große Fabrikverkauf bietet auf 400 m² die ganze Vielfalt der Produkte. Über zwei Etagen erstreckt sich das Halloren Schokoladenmuseum mit Schauproduktion und Café. Für Herbst 2004 ist die Eröffnung eines echten Schokoladenzimmers geplant.

Adresse

Halloren Schokoladenfabrik GmbH, Delitzscher Straße 70, 06112 Halle/Saale, Telefon: 03 45/5 64 20, Fax: 5 64 2250, Internet: www.halloren.de.

Öffnungszeiten

Montag bis Freitag 9.00 bis 18.30 Uhr, Samstag 9.00 bis 13.00 Uhr, Sonntag 10.30 bis 17.30 Uhr. Führungen nur nach vorheriger Absprache.

Anreise

A14 Döbeln-Magdeburg, Ausfahrt Halle Ost und ca. 3 km stadteinwärts in die Delitzscher Straße. Der Verkauf ist gegenüber dem Verlagsgebäude Mitteldeutsche Zeitung.

EINKAUFS-GUTSCHEIN

CORSO
Handelsgesellschaft mbH

Das Angebot in den Corso-Filialen stammt zum überwiegenden Teil aus Retouren und Überhängen vom weltweit größten Versandhaus „OTTO". Das bedeutet ein ständig wechselndes Sortiment von bis zu 1000 Teilen je Filiale.

Corso ... find' ich auch gut

Warenangebot
Damen-, Herren- und Kinderbekleidung, Schuhe, Groß- und Kleinelektrogeräte etc.; wechselndes Sortiment.

Ersparnis
Bis zu 50%.

Ambiente
Kaufhausatmosphäre; große, übersichtliche und wohlgeordnete Ladenräume.

Adresse
Corso Handelsgesellschaft mbH, **21029 Hamburg-Bergedorf**, Stuhlrohrstraße 10, Telefon: 0 40/72 41 04 31.

Weitere Verkaufsstellen (Auswahl)
- 12355 **Berlin-Rudow**, Eichenauer Weg 61, Telefon: 0 30/6 69 90 50.
- 13088 **Berlin-Weißensee**, Gehringstraße 26-30, Telefon: 0 30/92 09 21 40.
- 13403 **Berlin-Reinickendorf**, Auguste-Viktoria-Allee 99-100, Telefon: 0 30/41 78 38 01.
- 19061 **Schwerin**, Grabenstraße 10, Telefon: 03 85/6 66 61 80.
- 22115 **Hamburg-Mümmelmannsberg**, Steinbeker Grenzdamm 4, Telefon: 0 40/ 73 12 72 05.
- 22177 **Hamburg-Bramfeld**, Wandsbeker Straße 17-19, Telefon: 0 40/ 6 46 15 79-4 oder -5.
- 22848 **Norderstedt**, Rugenbarg 45a, Telefon: 0 40/52 87 68 27.
- 24223 **Raisdorf**, Mergenthaler Straße 18, Telefon: 0 43 07/10 41.
- 24943 **Flensburg**, Engelsbyer Straße 13, Telefon: 04 61/6 22 59.
- 25746 **Wesseln**, Am Ruthenstromweg 1, Telefon: 04 81/7 73 44.
- 33604 **Bielefeld**, Detmolder Straße 228, Telefon: 05 21/2 45 51.
- 21339 **Lüneburg**, Am alten Eisenwerk 8, Telefon: 0 41 31/3 57 60.
- 30853 **Langenhagen**, Walsroder Straße 165, Telefon: 05 11/ 73 69 33.
- 31135 **Hildesheim**, Bavenstedter Straße 102, Telefon: 0 51 21/51 84 64.
- 37081 **Göttingen**, Maschmühlenweg 45, Telefon: 05 51/3 10 37.
- 38640 **Goslar**, Liebigstraße 4, Telefon: 0 53 21/31 39 24.

Öffnungszeiten
Achtung! Die Öffnungszeiten der einzelnen Filialen sind unterschiedlich.

Lachs- und Edelfischspezialitäten vom Fischgroßhandel direkt am Fischmarkt, bei dem auch Einzelverkauf möglich ist. Man muss in der Regel ein Kilo pro Sorte Fisch kaufen, einige Sorten sind für Kleinverbraucher abgepackt.

Fisch satt

Warenangebot
Alle möglichen Sorten Fisch, Shrimps, Gambas, Kaviar – tiefgefroren oder eingelegt, Marinaden oder Feinkostsalate.

Ersparnis
Bis zu 30 %.

Ambiente
Der Lagerverkauf besteht aus einer gekühlten Halle, in der sich Tiefkühltruhen mit Fisch befinden. Daneben gibt es noch einen Kühlraum, in dem die Salate und der nicht tiefgefrorene Fisch sind.

Adresse
Drews-Feinkost GmbH, Große Elbstraße 277, 22767 Hamburg-Altona, Telefon: 0 40/ 39 10 80. Verkauf: Große Elbstraße 133, Internet: www.drews-feinkost.de.

Öffnungszeiten
Montag bis Donnerstag 4.30 bis 13.30 Uhr, Freitag 4.30 bis 12.30 Uhr, Samstag 4.30 bis 8.30 Uhr.

Anreise
Von der Innenstadt Richtung Hafen auf der Hauptverkehrsstraße, die direkt neben der Elbe verläuft, bis zum St. Pauli Fischmarkt. Dort hält man sich links und kommt in die Große Elbstraße. Wo es zum Fähr- und Kreuzfahrtterminal links abgeht, in die Van-der-Smissen-Straße einbiegen. Rechts liegt die Verkaufsstelle von Drews. Mit öffentlichen Verkehrsmitteln: bis Bahnhof Altona, dort Bus 183 stadtauswärts bis Fährterminal/Große Elbstraße.

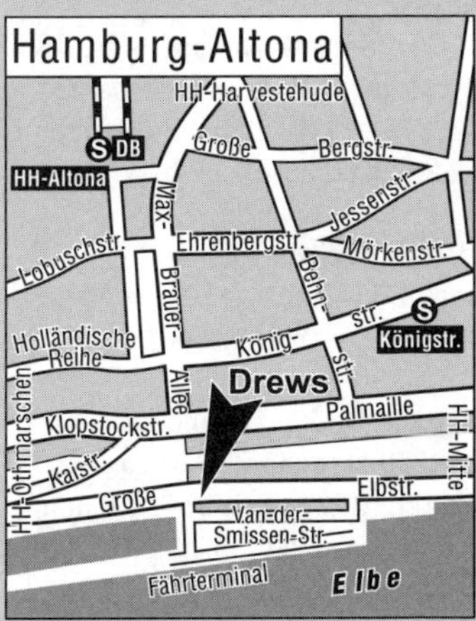

EINKAUFS-GUTSCHEIN

DANIELS

Klassik ist nicht klein zu kriegen. Und für die Mode von C. von Daniels gibt es noch den besonderen Dreh. Das ist der komfortable Schnitt und die Trageeigenschaften des Materials. Zeitlos elegant, korrekt und schlicht: Mode für Büro und City.

Faible für schlichte Eleganz

Warenangebot
Anzüge, Sakkos, Hemden, Krawatten, Pullis, Hosen, Outdoor-Jacken und Schuhe für Herren, für Damen Pullis, Jacken, Blazer und Hosen.

Ersparnis
30%, bei Sonderangeboten mehr und zu Sonderverkaufszeiten zusätzliche Reduzierungen.

Ambiente
Zielgruppenorientierter Verkauf mit engagiertem Verkaufspersonal.

Adresse
C. von Daniels Factory Store, Bornkampsweg 2/Ecke Stresemannstraße 377/379, 22761 Hamburg-Bahrenfeld, Telefon: 040/85407777.

Öffnungszeiten
Montag bis Freitag 10.00 bis 19.00 Uhr, Samstag 10.00 bis 16.00 Uhr.

Weitere Verkaufsstelle
● 50226 **Frechen**, Europa-Allee 52, Telefon: 02234/958550. Montag bis Freitag 10.00 bis 19.00 Uhr, Samstag 10.00 bis 18.00 Uhr.

Anreise
A7, Ausfahrt Bahrenfeld, stadteinwärts über die Von-Sauer-Straße geradeaus auf die Stresemannstraße.

EINKAUFS-GUTSCHEIN

Calpesa GmbH

Der C&C Markt Calpesa ist direkt dem Großhandel Silca Import AG angeschlossen und gibt die Großabnehmerrabatte an den Endverbraucher weiter. Sie finden hier alles, was das Herz des Spanienliebhabers begehrt.

Spanien zu Niedrig-Tarifen

Warenangebot
Spanische und portugiesische Weine, Sekt, Spirituosen, Schinken, Wurstwaren, Käse, Oliven, Olivenöl, Fischkonserven, Gebäck, Paellapfannen und vieles mehr. Das Angebot umfasst über 2000 Artikel.

Ersparnis
30 bis 40 %.

Ambiente
Helle Halle mit freundlicher Atmosphäre. Die in Holz gehaltene Bodega verführt mit ihrem riesigen Weinangebot. Die Einkäufe können mit dem Einkaufswagen bequem zu den Fahrzeugen gebracht werden. Parkplätze sind direkt vor der Halle in ausreichender Anzahl vorhanden.

Adresse
Calpesa GmbH, Schützenstraße 91, 22761 Hamburg-Bahrenfeld, Telefon: 0 40/85 60 27.

Öffnungszeiten
Montag bis Freitag 8.30 bis 18.00 Uhr, Samstag 9.00 bis 13.30 Uhr.

Anreise
Von der Innenstadt die Stresemannstraße Richtung Westen, vorbei am Bahnhof Holstenstraße, unter der Eisenbahnbrücke hindurch und an der 1. Ampel rechts in die Schützenstraße. Die Leverkusenstraße überqueren, links liegt Calpesa. Mit öffentlichen Verkehrsmitteln: S5, S21 oder S3 bis S-Bahnhof Diebsteich oder Buslinie 111 bis Schützenstraße.

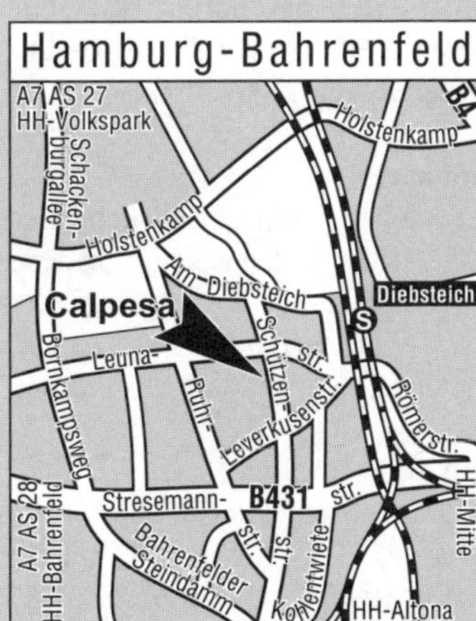

Durch die Dominanz der großen Markenhersteller ist der klassische Maßanzug etwas aus der Mode geraten und gilt allgemein als unerschwinglich. Die Firma Dolzer erfüllt alle Voraussetzungen, um für ein Revival des guten alten Maßanzugs zu sorgen.

Alles nach Maß

Warenangebot

Mäntel, Anzüge, Hosen, Sakkos, Hemden für Männer; Kostüme, Hosenanzüge, Mäntel, Blusen und Hosen für Frauen. Das Stoffangebot ist reichhaltig. Es reicht von einfachen bis hin zu teuren Stoffen der bekanntesten Produzenten Italiens.

Ersparnis

Die Ersparnis ist schwer zu beziffern, da es Maßanzüge von Dolzer nur hier gibt. Wählt man den Stoff eines weniger bekannten Herstellers, kostet ein Anzug ab ca. 179,- € bis 260,- €. Mit dem Stoff eines bekannten Markenherstellers: 250,- € bis ca. 480,- €. Übergrößen kosten 10 % Aufschlag.

Ambiente

Der Shop ist ansprechend und zweckmäßig gestaltet. Sie werden von ausgebildeten Schneidern kompetent beraten. Die Lieferzeit für die Maßkonfektion beträgt vier bis sechs Wochen.

Adresse

Dolzer Maßkonfektionäre GmbH, Gasstraße 2, 22761 Hamburg-Bahrenfeld, Telefon: 0 40/8 97 17 60, Fax: 89 71 76 76, Internet: www.dolzer.de.

Öffnungszeiten

Montag bis Freitag 9.30 bis 18.30 Uhr, Donnerstag 9.30 bis 20.00 Uhr, Samstag 9.30 bis 16.00 Uhr.

Weitere Verkaufsstellen

Siehe unter www.dolzer.de im Internet.

Anreise

A7 Hannover-Hamburg, Ausfahrt Hamburg-Bahrenfeld und über die Von-Sauer-Straße in die Bahrenfelder Chaussee, rechts in den Daimlerring und wieder rechts.

Karsten Hagenah

Karsten Hagenah ist ein Fischgroßhändler mit so genanntem Kleinverkauf. Hier kann man jede beliebige Menge Fisch bekommen, d.h., man muss nicht unbedingt gleich ein ganzes Kilo kaufen. Jeden Monat gibt es ein Spezialitäten-Angebot mit Edelfisch (Hummer, Langusten, Austern etc.).

Frische Fische

Warenangebot
Frischer Fisch (alle gängigen Sorten), geräucherter und eingelegter Fisch, Fischpasteten, Fischsülzen, Fischfrikadellen, Fischnuggets, Feinkostsalate (vorwiegend mit Fisch), gebratener Fisch, Mayonnaise, Salatdressings.

Ersparnis
Ca. 30 %.

Ambiente
Der Kleinverkauf von Hagenah liegt auf dem Betriebsgelände und ist gut sichtbar ausgeschildert. Direkt am Eingang befindet sich ein Bedienungstresen, wo man den gewünschten Fisch in jeder beliebigen Menge bekommen kann.

Adresse
Karsten Hagenah, Fischgroßhandel, Schnackenburgallee 8, 22525 Hamburg-Bahrenfeld, Telefon: 0 40/82 29 70.

Öffnungszeiten
Montag bis Freitag 7.00 bis 16.00 Uhr, Samstag 7.00 bis 11.30 Uhr.

Anreise
City-Ring 2, über die Stresemannallee stadtauswärts und an der großen Ampelkreuzung rechts in den Bornkampsweg. Dieser geht nach der ersten Ampel in die Schnackenburgallee über. Am Anfang der Schnackenburgallee liegt rechtes Hagenah. Oder: S3 oder S21 bis zur S-Bahn Diebsteich, dort mit dem Bus 180 stadtauswärts 1 Station fahren, nach links in den Holstenkamp einbiegen, dann nach rechts in die Schnackenburgallee.

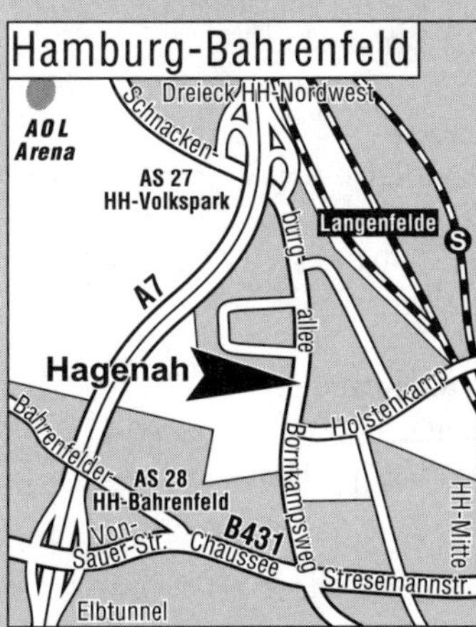

olsen

Mit harmonisch aufgebauten Kollektionen ist Olsen bei den Modetrends im mittleren Preissegment mitbestimmend. Sportliche Mode ist ebenso ein zentrales Thema wie der einzelteilige Aufbau der Coordinates.

Hanseatisch und weltoffen

Warenangebot
Strickwaren und Shirts in allen Variationen, Hosen, Kleider, Röcke, Jacken, Mäntel und Accessoires. Bei dem Angebot handelt es sich um Ware aus der vergangenen Saison, 2.-Wahl-Ware aus der aktuellen Kollektion und Musterteile.

Ersparnis
35 bis 50%. Weitere Preisersparnis bis 70% gegen Saisonende.

Ambiente
Großzügige und gepflegte neue Verkaufsräume von ca. 400 m². Freundliche und kompetente Beratung. Parkplätze sind vorhanden.

Adresse
Olsen Retail GmbH, Schnackenburgalle 52, 22525 Hamburg-Bahrenfeld, Telefon: 040/85157057, Fax: 85157063, Internet: www.olsen.de.

Öffnungszeiten
Montag bis Freitag 11.00 bis 19.00 Uhr, Samstag 10.00 bis 16.00 Uhr.

Anreise
A7 Hamburg-Flensburg, Ausfahrt Volkspark. An der Ampel links und schon nach 200 m sehen Sie auf der linken Seite die Firma Olsen.

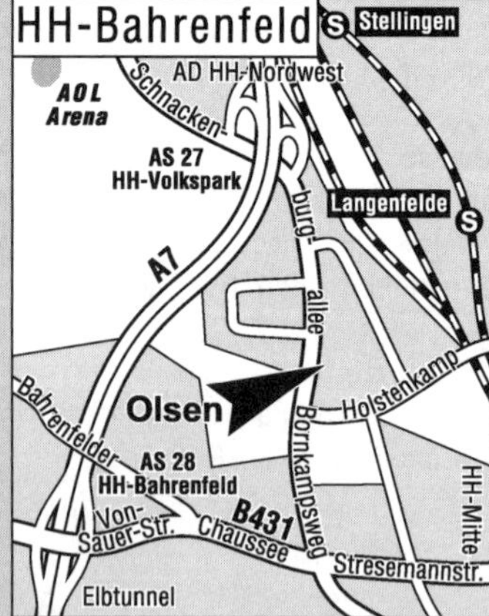

Fox-Markt

Neckermann verkauft in seinen Fox-Märkten Überhänge aus den Versandkatalogen und Artikel mit kleinen Schönheitsfehlern. Die Preise sind sagenhaft günstig und das Angebot kann sich sehen lassen.

Preisknüller

Warenangebot
Damen-, Herren- und Kinderbekleidung, Babyausstattung, Heimtextilien u.a.

Ersparnis
30 bis 50%, zum Teil darüber, bei Sonderaktionen und im WSV/SSV zusätzliche Preisreduzierung.

Ambiente
Der Verkauf ist über einem Supermarkt in der zweiten Etage. Einfache, aber übersichtliche Warenpräsentation.

Adresse
Fox-Markt, 22307 Hamburg-Barmbek, Fuhlsbüttler Straße 188, Telefon: 040/69790245, Fax: 69790246.

Öffnungszeiten
Montag bis Freitag 10.00 bis 19.00 Uhr, Samstag 9.30 bis 15.00 Uhr.

Weitere Verkaufsstellen (Auswahl)
- 22143 **Hamburg-Rahlstedt**, Schweriner Straße 8-12, Telefon: 040/66999684, Fax: 67586181.
- 26382 **Wilhelmshaven**, Marktstraße 89, Telefon: 042/123275, Fax: 136866.
- 38440 **Wolfsburg**, Porschestraße 54, Telefon: 05361/291871, Fax: 291872.

Alle Fox-Markt-Standorte und die aktuellen Angebote unter www.fox-markt.de.

Anreise
Bus 117, 172 oder 272 ab U-und S-Bahnhaltestelle Barmbek bis Hermann-Kauffmann-Straße. Der Verkauf ist direkt dort. Mit dem Pkw: A7, Ausfahrt HH-Schnelsen Nord, vom City-Ring 3 auf der Höhe Krohnstieg stadteinwärts Richtung Fuhlsbüttel und nach dem Erdkampsweg in den Ratsmühlendamm, von hier in die Fuhlsbütteler Straße.

EINKAUFS-GUTSCHEIN

BIG DEAL

Dieser Lagerverkauf bietet Jeans und flotte Mode bekannter Fabrikate für die ganze Familie. Markenbewusste Jugendliche mit knappem Taschengeld finden hier ihren persönlichen Stil.

Es lohnt sich

Warenangebot
Große Auswahl an topmodischer Freizeitbekleidung für Sie und Ihn von bekannten Markenherstellern. Das Angebot reicht von Jacken, Pullovern, Hemden, Blusen bis hin zu Hosen und Schuhen. Außerdem gibt es ein umfangreiches Angebot an Jeans in vielen verschiedenen Formen, Farben und Waschungen.

Ersparnis
20 bis 40 %, Sonderangebote bis 70 %.

Ambiente
Große Verkaufshalle, Ware übersichtlich sortiert. Sehr freundliche Bedienung, liebevoll eingerichtete Spielecke für Kinder. Parkplätze vor dem Verkauf.

Adresse
Big Deal, Outletstore, Schleemer Weg 34-36, 22117 Hamburg-Billstedt, Telefon: 0 40/7 32 08 00, E-Mail: big-deal@t-online.de.

Öffnungszeiten
Mittwoch 12.00 bis 18.00 Uhr, Donnerstag und Freitag 11.00 bis 19.00 Uhr, Samstag 10.00 bis 16.00 Uhr.

Weitere Verkaufsstellen
- 21339 **Lüneburg**, Goseburgstraße 27, Telefon: 0 41 31/38 09 29.
- 21438 **Brackel**, Dorfstraße 17, Telefon: 0 41 85/50 93.

Anreise
B5, Ausfahrt Billstedt-Mitte, vorbei am Billstedt-Center, links in die Reclamstraße und 1. Straße rechts in die Möllner Landstraße, dann 1. Straße links in den Schleemer Weg.

CLOSED

Traditionell finden die Lagerverkäufe der Firma Closed im Halbjahresrhythmus statt. Die Modemarke Closed entstand 1977 in Rimini und wird inzwischen mit großem Erfolg weit über Europa hinaus im Fachhandel vertrieben. In den Lagerverkäufen sogar zu Factory-Preisen.

Für geladene Gäste

Warenangebot
Jeans, Jeansjacken, -westen, Hemden, T-Shirts, Sweatshirts, Röcke, Kleider, Blusen, Lederjacken, Strickwaren, auch Turnschuhe und mehr.

Ersparnis
Bis 50 %, zum Teil mehr.

Ambiente
Großer, gut sortierter Lagerverkauf mit Umkleidekabinen und Kinderspielecke. Parkplätze vorhanden.

Besonderheiten
Verkaufsraum und Firmensitz nicht am gleichen Ort. Im Verkaufsraum liegen Bücher aus, in die man seine Adresse eintragen kann, um eine Einladung zu erhalten. Oder per Fax bzw. unter www.iffo.de eine Einladung anfordern.

Adresse
IFFO Store Outlet, Alte Rabenstraße 12b (Firma), Verkauf: Billbrookdeich 43, 22113 Hamburg-Billstedt, Telefon: 0 40/ 73 35 00 35, Fax: 73 35 00 31.

Öffnungszeiten
Werden mit der Einladung bekannt gegeben.

Weitere Verkaufsstelle
- 18182 **Rövershagen-Purkshof**, Karl's Erdbeerhof, Dorfstraße 2, Telefon: 03 82 02/40 50, Fax: 40 52 23.

Anreise
Von der A7 oder A25 auf die A1 Richtung Lübeck und bei der Ausfahrt Moorfleet über die Andreas-Meyer-/Gruson-/Wöhlerstraße vor der Blauen Brücke links ab in den Billbrookdeich. Vor dem großen Klinkergebäude rechts, nur ganz kleines Schild an der Seitentür.

Der Lagerverkauf bietet nicht immer ganz aktuelle Sportbekleidung und -artikel bekannter Fabrikate, wie Adidas, Fila, Reebok, Dunlop, Salomon, Fischer u. a. für die ganze Familie zu sehr interessanten Konditionen.

Fundgrube für Sportfans

Warenangebot

Damen-, Herren- und Kindersportbekleidung, Regen- und Wassersportbekleidung, Tennisschläger und Bälle, Ski, Snowboards, Surfbretter, Rollerblades, Skistiefel, Sportschuhe jeder Art, T-Shirts und Polohemden. Restbestände aus dem Hauptgeschäft werden extrem günstig angeboten. Ware aus neuen Kollektionen gibt es nur vereinzelt.

Ersparnis

30 bis 70 % auf Restbestände, 10 % auf Waren der neuen Kollektion.

Ambiente

Große, vollgepackte Räume mit Lageratmosphäre auf zwei Etagen, Zeit zum Wühlen erforderlich, fachgerechte, freundliche Beratung, lebhafter Betrieb, dennoch genügend Umkleidekabinen. Parkplätze vor dem Verkauf.

Adresse

Sport Kaap, Markt für Sonderangebote, Schleemer Weg 34-36, 22117 Hamburg-Billstedt, Telefon: 0 40/7 36 09 40.

Öffnungszeiten

Donnerstag und Freitag 12.00 bis 19.00 Uhr, Samstag 10.00 bis 16.00 Uhr.

Anreise

B5, Ausfahrt Billstedt-Mitte, vorbei am Billstedt-Center, links in die Reclamstraße und 1. Straße rechts in die Möllner Landstraße, dann 1. Straße links in den Schleemer Weg.

bon prix

Bon Prix ist ein Versandhaus. Nach dem Motto „alles muss raus", werden sämtliche 2.-Wahl-Artikel, Retouren, Überhänge und Reste aus den Katalogen verschleudert. Angebote wechseln ständig. Von Zeit zu Zeit laufen Sonderaktionen. Das Preisniveau ist niedrig. Es gibt viele Billigartikel.

Geeignet für Wühlmäuse

Warenangebot
Damen-, Herren- und Kinderbekleidung, Heimtextilien wie Bettwäsche, Gardinen, Bademattenn und viel Kleinkram.

Ersparnis
Bis zu 70 % vom Katalogpreis.

Ambiente
Die Verkaufsfläche konnte auf 500 m² vergrößert werden, der Andrang ist nach wie vor groß, aber es gibt inzwischen ausreichend Parkplätze.

Adresse
Bon Prix, Lagerverkauf, 22179 Hamburg-Bramfeld, Wandsbeker Straße 17, Telefon: 0 40/63 64 66.

Öffnungszeiten
Montag bis Freitag 10.00 bis 18.30 Uhr, Samstag 9.00 bis 14.00 Uhr.

Weitere Verkaufssteilen (Auswahl)
- 10629 **Berlin-Charlottenburg**, Wilmersdorfer Straße 107.
- 10827 **Berlin-Schöneberg**, Kaiser-Wilhelm-Platz 1.
- 17309 **Pasewalk**, Rothenburger Weg 27.
- 17438 **Wolgast**, Sölvesborger Str. 2.
- 21423 **Winsen (Luhe)** Marktstr. 7-9.
- 21682 **Stade**, Haddorfer Grenzweg 22.
- 25436 **Uetersen**, Großer Wulfhagen 40.
- 25746 **Heide**, Hafenstraße 14-18.
- 27793 **Wildeshausen**, Westerstr. 22.

Anreise
City-Ring 2 von der Habichtstraße über die Bramfelder Chaussee. Dort rechts in die Wandsbeker Straße. Verkauf gegenüber Coca Cola.

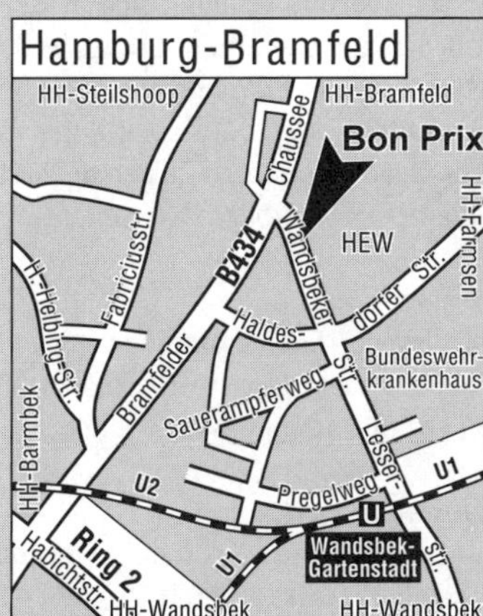

Golf House

Bei der Firma Golf House handelt es sich um ein bundesweit agierendes Versandhaus, das neben Golfzubehör auch ein umfangreiches Angebot an Markentextilien im Programm hat. In der Schnackenburgallee werden Restbestände, Rücklaufware etc. der gängigen Golf-Marken wie TaylorMade, Mizuno, Wilson, Bogner, Belfe, Golfino, Escada u.a. verkauft.

Hier ist alles Golf, was glänzt

Warenangebot
Wirklich das komplette Sortiment an Golfkleidung in großer Auswahl samt Handschuhen und Schuhen, auch eine große Auswahl an Golftaschen, -wagen etc. Schläger sind vor allem als Halb- und Komplettsets vorhanden. Daneben gibt es alles erdenkliche Zubehör von Bällen bis zum Putting-Trainer.

Ersparnis
30 bis 70 %.

Ambiente
Der Lagerverkauf befindet sich in einer großen Lagerhalle an der Rückseite des Gebäudes. Die Warenpräsentation ist übersichtlich. Man wird auch durchaus fachkundig beraten, was gerade beim Equipment von großer Hilfe sein kann.

Adresse
Golf House, Schnackenburgallee 149, 22525 Hamburg-Eidelstedt, Telefon: 0 40/ 43 13 61 66, Internet: www.golfhouse.de.

Öffnungszeiten
Montag bis Freitag 10.00 bis 18.00 Uhr, Samstag 10.00 bis 14.00 Uhr.

Anreise
Schnackenburgallee stadtauswärts Richtung Autobahn, Anschlussstelle Hamburg- Volkspark, ca. 1 km nach dem Autobahnzubringer, 100 m vor dem Binsbarg, direkt neben Tom Tailor. Öffentliche Verkehrsmittel: vom Bahnhof Altona mit der S3 oder S21 bis zur Haltestelle Eidelstedt. Von dort aus sind es noch circa 10 Minuten zu Fuß.

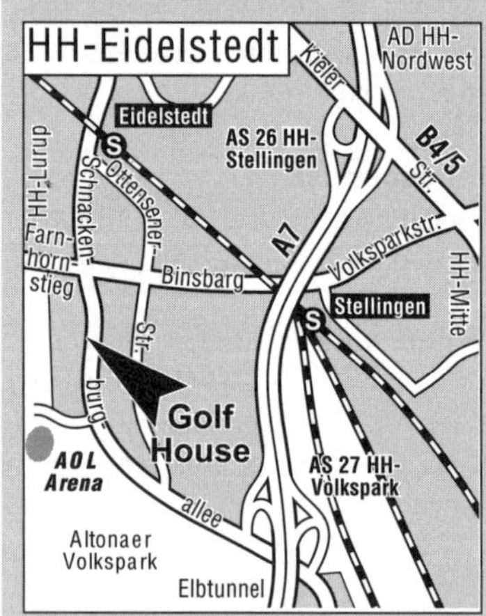

Wilhelm Stöcken

Bei der Firma Wilhelm Stöcken handelt es sich um eine Fischgroßhandlung, die sich auf Aal und Lachs spezialisiert hat. Es gibt einen Kleinverkauf, bei dem Fisch in jeder gewünschten Menge gekauft werden kann.

Aal und Lachs vom Feinsten

Warenangebot
Frischfisch (alle gängigen Sorten), geräucherter Fisch, Wein.

Ersparnis
30 bis 40 %.

Ambiente
Der Kleinverkauf von Wilhelm Stöcken befindet sich auf dem Betriebsgelände, wenn man auf den Hof kommt links. Es handelt sich um eine kleine Verkaufshalle, in der der Fisch aufgebaut ist. Parkplätze auf dem Hof.

Adresse
Wilhelm Stöcken, Fischräucherei, Ottensener Straße 86, 22525 Hamburg-Eidelstedt, Telefon: 0 40/54 11 25.

Öffnungszeiten
Montag bis Freitag 8.00 bis 17.00 Uhr, Samstag 8.00 bis 12.00 Uhr.

Anreise
Mit dem Pkw: A7 Richtung Norden bis Hamburg-Volkspark. Die Ausfahrt mündet in die Schnackenburgallee, in die man nach rechts einbiegt. An der 1. Ampel geht es dann in die Ottensener Straße. Linker Hand, liegt der Fischgroßhandel Wilhelm Stöcken. Mit öffentlichen Verkehrsmitteln: S3 oder S21 zum S-Bahnhof Eidelstedt. Von dort links in die Ottensener Straße.

EINKAUFS-GUTSCHEIN

KAPALUA®

Kapalua stellt in Hamburg vor allem Strickwaren für die anspruchsvolle, jugendliche, karrierebewusste Frau her. Dort findet man sicher ausgefallene, jedoch keinesfalls ausgeflippte Kleidung für jeden Anlass.

Luxus in Simplicity

Warenangebot
Komplette Palette an Damenbekleidung. Strickwaren bilden dabei einen Schwerpunkt, doch es gibt auch T-Shirts, Hosen, Röcke etc. sowie einige Accessoires wie Webpelzmützen, Schals u.a.

Ersparnis
30 bis 50 %.

Ambiente
Heller, großer Verkaufsraum mit ausreichend Umkleidekabinen an der Rückseite des Fabrikgebäudes, doch noch deutlich wahrnehmbare Fabrikverkaufsatmosphäre. Direkt daneben hört man das Arbeiten der Maschinen.

Adresse
Style & Spirit GmbH, Obenhauptstraße 15, 22335 Hamburg-Groß Borstel, Telefon: 040/5005700, Fax: 50057020, Internet: www.kapalua.de.

Öffnungszeiten
Mittwoch bis Freitag 10.00 bis 19.00 Uhr, Samstag 10.00 bis 18.00 Uhr.

Anreise
Vom City-Ring 2 stadtauswärts über die Alsterkrugchaussee und von hier links in den Weg beim Jäger und gleich wieder links in die Obenhauptstraße. Die Firma liegt in einem nicht ganz zentral gelegenen Industriegebiet, das sich jedoch auch mit öffentlichen Verkehrsmitteln einigermaßen erreichen lässt. Mit der U1 bis zur Haltestelle Alsterdorf. Dort umsteigen in die Buslinie 23 bis zur Haltestelle „Heselstücken". Von dort sind es nur noch wenige Minuten zu Fuß.

Ulrich Neufang, erfahrener Wettbewerbs-Segler, gründete 1985 die Segelmarke Al Winner Sails.

Computer-Segel

Warenangebot
Windsurfsegel, Gabelbäume, Masten, Lenkdrachen, Windräder, Buggys, Wave Segel, Freeride Segel, Speed Segel – alle Segel aus besten Materialien mit Vario-Top (auf alle Segel zwei Jahre Garantie), Tube-Segellatten, Monofilm-Mylar Nähte geklebt und doppelt genäht u. a.

Ersparnis
Bis zu 60 % auf Auslaufmodelle, Testsegel und Messereste.

Ambiete
Als Verkaufsraum dient ein Büro, keine große Lagerhaltung.

Adresse
Al Winner Sails, Straßweg 15, 22607 Hamburg-Groß Flottbek, Telefon: 0 40/ 8 90 10 70.

Öffnungszeiten
Montag bis Freitag 9.00 bis 17.30 Uhr. In der Urlaubszeit teilweise geschlossen, bitte vorher anrufen.

Anreise
Direkt an der A7-Elbtunnel, Ausfahrt Othmarschen, Richtung Wedel. Nach ca. 500 m rechts in die Reventlowstraße. Und nach der Bahnunterführung die 2. Straße links (Beselerstraße) und wieder die 2. Straße links in den Straßweg. Der Verkauf ist in einer weißen Altbauvilla, Hintereingang. Mit öffentlichen Verkehrsmitteln: S1 oder S11 Hamburg-Wedel-S-Bahnhof Othmarschen, dann 10 Minuten zu Fuß.

EINKAUFS-GUTSCHEIN

Die Detlev Louis GmbH ist seit langem Marktführer im Bereich Motorradbekleidung, -ersatzteile und -zubehör und seit zehn Jahren gibt es die Restpostenkette „nameless - Der Louis-Restpostenmarkt" Hier werden Auslaufartikel, Rest- und Sonderposten zu stark reuzierten Preisen angeboten.

Bikerdreams

Warenangebot
Großes Sortiment an Motorradbekleidung, Motorradhelmen, -stiefeln, -handschuhen, Regenkombis und sonstigem Zubehör der Marken Louis, Vanucci, Cycle Spirit u.a.

Ersparnis
Im Schnitt 40%, bei Einzelstücken bis 80%.

Ambiente
Geräumiger, übersichtlicher Restpostenmarkt mit fachkundiger Beratung.

Besonderheiten
Jeweils am 1. Samstag im Monat findet von 9.00 bis 16.00 Uhr ein Lagerverkauf in Hamburg-Allermöhe, Rungedamm 35 statt. Telefon: 040/73 41 93 60, Fax: 73 41 93 47.

Adresse
Nameless - Der Louis-Restpostenmarkt, Süderstraße 83, 20097 Hamburg-Hammerbrook, Telefon und Fax: 040/ 23 80 81 14, Internet: www.louis.de.

Öffnungszeiten
1. März bis 31. August: Montag bis Freitag 10.00 bis 20.00 Uhr, Samstag 9.00 bis 16.00 Uhr. 1. September bis 28. Februar: Montag bis Freitag 10.00 bis 19.00 Uhr, Samstag 10.00 bis 16.00 Uhr.

Weitere Verkaufsstellen
In **Bielefeld**, **Düsseldorf**, **Essen**, **Frankfurt**, **Hannover**, **Saarbrücken und Stuttgart** siehe im Internet unter www. louis.de.

Anreise
Von Hambrug-Centrum kommend B75 Richtung Flughafen (Heidekampsweg); 2. Möglichkeit links ab.

EINKAUFS-GUTSCHEIN

VOSS® HAMBURG

Edle Pelze, edle Stoffe, Ton in Ton kombiniert, hoch- bis höchstwertige Pelzkombinationen nach eigenen Entwürfen und Produktion mit weltweitem Vertrieb. Charakteristisch für Produkte der Marke Voss sind nicht nur die edlen Materialien (und Preise: auch im Direktverkauf gibt es kein Modell unter 500,- €), sondern auch die erstklassige Verarbeitung.

Pelz in Pelz, Ton in Ton

Warenangebot
Pelzjacken, Pelzmäntel, Accessoires, Kragen, Westen, Stolen, Schals und Manschetten, Felldecken und Kissen, hochwertige Stoffmäntel und -jacken mit Pelzfütterung und/oder Besatz, auch für Herren, Capes mit Pelzverbrämung.

Ersparnis
20 bis 50 %.

Ambiente
Edle, sehr gepflegte Atmosphäre im weitläufigen Verkaufsraum. Riesiges Angebot. Am besten vorher anrufen. Möglicherweise verweist man Sie darauf, dass nicht an Privatkunden verkauft wird. Fragen Sie dann nach dem Termin des nächsten Lagerverkaufs.

Adresse
Bruno Voss & Co., Spaldingstraße 85, 4. OG, 20097 Hamburg-Hammerbrook, Telefon: 0 40/2 37 83 30, Fax: 23 78 33 49.

Öffnungszeiten
Montag bis Freitag 9.00 bis 17.00 Uhr.

Anreise
Mit dem Pkw: rechter Hand auf der Spaldingstraße, Ecke Nagelsweg (eigener Kundinnenparkplatz!); mit öffentlichen Verkehrsmitteln: S- und U-Bahnstationen Berliner Tor oder Hauptbahnhof Süd.

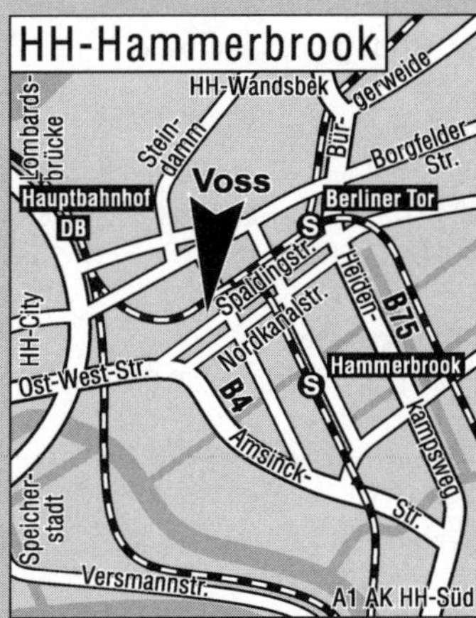

Labels For Less

Die Firma Labels for less ist spezialisiert auf hochwertige Marken, die sie günstig aus Überhängen und zum Teil aus Konkursbeständen aufkauft oder auch als Musterkollektion von Handelsvertretern bezieht.

Markensammler

Warenangebot
Für Herren gibt es Hemden (nur reine Baumwolle), Krawatten (nur reine Seide), Pullover, Boxer-Shorts, T-Shirts und Sportbekleidung der Marken Redford, Cinque, Joop und North Sails. Für Damen: Pullover (Schwerpunkt Kaschmir oder Merinowolle), Abendkleider, Handtaschen und Schuhe.

Ersparnis
50 %, zum Teil auch mehr. Zusätzliche Preisreduzierung bei Sonderaktionen, über die registrierte Kunden vorab per Fax oder E-Mail informiert werden.

Ambiente
Ca. 150 m² große Lagerhalle.

Adresse
Labels for less, Eppendorfer Baum 16, 20249 Hamburg-Harvestehude, Telefon: 0 40/43 18 07 95.

Öffnungszeiten
Montag bis Samstag 10.00 bis 19.00 Uhr.

Anreise
City-Ring 1, am Dammtor über die Rothenbaumchaussee und im Kreisverkehr Klosterstern in den Eppendorfer Baum einbiegen. Labels for less liegt nach ca. 200 m rechts.

Etwa einmal pro Monat findet bei J.B Doxx ein Kollektions- und Lagerverkauf von führenden Marken aus Europa und den USA statt. Eingeladen wird nur per Fax. Also: Wenn Sie per Fax erreichbar sind, lassen Sie sich auf die Einladungsliste setzen.

Edles zum halben Preis

Warenangebot
Hemden, Blusen, Jacken, Hosen, Handschuhe, Röcke, Shorts, Bodys, Strickjacken, Nachtwäsche.

Ersparnis
50 bis 80 %.

Ambiente
Der Verkauf findet in einer modernen Galerie in einem schönen Altbau statt. Umkleidemöglichkeiten sind vorhanden.

Adresse
J.B. Doxx GmbH, Lehmweg 32, 20251 Hamburg-Hoheluft, Telefon: 040/ 4225964, Fax: 4225915, Internet: www.jbdoxx.de.

Öffnungszeiten
Die Öffnungszeiten werden mit der Einladung bekannt gegeben.

Anreise
Ring 2 bis zur Hoheluftchaussee. In diese biegt man Richtung Zentrum ab. An der 3. Ampel in den Lehmweg. Die Galerie der Firma Brockstedt befindet sich, nach der ersten Querstraße (Falkenried), auf der linken Seite. Mit öffentlichen Verkehrsmitteln: Mit der U3 bis Hoheluftbrücke, die Hoheluftchaussee überqueren und direkt in den Lehmweg.

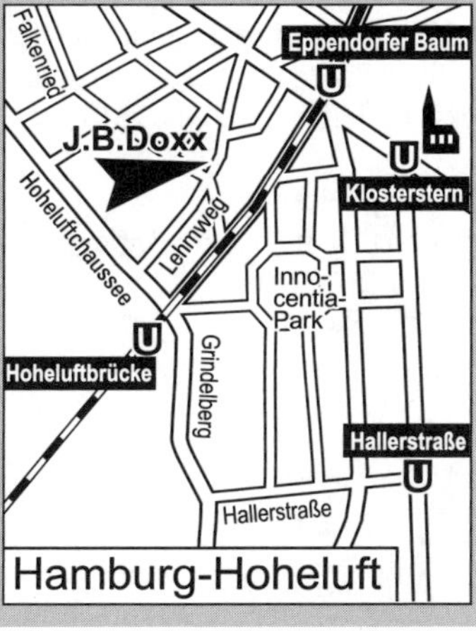

EINKAUFS-GUTSCHEIN

Der Keksbäcker

Der Keksbäcker stellt feines Teegebäck her, eine besondere Spezialität sind auch die Baumkuchen.

Mit Liebe gebacken

Warenangebot
Kekse aller Art, Baumkuchen, Gebäckdosen und Körbe. Die Kekse werden jeweils in 125 g- bis 300 g-Packungen angeboten.

Ersparnis
20 bis 40 %. Aktionsverkauf ist immer am letzten Donnerstag vor Weihnachten.

Ambiente
Man kann sich selbst die gewünschte Ware zusammenstellen und wird von einem freundlichen Verkäufer auf die Extra-Sonderangebote hingewiesen.

Adresse
Der Keksbäcker, Inhaber Jürgen Tandezki, Sorthmannweg 10, 22529 Hamburg-Lokstedt, Telefon: 0 40/ 56 25 87.

Öffnungszeiten
Dienstag, MIttwoch und Donnerstag 9.00 bis 18.00 Uhr.

Anreise
Mit dem Pkw: vom Ring 2 stadtauswärts an der Ampel in die Quickbornstraße nach links einbiegen. Rechts halten und an der 2. Ampel nach rechts in die Stresemannallee einbiegen. Die 2. Querstraße links ist der Sorthmannweg. Mit öffentlichen Verkehrsmitteln: U2 bis Bahnhof Schlump, dort in den Bus 181 stadtauswärts bis zur 6. Haltestelle Sorthmannweg. Diese befindet sich direkt gegenüber dem Sorthmannweg.

TOM TAILOR

Tom Tailor ist Mode für Menschen, die sich in lässiger und unkomplizierter Kleidung wohl fühlen und die ihren Stil unterstreichen wollen, ohne sich zu verkleiden. Für all jene, die lieber im Leben als vor dem Spiegel stehen und die natürlich gut aussehen wollen – unabhängig vom Geldbeutel oder Alter.

Lässig, lebendig, casual

Warenangebot
Hosen, Hemden, T-Shirts, Pullis, Jacken, Mäntel, Kleider, Röcke, Blusen, Jeans, Jeansjacken: eben das ganze Sortiment für Damen, Herren und Kinder. Auch Taschen, Gürtel, Portemonnaies, Brieftaschen, Schlüsselanhänger, Socken, Unterwäsche, Bademäntel, Badetücher, Schuhe, Uhren, Brillen etc.

Ersparnis
30 bis 50 %.

Ambiente
Gepflegter Verkauf auf ca. 500 m². Freundliche, kompetente Verkäuferinnen, Umkleidekabinen, Sitzecke mit Kaffe, Kinderspielecke. Täglich neuer Wareneingang. Parkplätze vorhanden.

Adresse
Tom Tailor Outlet Store, Garstedter Weg 14, 22453 Hamburg-Niendorf, Telefon: 0 40/58 95 61 90.

Öffnungszeiten
Dienstag bis Freitag 11.00 bis 20.00 Uhr, Samstag 10.00 bis 16.00 Uhr.

Weitere Verkaufsstellen
- 22113 **Oststeinbek**, Im Hegen 1, Telefon: 0 40/81 97 57 50. Montag bis Freitag 10.00 bis 20.00 Uhr, Samstag 10.00 bis 18.00 Uhr.
- 22525 **Hamburg-Eidelstedt**, Schnackenburger Allee 149, Telefon: 0 40/ 54 55 59. Dienstag bis Freitag 10.00 bis 18.00 Uhr, Samstag 10.00 bis 14.00 Uhr.

Anreise
A7, Ausfahrt Schnelsen, links Richtung Centrum, geradeaus bis Kreuzung Niendorfer Marktplatz, links Garstedter Weg (Richtung Flughafen Fuhlsbüttel).

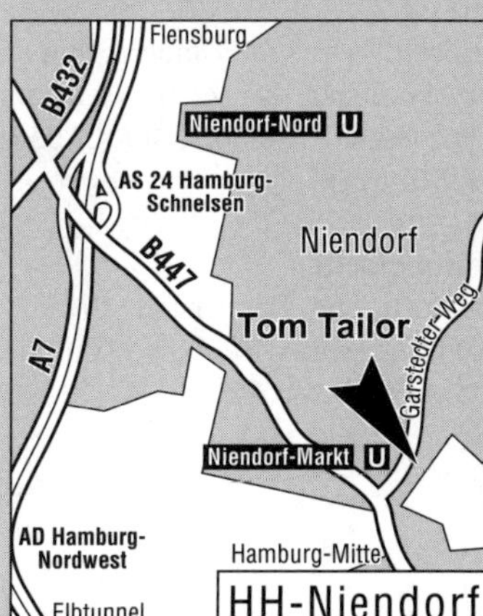

CHEER

Die President Fashion GmbH beliefert Versandhäuser und verkauft in ihrem Fabrikverkauf Damenbekleidung, überwiegend aus eigener Produktion, mit dem Label „Cheer". Es ist trendige und tragbare Mode mittlerer Qualität, meist Kunstfaser.

Chic und preiswert

Warenangebot
Anzüge, Blazer, Hosen, Pullis, Röcke, Westen und T-Shirts.

Ersparnis
Bis zu 50 %, bei Restposten und 2. Wahl auch mehr.

Ambiente
Mittelgroßer, übersichtlicher Verkaufsraum. Reger Betrieb, freundliche und hilfsbereite Bedienung. Umkleidekabinen sind vorhanden, die Ware ist meist nicht ausgezeichnet.

Adresse
President Fashion GmbH, Poppenbütteler Bogen 21, 22399 Hamburg-Poppenbüttel, Telefon: 0 40/6 02 52 78, Fax: 6 02 51 76.

Öffnungszeiten
Mittwoch und Donnerstag 10.00 bis 18.00 Uhr, Freitag 10.00 bis 13.00 Uhr.

Anreise
A7, Ausfahrt HH-Schnelsen-Nord über die Ohe Chaussee/Seegeberger Chaussee rechts in die Poppenbütteler Straße/Harksheider Straße links zum Poppenbütteler Bogen oder mit dem Bus Nr. 178 ab S-Bahnhof Poppenbüttel bis zu Haltestelle Sandkuhlenkoppel.

VENICE

Venice hat mit seinen Freizeitschuhen einen hohen Bekanntheitsgrad erreicht und ist inzwischen auch für seine Freizeit-, Fitness- und Badebekleidung der Marken Pure Venice und Venice Beach bekannt. Venice beliefert Konzerne, den Fachhandel und Versandhäuser in ganz Europa.

Sportiv gewinnt

Warenangebot
Sport- und Freizeitschuhe für Damen, Herren und Kinder. Kinderschuhe der Marken Tommy t, Scout, Lucky Lion u.a., Kindergummistiefel. Sport- und Freizeittextilien, Damen-, Herren- und Kinderjeans, Freizeitjacken, Bademoden, Taschen und Sporttaschen.

Ersparnis
Bis 60 %, bei Restposten und Sonderangeboten und im SSV/WSV auch mehr.

Ambiente
Übersichtliche Warenanordnung ermöglicht dem Kunden, in aller Ruhe seine Kaufentscheidung zu treffen. Die Schuhe stehen auf Paletten und sind einzeln ausgezeichnet. Kompetente Fachkraft. Parkplätze an der Straße.

Adresse
Thomsen Vertriebs GmbH, Venice, Poppenbütteler Bogen 29a, 22399 Hamburg-Poppenbüttel, Telefon und Fax: 0 40/6 06 10 15.

Öffnungszeiten
Montag bis Mittwoch und Freitag 10.00 bis 18.00 Uhr, Donnerstag 10.00 bis 19.00 Uhr.

Anreise
City-Ring 3/Poppenbütteler Weg über die Ulzburger Straße/Harksheider Straße und dann rechts bei Opel Dello in den Poppenbütteler Bogen einbiegen. Nach ca. 30 m links durch zu Tor 4, der Verkauf ist ausgeschildert. Mit öffentlichen Verkehrsmitteln ab S-Bahn-Station Poppenbüttel mit Buslinie 178 bis Sandkuhlenkoppel.

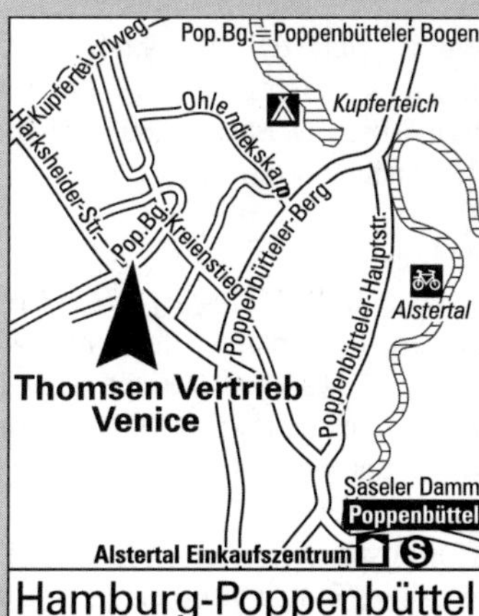

CAMPE & OHFF

Ein Maßhemd von Campe & Ohff zeichnet sich durch perfekten Sitz und Qualität aus. Es wird nach individuellem Maß im Einzelzuschnitt aus hochwertigen Stoffen gefertigt. Herrenausstatter lassen hier zum Teil die bei ihnen bestellten Maßhemden schneidern.

Visitenkarte Ihrer Garderobe

Warenangebot
Feine Hemden und Blusen, Seidenkrawatten, Pyjamas und Morgenmäntel sowie Janker, Accessoires wie Manschettenknöpfe oder Piccadillykragen-Nadeln. Vereinzelt sind Modelle mit Passformfehlern oder Muster am Lager.

Ersparnis
25 %, bei Sonderaktionen bis 40 %.

Ambiente
Ansprechender Verkaufsraum, Musterteile zur Ansicht hängen an Kleiderständern. Es kann nach Katalog mit Stoffmustern oder persönlich bestellt werden. Lieferzeit für Maßanfertigungen beträgt ca. 4 bis 5 Wochen. Versandkostenpauschale 4,50 €, ab drei Maßhemden portofrei.

Adresse
Campe & Ohff, Mittelweg 125, 20148 Hamburg-Rotherbaum, Telefon: 040/ 89 07 07 87, Fax: 89 07 07 88, E-Mail: info@campe-ohff.de, Online-shop: www.campe-ohff.de.

Öffnungszeiten
Montag bis Freitag 10.00 bis 19.00 Uhr, Samstag 10.00 bis 16.00 Uhr.

Anreise
Aus allen Richtungen folgt man in Hamburg zunächst der Beschilderung Messe/CCH. Am Bahnhof Dammtor/CCH führt der Mittelweg stadtauswärts Richtung Eppendorf. Die Nr. 125 befindet sich gegenüber der Kirche St. Johannis. Mit öffentlichen Verkehrsmitteln: U-Bahnstation Hallerstraße.

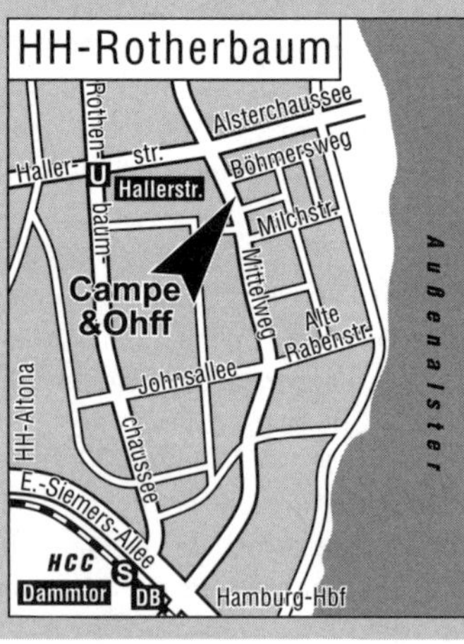

Tchibo Frisch-Röst-Kaffee

Tchibo-Prozente sind die Filialketten, über die Tchibo seine Restbestände aus den „Nonfood-Angeboten" zu stark reduzierten Preisen anbietet.

(Fast) alles – außer Kaffee

Warenangebot
Bekleidung, Heimtextilien, Küchen- und Bad-Utensilien, Haushalts- und Elektrogeräte, vieles für Freizeit und Urlaub sowie Uhren und Schmuck.

Ersparnis
20 bis 60 %. Die Angebote liegen weit unter üblichen Handelspreisen.

Ambiente
Nahezu basar-ähnliches Ambiente. Ein Tummelplatz für Schnäppchenjäger.

Öffnungszeiten
Achtung! Die Öffnungszeiten der Verkaufsstellen sind unterschiedlich.

Adresse
Tchibo Frisch-Röst-Kaffee GmbH, Vertriebsbereich Tchibo-Prozente, Grindelallee 117, 20146 Hamburg-Rotherbaum, Telefon: 0 40/ 45 03 61 57.

Weitere Verkaufsstellen
- 10243 **Berlin-Friedrichshain**, Karl-Marx-Allee 123, Telefon: 0 30/42 78 02 23.
- 10623 **Berlin-Charlottenburg**, Kantstraße 154, Telefon: 0 30/31 50 39 23.
- 10827 **Berlin-Schöneberg**, Hauptstraße 97, Telefon: 0 30/78 70 24 95.
- 12049 **Berlin-Neukölln**, Hermann Straße 213, Telefon: 0 30/62 84 39 50.
- 12099 **Berlin-Tempelhof**, Tempelhofer Damm 219, Telefon: 0 30/75 70 23 56.
- 18182 **Rostock-Bentwisch**, Hansacenter, Telefon: 03 81/ 2 01 44 01.
- 21629 **Neu Wulmstorf**, Bahnhofstraße 33-37, Telefon: 0 40/41 92 08 00.
- 22529 **Hamburg-Lokstedt**, Nedderfeld 70, Telefon: 0 40/46 88 22 00.
- 22765 **Hamburg-Ottensen**, Bahrenfelder Straße 107, Telefon: 0 40/ 39 90 03 84.
- 22767 **Hamburg-Altona**, Neue Große Bergstraße 18, Telefon: 0 40/ 38 61 09 35.
- 24103 **Kiel**, Holtenauerstraße 122, Telefon: 04 31/8 06 59 69.
- 24768 **Rendsburg**, Friedrichstädter Straße 47-55, Telefon: 0 43 31/43 42 03.
- 24837 **Schleswig**, Stadtweg 7, Telefon: 0 46 21/2 04 13.
- 26129 **Oldenburg**, Posthalterweg 10, Telefon: 0 4 41/9 73 62 88.
- 26603 **Aurich**, Osterstraße 25, Telefon: 0 49 41/95 92 73.
- 28203 **Bremen-Ostertor**, Ostertorsteinweg 97, Telefon: 04 21/7 11 97.
- 28279 **Bremen-Habenhausen**, Ernst-Buchholz-Straße 3-21, Telefon: 04 21/ 8 78 91 35.
- 28816 **Stuhr-Brinkum**, Henleinstraße 3 (Ikea), Telefon: 04 21/8 78 691 0.

Leder ROTh
Fabrikation von Lederbekleidung

Leder Roth ist nicht nur Hersteller von Motorradbekleidung, sondern auch anderer hochwertiger Lederbekleidung. Diese wird – so wie die Lederjacken der Hamburger Polizei – zum Teil sogar noch direkt am Jaguarstieg produziert.

Geheimtipp für Motorradfahrer

Warenangebot

Motorradbekleidung für Damen und Herren, auch Maßanfertigung. Zwischen- und Sondergrößen sind ebenfalls in großer Auswahl vorhanden. Kleinere Änderungen wie Ärmel kürzen werden sofort und kostenlos durchgeführt. Außerdem gibt es Lammfelljacken und Polizeijacken.

Ersparnis

30 bis 40 %, bei Sonderangeboten mehr.

Ambiente

Das Haus, in dem sich Leder Roth befindet, liegt in einer Wohnsiedlung. Es ist von außen gut gekennzeichnet. Im Gebäude zeigt ein weiteres Schild den Weg zum Verkaufsraum, der Kelleratmosphäre hat. Fünf Umkleidekabinen vorhanden. Ausreichend Parkplätze auf dem Hof .

Adresse

Leder Roth, Werner Roth KG, Jaguarstieg 25, 22527 Hamburg-Stellingen, Telefon: 0 40/40 80 38.

Öffnungszeiten

Montag bis Freitag 9.00 bis 17.00 Uhr, Samstag 9.00 bis 13.00 Uhr.

Anreise

Mit dem Pkw: Vom Ring 2 stadtauswärts geht nach links die Osterstraße ab. Dieser folgen, bis sie in die Müggenkampstraße übergeht (links halten). Am Ende der Müggenkampstraße nach rechts in die Högenstraße, dann an der 1. Ampel nach rechts in den Steenwisch. Wiederum an der 1. Ampel links in den Jaguarstieg einbiegen. Leder Roth befindet sich rechter Hand an der übernächsten Ecke (Ecke Brehmweg). Mit öffentlichen Verkehrsmitteln: U2 bis Haltestelle Lutterothstraße.

Bei Timpe werden feinste Keks- und Baumkuchen-Spezialitäten gebacken. Im Fabrikverkauf finden Sie wohlschmeckende Köstlichkeiten, die höchstens hier und da mal einen kleinen Schönheitsfehler aufweisen.

Nur selber backen ist schöner

Warenangebot
Feinstes Gebäck, das für den Konditoreiverkauf produziert wird, z.B. Bärentatzen, Florentiner, Heidesand, Baumkuchenspitzen, Kekse, Baumkuchen.

Ersparnis
Bis zu 50%.

Ambiente
Timpe liegt auf einem großen Betriebsgelände mit mehreren Firmen. Ganz hinten links ist Timpe. Es hängt dort ein Schild. Zugang über eine Treppe zur Rampe, von dort in den Verkaufsraum. Das Gebäck wird von einer freundlichen Verkäuferin ausgewogen und eingepackt. Das Angebot ist im Winter größer als im Sommer.

Adresse
Fa. Hans Timpe Jr., Warnstedtstraße 10-12, 22525 Hamburg-Stellingen, Telefon: 040/ 6520500.

Öffnungszeiten
Dienstag, Donnerstag und Freitag 11.00 bis 16.00 Uhr und „immer wenn das Licht an ist" (auf eigenes Risiko).

Anreise
Mit dem Pkw: Kieler Straße stadtauswärts und links in die Warnstedtstraße, vor der Kurve links auf das Betriebsgelände. Mit öffentlichen Verkehrsmitteln: Ab Bahnhof Altona Bus 183 stadtauswärts, bis Haltestelle Langenfelder Damm, die Kieler Straße überqueren, links in die Warnstedtstraße gehen.

SALAMANDER Lurchi

Wie viel Schuhe braucht der Mensch vom Krabbel- bis ins Seniorenalter? Theoretisch finden Sie alle bei Salamander. Denn Salamander ist Spezialist in Sachen Schuhe mit 100-jähriger Tradition.

Die Nummer 1 in Sachen Schuh

Warenangebot

Damen-, Herren- und Kinderschuhe der Marken Salamander, Lurchi, Betty Barclay, Yellomiles, Apollo und anderen Marken, die als Restbestände aus den Salamander-Schuhgeschäften übernommen werden.

Ersparnis

30 bis 50%, im SSV/WSV weitere Preisreduzierung.

Ambiente

Wie in den bekannten Schuhmärkten.

Adresse

Salamander SB, Auf dem Königslande 20-22, 22041 Hamburg-Wandsbek, Telefon: 040/687402.

Öffnungszeiten

Montag bis Freitag 10.00 bis 18.00 Uhr.

Weitere Verkaufsstellen

- 14641 **Wustermark**, Alter Spandauer Weg 4a, Telefon: 033234/22075, Fax: 22077.
- 70806 **Kornwestheim**, Stammheimer Straße 10-14, Telefon: 07154/15-2116.
- 86842 **Türkheim**, Jakob-Sigle-Platz 58, Telefon: 08245/520 oder52-123.

Anreise

City-Ring 2, Walddörfer Straße stadtauswärts, links ab in die Lesserstraße, 2. Querstraße rechts ab in Auf dem Königslande, nach ca. 150m rechter Hand gut sichtbar gelegen (gegenüber von Aldi-Markt). Mit öffentlichen Verkehrsmitteln: U1 bis Straßburger Straße.

modeka
MOTORCYCLE EQUIPMENT

Seit Anfang der 50er-Jahre stellt Modeka funktionelle und trendgerechte Motorradbekleidung her und beliefert damit den Fachhandel. Die Produktion erfolgt inzwischen nicht mehr nur im eigenen Betrieb, sondern auch in Partnerbetrieben im Ausland.

Biker-Freuden

Warenangebot
Motorradjacken, -hosen, -kombis, -handschuhe und viele andere Motorradaccessoires wie Helme, Stiefel und Rucksäcke. Daneben gibt es auch Jeans und normale, moderne Lederbekleidung.

Ersparnis
20 bis 50 %.

Ambiente
Großer Shop mit übersichtlicher Warenpräsentation.

Adresse
Modeka, Motorcycle Equipment, Fischbecker Straße 22 a (Werk II), 31787 Hameln, Telefon: 0 51 51/72 07.

Öffnungszeiten
März bis August: Montag bis Freitag 9.30 bis 13.00 und 14.30 bis 19.00 Uhr; September bis Februar: Montag bis Freitag 9.30 bis 13.00 und 14.00 bis 18.00 Uhr, Samstag jeweils 9.30 bis 14.00 Uhr und am 1. Samstag im Monat 9.30 bis 16.00 Uhr.

Anreise
A2 Bielefeld-Hannover, Ausfahrt Bad Eilsen und auf der B83 nach Hameln. Die B83 wird in Hameln zunächst zur Fischbecker Landstraße und dann zur Fischbecker Straße.

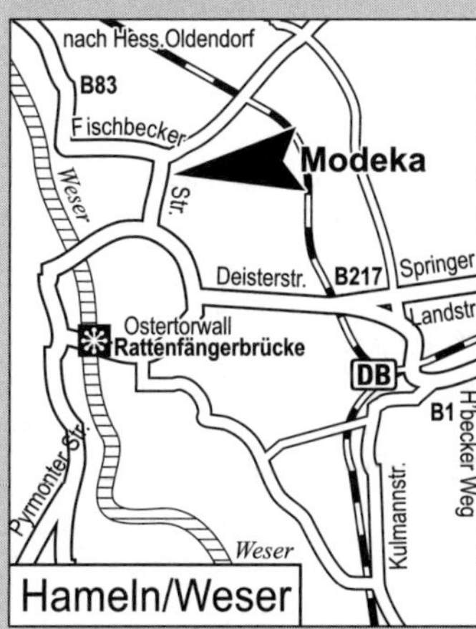

VORWERK

Voraus ist Vorwerk vielen Konkurrenten nicht nur in puncto Design und Umweltverträglichkeit, sondern auch in Sachen Allergikereignung. Vorwerk ist einer der wenigen Teppichhersteller, bei denen man günstig ab Fabrik einkaufen kann.

Mit Vorwerk bleibt man gerne auf dem Teppich

Warenangebot
Teppiche und Teppichböden in vielen Farben und Designs. Auch Kettelteppichböden (Böden mit abgesteppten Rändern).

Ersparnis
Ca. 40 % bei Auslaufware und 2. Wahl.

Ambiente
Der Verkauf, in dem man freundlich und fachkundig beraten wird, ist kaum vom übrigen Teil der Lagerhalle zu unterscheiden.

Adresse
Vorwerk Teppichwerke, Kuhlmannstraße 11, 31785 Hameln, Telefon: 0 51 51/ 10 30.

Öffnungszeiten
Montag bis Freitag 10.00 bis 18.00 Uhr und jeden ersten Samstag im Monat 10.00 bis 14.00 Uhr.

Anreise
Auf der B217 von Hannover nach Hameln, von Springe kommend immer Richtung Weserbergland-stadion, dann sehen Sie bald auch Schilder, die auf die Firma Vorwerk hinweisen. Der Verkauf befindet sich vom Parkplatz aus links.

Lorenz

SNACK-WORLD

Lorenz Snack-World ist einer der führenden Hersteller von salzigen Snacks. Es ist der neue Name für die salzigen Bahlsen-Spezialitäten. An der Produktpalette und dem Angebot ändert sich aber nichts.

Der Ruf verpflichtet

Warenangebot
Alle Snack-Marken der Lorenz Snack-World, auch eine Auswahl hochwertiger Schokoladespezialitäten sowie Kuchen und Gebäck von Bahlsen.

Ersparnis
30 bis 50 %. Sonderangebote zum Teil noch günstiger.

Ambiente
Discount-ähnlicher Laden.

Adresse
Fabrikladen Lorenz Bahlsen Snack-World, Am Thorenskamp 5, 29386 Hankensbüttel, Telefon: 0 58 32/97 06 05.

Öffnungszeiten
Montag bis Freitag 9.00 bis 18.00 Uhr, Samstag 9.00 bis 13.00 Uhr.

Weitere Verkaufsstellen
Öffnungszeiten jeweils Montag bis Freitag 10.00 bis 18.00 Uhr, Samstag 9.00 bis 13.00 Uhr (Neunburg bis 12.00 Uhr).
- 49424 **Goldenstedt**, Barnstorfer Straße 1-3, Telefon: 04 44/9 63 30.
- 63263 **Neu-Isenburg**, Hermannstraße 34A, Telefon: 0 61 02/81 66 93.
- 88131 **Lindau**, Bregenzer Straße 115, Telefon: 0 83 82/7 05 70.
- 92431 **Neunburg vorm Wald**, Industriestraße 11, Telefon: 0 96 72/4 60.

Anreise
B244 von Celle Richtung Wittingen und am Ortsanfang links zum Thorenkamp abbiegen.

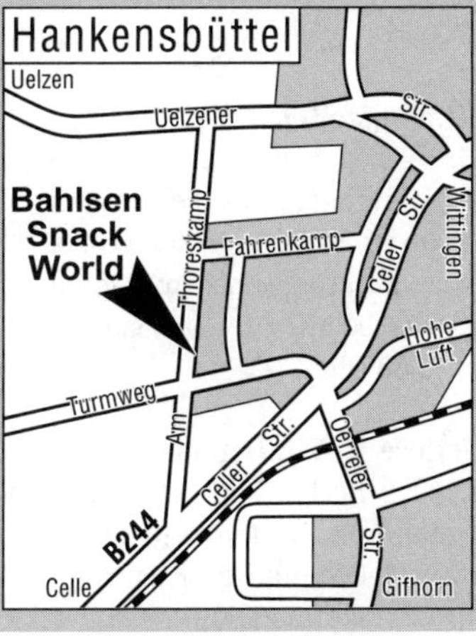

Die Firma Bahlsen ist ein traditionsreicher, großer Keksbäcker mit immer neuen Backideen. Die Liebe zum Backen spiegelt sich nicht nur im Geschmack, sondern auch in der Optik wider. Den wachsenden Ansprüchen der Kunden begegnet das Unternehmen mit hochwertigen Qualitätsprodukten.

Der große Keks

Warenangebot
Fast alle Bahlsen-Produkte.

Ersparnis
30 bis 50 %.

Ambiente
Der Verkauf wirkt wie ein größerer Discountmarkt. Die Ware ist zum Teil in Kartons, zum Teil in Regalen und es herrscht ungeheuer reger Betrieb.

Adresse
Bahlsens Keksfabrik KG, Sutelstraße 54, 30655 Hannover-List, Telefon: 05 11/ 96 00.

Öffnungszeiten
Alle Filialen außer Varel und Langenhagen: Montag bis Freitag 9.00 bis 19.00 Uhr, Samstag 9.00 bis 14.00 Uhr. Varel und Langenhagen: Montag bis Freitag 9.00 bis 18.00 Uhr, Samstag 9.00 bis 13.00 Uhr.

Weitere Verkaufsstellen
- 12099 **Berlin-Tempelhof**, Oberlandstraße 52-63, Telefon: 0 30/7 59 50.
- 26135 **Oldenburg**, Emsstraße 3-7, Telefon: 04 41/9 23 50.
- 26316 **Varel**, Am Hafen, Telefon: 0 44 51/12 30.
- 30853 **Langenhagen**, Walsroder Straße 194/Ecke Hubertusstraße, Telefon: 05 11/77 19 10.

Anreise
In Hannover stadtauswärts Richtung Bothfeld/Isernhagen bis zum Kugelfangtritt, hier links und nach wenigen Metern rechts in die Sutelstraße. Dort finden Sie gegenüber der Kirche den Fabrikverkauf.

Jeder kenn die Pelikanprodukte. Egal, ob Deckfarbenkasten oder Füller für die Schule oder Druckerzubehör und Schreibutensilien fürs Büro. Pelikanprodukte sind Klassiker. Die Füllhalter aus Hannover mit ihrer weichen Feder und dem perfekten Tintenleitsystem sind bei Vielschreibern erste Wahl.

Da wird Schreiben zum Genuss

Warenangebot
Angeboten wird die ganze, große Pelikan-Produktpalette vom Buntstift bis zum Radiergummi, vom Spaßmaler bis zum edlen Füller. Außerdem gibt es HC-Photo-Papier und viele Schreib- und Office-Papiere.

Ersparnis
20 bis 30 %.

Ambiente
Werksverkauf im Stil eines Schreibwarengeschäfts.

Adresse
Pelikan Werksverkauf, Werftstraße 9, 30163 Hannover-List, Telefon: 05 11/ 6 96 92 16.

Öffnungszeiten
Dienstag bis Donnerstag 12.00 bis 17.00 Uhr.

Anreise
A2, Braunschweig-Bielefeld, Ausfahrt Hannover/Langenhagen und über die Vahrenwalder Straße Richtung Zentrum bis zum Niedersachsenring. Dort links und die 3. Straße wieder links in die Linsingerstraße. An der Heiliggeist-Kirche rechts in den Nordring und dann links in die Werftstraße.

Paradies

Das Paradies „Gute-Nacht-Programm für die ganze Familie", von Paradies-Fill bis Daune. Hier findet jeder das Richtige für sein ganz persönliches Schlafbedürfnis.

Das Bett im Paradies

Warenangebot
Steppdecken, Daunenbetten, Kissen, Nackenstützen, Unterbetten, Matratzen und Lattenroste. Es handelt sich dabei um 2. Wahl, Auslaufmodelle und Musterteile aus dem Paradies-Bettenprogramm. Außerdem gibt es Bettwäsche, Nachtwäsche, Badetücher, Badematten und Bademäntel.

Ersparnis
Ca. 30 %.

Ambiente
Großer Shop neben dem Büro.

Adresse
Paradies GmbH, Merkurstraße 9, 30419 Hannover-Marienwerder, Telefon: 05 11/ 2 78 70.

Öffnungszeiten
Montag bis Mittwoch 14.00 bis 17.00 Uhr, Donnerstag 11.00 bis 13.00 und 14.00 bis 18.00 Uhr, Freitag 14.00 bis 18.00 Uhr, Samstag 10.00 bis 13.00 Uhr.

Weitere Verkaufsstellen
- 47506 **Neukirchen-Vluyn**, Rayener Straße 14, Telefon: 0 28 45/20 30.
- 71364 **Winnenden**, Brückenstraße 9, Telefon: 0 71 95/1 80 63 52.

Anreise
A2, Ausfahrt Hannover-Herrenhausen und auf der B6 Richtung Nienburg. An der Ampel links in die Schönbecker Allee und nach dem Überfahren der Autobahnbrücke ist die erste Straße links die Merkurstraße.

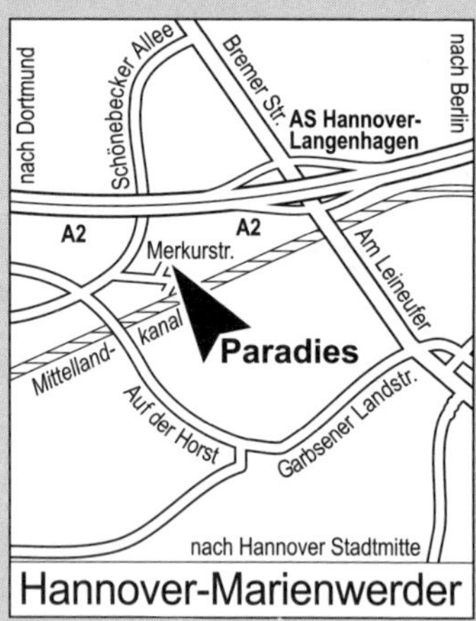

EINKAUFS-GUTSCHEIN

QUELLE. FUNDGRUBE

Weit unter den Katalogpreisen verkauft Quelle hier Überhänge und 2.-Wahl-Ware aus dem Katalogsortiment. Und so sieht auch das breit gefächerte Angebot aus: Ware von A wie Autoradios bis Z wie Zelte.

Superpreise

Warenangebot

Bekleidung für Damen, Herren und Kinder, Haushaltswaren, Elektrogeräte, Mikrowellen, Herde, Waschmaschinen, Kühlschränke, Gefriertruhen, Elektroherde, Möbel, Hifi-Geräte, Radiowecker. Ständig wechselndes Sortiment.

Ersparnis

Bekleidung ca. 50 %, Elektrogeräte ca. 30 %. Im SSV/WSV nochmals reduziert, bei Sonderaktionen können zusätzlich bis zu 20 % gespart werden.

Ambiente

Auf ca. 1000 m² sind die Waren übersichtlich präsentiert.

Adresse

Quelle Fundgrube Hannover-Vahrenheide, Alter Flughafen 10, 30179 Hannover-Vahrenheide, Telefon: 05 11/63 28 64, Fax: 63 28 08.

Öffnungszeiten

Montag bis Freitag 9.00 bis 19.00 Uhr, Samstag 9.00 bis 14.00 Uhr, 4 Samstage vor Weihnachten: 9.00 bis 16.00 Uhr.

Weitere Verkaufsstellen

Es gibt über 100 Quelle Fundgruben in Deutschland, Standorte können am Infotelefon: 09 11/1 42 45-30 oder -32 erfragt, bzw. im Internet unter www.quelle.de abgerufen werden.

Anreise

Von der A2, Ausfahrt Hannover-Nord, Richtung Innenstadt auf der Vahrenwaldstraße. Nach ca. 500 m (Höhe Wasserturm) an der Ampel links in den alten Flughafen abbiegen. Ausreichend Parkplätze vorhanden.

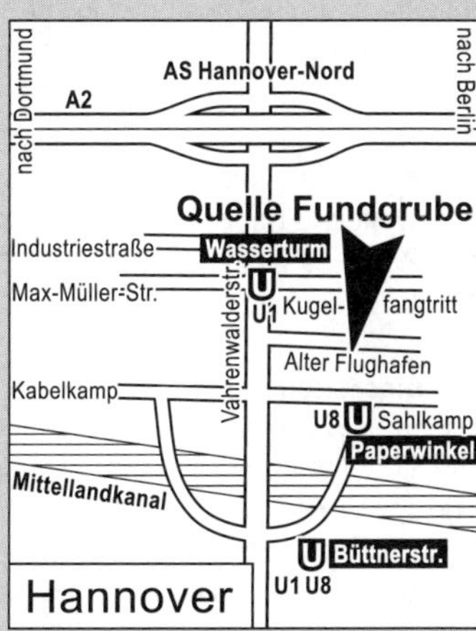

FUN COMPANY Louis

EINKAUFS-GUTSCHEIN

Die Firma Louis ist wohl jedem, der jemals ein motorisiertes Zweirad gefahren hat, ein Begriff. Bei einem derart breit gefächerten Angebot und einem so dichten Filialnetz fallen auch mal Restposten an, die dann in den „nameless - Der Louis-Restpostenmarkt"-Filialen verkauft werden.

Ride to live, live to ride

Warenangebot
Das für einen Restpostenmarkt typische Sortiment an Motorradbekleidung, Motorradhelmen, -stiefeln, -handschuhen, -regenkombis und sonstiger technischer Ware rund ums Motorrad.

Ersparnis
Im Schnitt 40 %, bei Einzelstücken bis zu 80 %.

Ambiente
Übersichtlicher Restpostenmarkt mit fachkundiger Beratung und einem großen Sortiment an Louis-Auslaufartikeln und Restposten bekannter Markenhersteller.

Adresse
nameless - Der Louis-Restpostenmarkt, Vahrenwalder Straße 36, 30165 Hannover-Vahrenwald, Telefon: 05 11/ 3 18 04 49, Internet: www.louis.de.

Öffnungszeiten
In allen Verkaufsstellen einheitlich: 1. März bis 31. August: Montag bis Freitag 10.00 bis 20.00 Uhr, Samstag 9.00 bis 16.00 Uhr; 1. September bis 28. Februar: Montag bis Freitag 10.00 bis 19.00 Uhr, Samstag 9.00 bis 16.00 Uhr.

Weitere Verkaufsstellen
Im Internet unter www.louis.de.

Anreise
A2, Ausfahrt Hannover/Langenhagen. Von dort einfach in Richtung Stadtmitte, das ist bereits die Vahrenwalder Straße, und da liegt der Laden ca. an der Grenze der Stadtmitte zur Oststadt auf der linken Straßenseite.

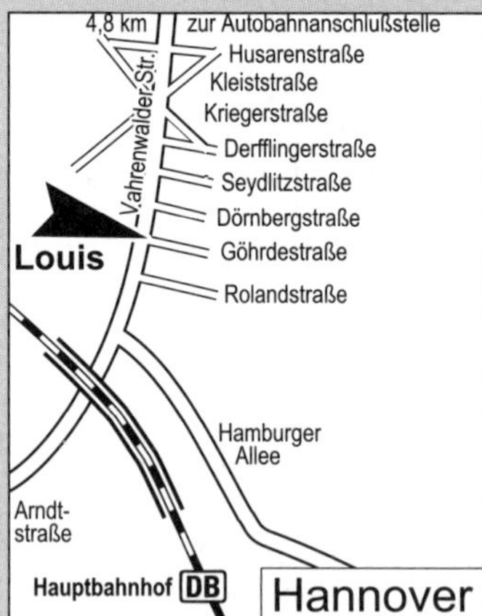

Hier sind große deutsche Schokoladennamen versammelt. Von Sarotti bis Sprengel und von Gubor bis Waldbaur gehört jetzt alles zu Stollwerk und ist hier im Fabrikverkauf zu finden.

Das Multi-Schoki-Paradies

Warenangebot
Im Fabrikverkauf ist das gesamte Angebot von Sprengel zu finden und zusätzlich auch Produkte der Marken Stollwerck, Alpia, Sarotti, Waldbaur, Gubor.

Ersparnis
Bis zu 50 %, besonders günstig sind Pralinen mit kleinen Schönheitsfehlern, Bruch- bzw. 1B-Ware bei Keksen, Riegeln und Schokolade.

Ambiente
Spezieller Laden mit Hinweisschild auf dem Firmengelände im Innenhof zwischen den Gebäuden.

Adresse
Stollwerck AG, Rudolf-Diesel-Weg 10, 30419 Hannover-Vinnhorst, Telefon: 05 11/6 79 41 02.

Öffnungszeiten
Montag bis Donnerstag 9.00 bis 12.00 und 13.00 bis 16.00 Uhr, Freitag 9.00 bis 12.00 und 13.00 bis 14.00 Uhr.

Weitere Verkaufsstellen (Auswahl)
- 04808 **Wurzen**, Am Mühlengraben 1, Telefon: 0 34 25/8 16 33 30.
- 12277 **Berlin-Marienfelde**, Motzener Straße 32, Telefon und Fax: 0 30/7201 82 90.
- 51149 **Köln**, Stollwerckstraße 27-31, Telefon: 0 22 03/43-3 37.

Anreise
A352, Anschlussstelle Flughafen, Richtung Langenhagen-Brink-Hafen über die Vinnhorster Straße und Beneckeallee links in den Industrieweg und rechts in die Rudolf-Diesel-Straße.

DAS BESTE VOM BESTEN

Nicht nur gute Ware, sondern gleich das „Beste vom Besten" verspricht Dieter Hein. Aber: In jedem Fleischwarenbetrieb gibt es mal Würste, die nicht ganz den strengen Vorgaben entsprechen – die sind nicht schlechter als andere, entsprechen nur nicht ganz dem Lieferverzeichnis. Das ändert weder etwas am Geschmack noch an der Güte – wohl aber am Preis.

„Bestes vom Besten"

Warenangebot
Wurstwaren aus laufender Produktion, unegalisierte Ware aus allen Bereichen (=etwas kürzer, etwas länger, etwas dicker, leichter und schwerer). Frischwurst, Dauerwurst, Braten und Convenienceprodukte (z.B. Fertiggerichte). Im Sommer Riesenangebot an Grillwürsten zu Aktionspreisen.

Ersparnis
40 bis 45 % – bei Aktionsware, wie verschiedene Sorten Bratwurst im Sommer für den Grill, noch mehr.

Ambiente
Abholmarkt am Rande von Hasbergen mit typischer Metzgermöblierung beim Fleisch-/Wurstverkauf.

Adresse
Hein C + C Frischemarkt/ Hein Werksverkauf, Berliner Straße, 49205 Hasbergen, Telefon: 0 54 05/6 99 10.

Öffnungszeiten
Montag bis Mittwoch und Freitag 8.00 bis 12.30 und 14.30 bis 19.00 Uhr, Donnerstag 8.00 bis 12.30 und 14.30 bis 20.00 Uhr, Samstag 8.00 bis 13.00 Uhr.

Anreise
A30, Ausfahrt 16 Osnabrück Hellern, Richtung Lengerich (liegt zwischen den Autobahnkreuzen A1 und A33). Auf der Straße bleiben, wird nach der Kreuzung Tecklenburger Straße/ Holzhauser Straße zur Osnabrücker Straße. Die Berliner Straße zweigt ab – der Werksverkauf ist jeweils an den Hauptstraßen ausgeschildert.

EINKAUFS-GUTSCHEIN

Die Männermode

Konsequente Klassiker in schlichtem Schick, aufgepeppt mit trendigen Details, das trägt der modische Mann im Büro und in der City. Die Firma „Die Männermode“ fertigt unter dem Label Sebastian K. und SKfashion sowie Mr.Sam hochwertige Klassiker.

Anziehungskräftig

Warenangebot
Großes Angebot an Herrenanzügen, Sakkos, Hosen, Hemden, Krawatten und Gürteln. Die angebotene Ware ist 1. Wahl und überwiegend aus der neuen Kollektion.

Ersparnis
50 %. Keine weitere Ersparnis im SSV/WSV.

Ambiente
Gepflegter Lagerverkauf mit einer Verkaufsfläche von ca. 500 m². Umkleidekabinen sind in ausreichender Zahl vorhanden.

Adresse
Die Männermode, Brookdamm 7, 49688 Hemmelte, Telefon: 0 44 77/93 00 54, Fax: 93 00 55.

Öffnungszeiten
Donnerstag und Freitag 15.00 bis 18.00 Uhr, Samstag 10.00 bis 12.00 Uhr.

Anreise
A1 Osnabrück-Wilhelmshaven, Ausfahrt Cloppenburg und auf der B72 nach Cloppenburg, von hier weiter auf der B68 nach Hemmelte in die Osnabrücker Straße und von hier links zum Brookdamm.

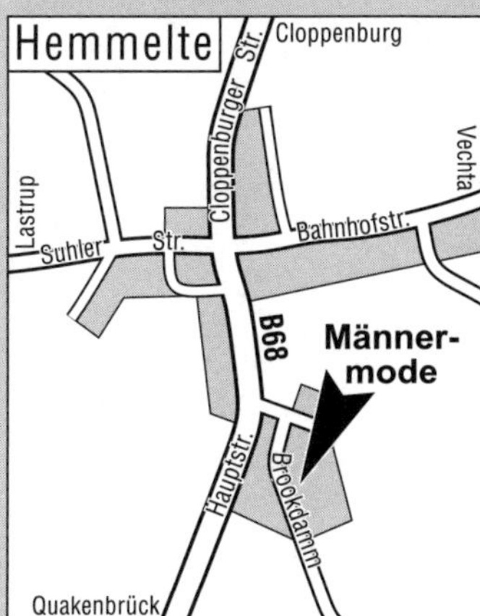

Herzlaker Bekleidungswerk

In Herzlake wird Damenbekleidung geschneidert, die sich durch gute Passform, qualitativ ansprechende Verarbeitung und Detailgenauigkeit auszeichnet.

Ein Herz für Mutti

Warenangebot
Im Fabrikverkauf sind oft nicht alle Kollektionsteile und Größen vorrätig.

Ersparnis
30 bis 40 %, manchmal mehr.

Ambiente
Der Verkaufsraum liegt auf dem Betriebsgelände etwas versteckt. Sie gehen an dem Büro vorbei, die Treppe nach oben, dann liegt rechts der Verkaufsraum.

Adresse
Herzlaker Bekleidungswerk, Schützenstraße 6, 49770 Herzlake, Telefon: 0 59 62/6 39.

Öffnungszeiten
Montag bis Freitag 9.00 bis 12.00 und 13.00 bis 15.30 Uhr.

Anreise
Über die B213 Haselünne/Cloppenburg in Herzlake Richtung Stadtmitte. Vorbei am Rathaus, in die Zuckerstraße, die Hase überqueren und links zum Industriegebiet, an der Evangelischen Kirche vorbei zur Schützenstraße.

MARC
shoes

Marc-Schuhe und Schuhe von Marc O'Polo sind bekannt für ihren Anspruch an Mode und Qualität. Sie sind perfekte Begleiter durch den Alltag oder für den großen Auftritt. Natürlichkeit, Luxus und Komfort, sind eine gute Verbindung. Der Firmensitz ist in Fischbeck, einem Ortsteil von Hessisch-Oldendorf und dort finden Sie auch den Fabrikverkauf.

Auffallend modisch

Warenangebot
Modische und sportliche Damen- und Herrenschuhe, vom Cityschuh bis zum sportlichen Casualschuh, auch Pumps, Stiefel und Stiefeletten. Außerdem Kinderschuhe, Taschen und Lederaccessoires.

Ersparnis
30 bis 40%, je nach Angebot, teilweise auch darüber.

Ambiente
Steht in Beratung und Ausstattung einem normalen Schuhgeschäft in keiner Weise nach.

Adresse
Fabrikverkauf Marc Shoes, Goldbinnen 1, 31840 Hessisch-Oldendorf-Fischbeck, Telefon: 0 51 52/60 12 57.

Öffnungszeiten
Montag bis Freitag 10.00 bis 18.30 Uhr, Samstag 9.00 bis 16.00 Uhr.

Anreise
A2 Osnabrück-Hannover, Ausfahrt Rehren, auf der B83 Richtung Hameln, Abzweigung Fischbeck und dort ins Gewerbegebiet einbiegen.

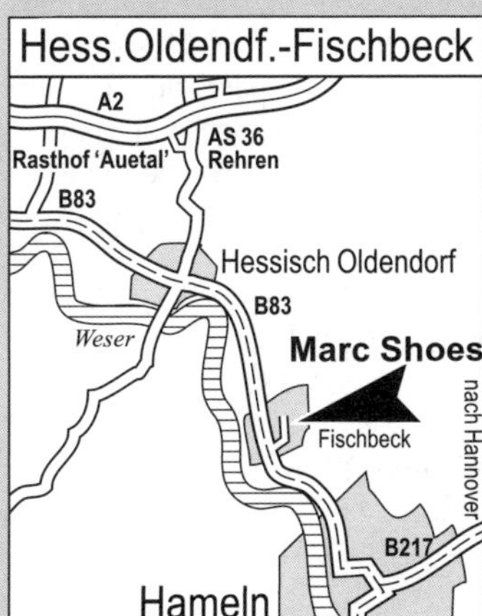

INTERPANE

Aus dem faszinierenden Baustoff Glas werden bei Interpane in europaweit 13 Werken hochwertige Verglasungsprodukte hergestellt. Im Sicherheitsglaswerk Hildesheim wurde nun ein Werksverkauf eingerichtet, der die Herzen der Häuslesbauer und Wohnungseinrichter höher schlagen lässt.

Durchblick

Warenangebot
Ganzglastüren mit und ohne Beschlag zum Einbau in handelsübliche Türzargen, sämtliche Glasprodukte im Bereich des Sicherheitsglases ESG oder VSG, Tischplatten, Glasablagen, Regalböden und in begrenztem Umfang Glasmöbel, Schalen etc. Die Produkte werden ausschließlich zum Mitnehmen angeboten. Es sind 2.-Wahl-Produkte, Überproduktionen, Rückläufer und Ausstellungsmuster.

Ersparnis
30 bis 50 %.

Ambiente
Der Verkauf befindet sich in einem abgetrennten Bereich und hat den Charakter eines Ausstellungsraumes.

Adresse
Interpane Glas Industrie, Maybachstraße 5, 31135 Hildesheim-Bavenstedt, Telefon: 0 51 21/7 62 30.

Öffnungszeiten
Mittwoch 14.00 bis 18.00 Uhr, Samstag 10.00 bis 13.00 Uhr.

Anreise
A7 Hannover-Kassel, Ausfahrt 61 Hildesheim-Drispenstedt. Links über die Peiner Landstraße und wieder links in die Hildebrandstraße und weiter geradeaus in die Bavenstedter Hauptstraße. Von hier rechts in die Maybachstraße.

Ringella

EINKAUFS-GUTSCHEIN

Frischer Schwung für Bad und Bett mit hochwertigen Heimtextilien kommt von dem traditionsreichen Bekleidungswerk, in dem auch Nacht- und Unterwäsche sowie Bademäntel hergestellt werden.

Bett & Bad

Warenangebot
Nachtwäsche, Bademäntel und Unterwäsche für Damen, Herren und Kinder. Heimtextilien und Handtücher.

Ersparnis
30 %, bei 2. Wahl bis 70 %.

Ambiente
Die Ware wird auf einer ca. 200 m² großen Verkaufsfläche teils verpackt, teils aufgehängt, jedoch recht übersichtlich angeboten.

Adresse
Ringella Bekleidungswerk GmbH, Daimlerring 3, 31135 Hildesheim-Bavenstedt, Telefon: 0 51 21/7 64 90.

Öffnungszeiten
Dienstag bis Freitag 12.00 bis 17.00 Uhr.

Anreise
A7 Kassel-Hannover, Ausfahrt Hildesheim, auf der B1 Richtung Braunschweig. Links über die Wankelstraße zum Gewerbe- und Industriegebiet Wackenstedt und wieder links in den Daimlerring. Den Fabrikverkaufsladen Bett & Bad finden Sie auf dem Ringella Fabrikgelände.

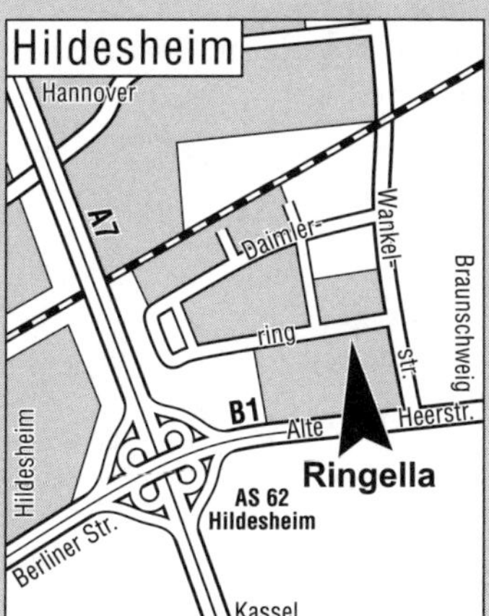

rabe

Rabe-Moden fertigt Strickwaren für Jung und Alt in guter Baumwoll-/Polyester-Qualität. Von klassisch bis modisch hängen hier in bunter Reihe quer durch die zurückliegenden Kollektionen bis zur neueren Masche die Modelle dicht an dicht.

Maschenquerschnitt

Warenangebot
Pullis, Westen, Strickjacken für Damen.

Ersparnis
Bis zu 50 %.

Ambiente
Kleiner Verkauf in einer kleinen Baracke im Hinterhof der Fabrik.

Adresse
Rabe-Moden GmbH, Bielefelder Straße 40-42, 49176 Hilter am Teutoburger Wald, Telefon: 0 54 24/2 32 70.

Öffnungszeiten
Montag, Mittwoch und Freitag 15.00 bis 17.00 Uhr.

Anreise
Am Ortseingang Richtung Osnabrück, gegenüber dem Ford-Autohaus liegt Rabe-Moden. Fahren Sie nach dem Firmengebäude links in den Asbrocker Weg und gleich wieder links, dann kommen Sie zum Fabrikverkauf.

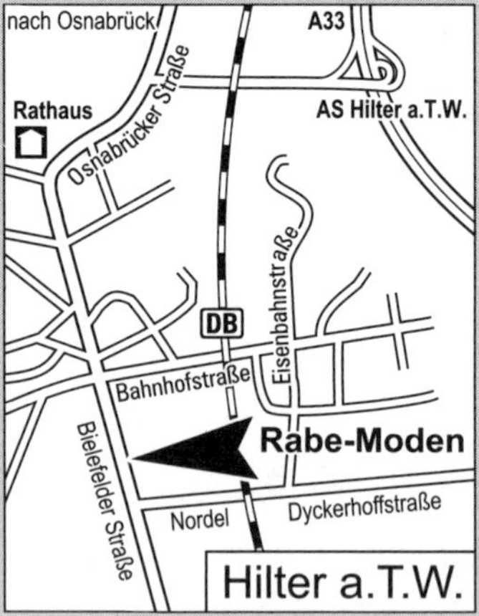

EINKAUFS-
GUTSCHEIN

BelFood GmbH
Sweet - World

Ausländische Anbaugebiete wie Chile, Kalifornien oder Südafrika interessieren den deutschen Weintrinker zunehmend. Diesem Trend kommt die Firma Belfood entgegen. Belfood ist ein Importgroßhandel mit Lagerverkauf.

Sinnliche Genüsse

Warenangebot
Ausländische Weine aus Frankreich, Spanien, Italien, Chile, Australien und vielen anderen überseeischen Anbaugebieten. Alles Weine der gehobenen Kategorie. Außerdem Bonbons aus Omas Zeiten, Trüffel und Pralinen mit und ohne Alkohol sowie andere Süßigkeiten.

Ersparnis
Bis zu 40 % bei Süßwaren und bis zu 30 % bei Weinen und Spirituosen.

Ambiente
Zwei separate Verkaufsräume von zusammen 90 m² im Großhandelslager.

Adresse
Belfood GmbH, Tischlerstraße 18, 30916 Isernhagen-Kirchhorst, Telefon: 0 51 36/ 89 93 80, Fax: 8 70 75. E-Mail: belfood@ t-online.de, Internet: www.belfood. de.

Öffnungszeiten
Montag bis Freitag 8.00 bis 17.00 Uhr, Samstag 10.00 bis 13.00 Uhr.

Anreise
A7 Hannover-Hamburg, Ausfahrt Altwarmbüchen/Kirchhorst. Links Richtung Kirchhorst und vor dem Ortsanfang Kirchhorst bei der 1. Ampel links ins Gewerbegebiet Großhorst. Dort teilt sich die Straße, links halten und der Beschilderung folgen.

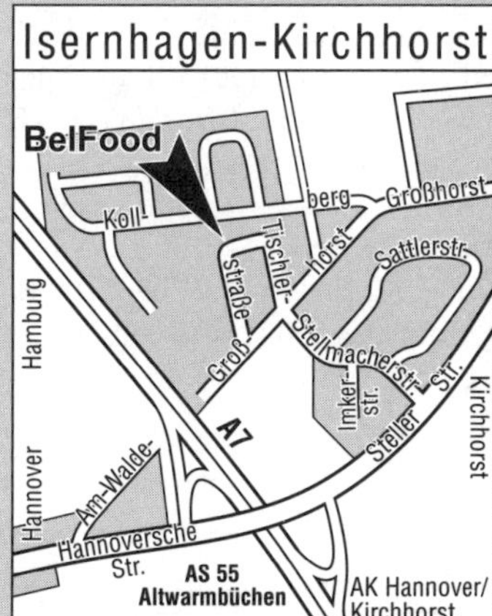

BREE®

Designideen, Täschnerkunst und ökologischer Umgang mit dem Naturprodukt Leder sind die Markenzeichen der 1970 gegründeten Firma BREE ebenso wie der hohe Anspruch an die Funktionalität.

Alles im Griff

Warenangebot
Handtaschen, Businesstaschen, Reisetaschen, Koffer, Geldbörsen, Brieftaschen, Etuis, Rucksäcke aus Leder oder neuen, hochwertigen High-Tech Materialien. Es handelt sich um 2. Wahl, Muster sowie Restposten.

Ersparnis
30 bis 60 %.

Ambiente
Übersichtlicher, gut sortierter Verkauf in einem Nebengebäude auf dem Firmengelände.

Adresse
BREE Collection GmbH & Co. KG, Gerberstraße 3, 30916 Isernhagen-Kirchhorst, Telefon: 0 51 36/89 76-2 60, Internet: www. bree.de.

Öffnungszeiten
Montag bis Freitag 14.00 bis 19.00 Uhr und Samstag 10.00 bis 16.00 Uhr.

Anreise
A7 Kassel-Hannover, Ausfahrt Altwarmbüchen/Kirchhorst (55), Richtung Kirchhorst. Links vor dem Ortseingang Kirchhorst in das Industriegebiet Großhorst und dort der Ausschilderung folgen.

Cavendish & Harvey

Das Angebot dieser renommierten Firma erfreut die Naschkatzen. Cavendish & Harvey ist ein alteingesessenes Unternehmen, dessen Ursprung allerdings in London liegt.

Für den süßen Genuss

Warenangebot

Drops in verschiedenen Geschmacksrichtungen in Dosen oder Gläser abgefüllt. Bonbons in verschiedenen Verpackungsgrößen, gefüllt oder ungefüllt, Hartkaramellen, Toffees und Weingummi.

Ersparnis

20 bis 40 %.

Ambiente

Kleiner Verkaufsraum auf ca. 45 m². Die Ware wird sortiert in Regalen oder auch lose in großen Kisten angeboten.

Adresse

Cavendish & Harvey Confectionery GmbH, Carl-Zeiss-Straße 14-16, 24568 Kaltenkirchen, Telefon: 0 41 91/5 00 10.

Öffnungszeiten

Montag bis Freitag 10.00 bis 18.00 Uhr.

Anreise

A7 Hamburg-Kiel, Ausfahrt Henstedt-Ulzburg. An der 3. Ampel links Richtung Kaltenkirchen abbiegen. Bei der 2. Möglichkeit rechts und immer geradeaus. Nach dem Überqueren einer Brücke den Hinweisschildern folgend rechts abbiegen.

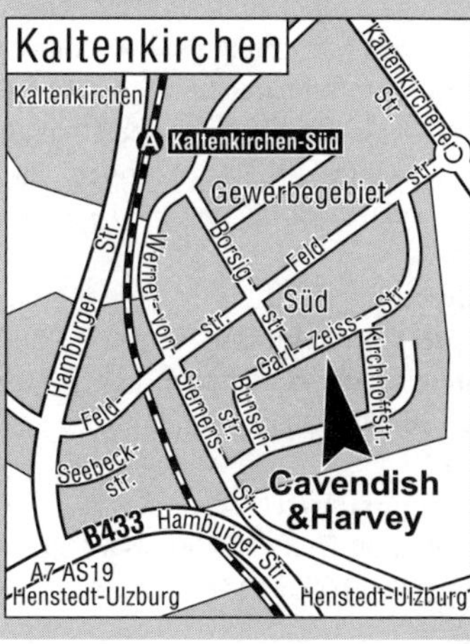

EINKAUFS-GUTSCHEIN

BEST SELLER MODE FABRIK

Unter dem Motto „good looking – perfect dressed" bieten hauseigene Kollektionen das passende Outfit für die jung gebliebene Frau und den aktiven Herrn auf der Suche nach Individualität und Qualität. Zielgruppenorientiert passt das Angebot zu den Besuchern des Luftkurorts Wolfshagen.

Lassen Sie sich inspirieren

Warenangebot
Das Angebot umfasst Damen- und Herrenmode und wird mit Kindermode abgerundet. Der Schwerpunkt des Warenangebots liegt auf der damenhaft -sportiven Mode für die Kundin ab 35. Daneben gibt es klassisch-elegante Outfits oder neueste Trends sowie Outdoor-Bekleidung und Strickwaren.

Ersparnis
30 bis 40%, bei Sonderaktionen mehr.

Ambiente
Großzügig gestalteter Verkaufsraum, geschmackvolles und kundenorientiertes Ambiente. Parallel verwöhnt das Mode-Café mit Kuchen und kleinen Snacks. Modeschauen donnerstags um 15.00 Uhr. Für Reisegruppen nach Terminvereinbarung.

Adresse
Mode Fabrik, Am Sülteberg 27, 38685 Langelsheim-Wolfshagen, Telefon: 0 53 26/97 76 30.

Öffnungszeiten
Montag bis Freitag 10.00 bis 18.00 Uhr, Samstag 10.00 bis 14.00 Uhr.

Anreise
A7 Kassel-Hannover, Ausfahrt Rhüden, Richtung Langelsheim/Goslar und in Langelsheim rechts Richtung Wolfshagen. Der Verkauf befindet sich kurz vor Wolfshagen auf der rechten Seite. Der Beschilderung folgen. Der Verkauf befindet sich im Innenhof des Landhauses.

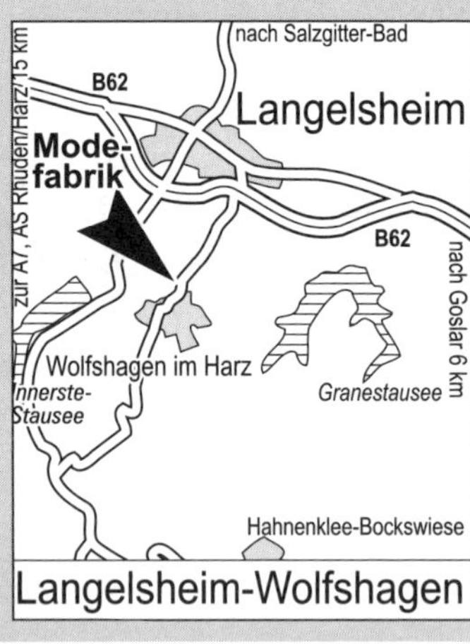

Herlag

Herlag ist der erste Name bei Massivholz-Gartenmöbeln und so etwas wie der Mercedes im Kinderwagenbereich. Nachdem Herlag von Kettler („Kettcar", Kettler Alufahrrad) übernommen wurde, arbeitet die Fabrik nun im neuen Werk genau auf der anderen Seite der Weser. Vom früheren Standort Beverungen aus geht es einen Katzensprung weiter über die Brücke zum neuen Fabrikverkauf im Schwesterort Lauenförde.

... jetzt über der Weser

Warenangebot
Qualitätsmöbel für Garten, Balkon und Terrasse, Kinderwagen und -bettchen, Kinder-Sportwagen. In den Verkauf kommt angeschmutzte Ware (leicht zu reinigen), Ware mit Kratzern und klein(st)en Fehlern. „2.-Wahl-Verkauf". Dazu Zubehör, Auflagen oder aber der Lack, mit dem die Kratzer wieder verschwinden.

Ersparnis
Mindestens 25 %, meist 30 %. Bei vielen Stücken deutlich mehr Ersparnis.

Ambiente
Großer, übersichtlicher Fabrikladen. Die Mitarbeiter kennen sich sehr gut aus und geben auf Wunsch wertvolle Hinweise für die jeweils passenden Stücke oder für die Pflege.

Adresse
Herlag Holzwarenfabrik GmbH & Co., Meintestraße 17, 37697 Lauenförde, Telefon: 0 52 73/2 11 73 (nur während der Öffnungszeiten).

Öffnungszeiten
Montag bis Donnerstag 14.30 bis 17.30 Uhr, Freitag 12.00 bis 17.30 Uhr, Samstag 9.00 bis 12.00 Uhr.

Anreise
A44 Dortmund-Kassel, Ausfahrt Warburg/Beverungen in Richtung Höxter, in Beverungen über die Brücke nach Lauenförde. Weiter auf der B241. In Höhe Bahnhof ist Herlag ausgeschildert.

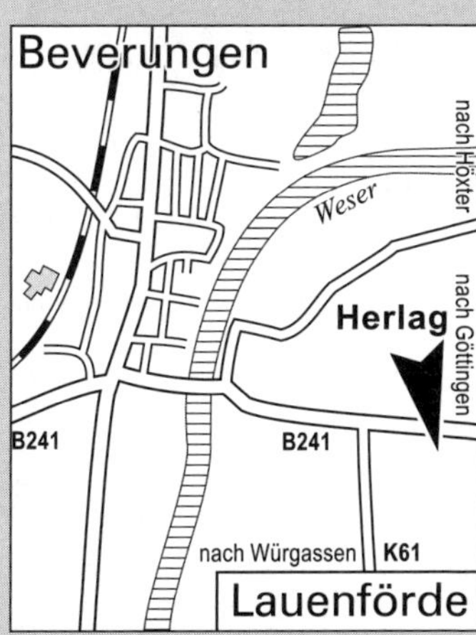

NIEHUS
Polstermöbelfabrik GmbH

Die Möbelfabrik Niehus ist führend in der Herstellung von Polstermöbeln und hat für die Ergo-Select-Produkte das Gütesiegel der Aktion gesunder Rücken erhalten.

Meisterstücke

Warenangebot
Große Auswahl an konventionell gestalteten Polstermöbeln in Stoff und Leder, die Bequemlichkeit ausstrahlen, moderne Klassiker, eine große Auswahl an Schlafsofas, Sofas und Sessel für ergonomisch richtiges Sitzen und einige Tische, Stühle und Schränke von anderen Herstellern. Außerdem werden bei Niehus Ihre Polstermöbel aufgearbeitet und neu bezogen.

Ersparnis
Die Ersparnis ist schwer zu beziffern, da wir die Möbel nirgendwo sonst im Einzelhandel gefunden haben, aber der Fabrikverkaufs-Preisvorteil ist deutlich. Außerdem gibt es immer wieder reduzierte Modelle.

Ambiente
Große Möbelausstellung auf einer mehr als 3000 m^2 großen Fläche bei der Polstermöbelfabrik in einer abgelegenen Waldgegend.

Adresse
Niehus Polstermöbelfabrik GmbH, 38685 Lautenthal, Am Laddecken 6, (Richtung Wolfshagen), Telefon: 0 53 25/ 41 55, Fax: 41 84.

Öffnungszeiten
Montag bis Freitag 9.00 bis 18.00 Uhr, Samstag 10.00 bis 14.00 Uhr. Jeden 1. Sonntag im Monat Schautag ohne Verkauf und Beratung.

Anreise
A7 Göttingen-Hannover, Ausfahrt Rhüden und auf der B82 in Langelsheim Richtung Wolfshagen und weiter nach Lautenthal. Niehus ist gut ausgeschildert und liegt weit vor dem Ort Lautenthal.

EINKAUFS-GUTSCHEIN

Suwaj-Moden

Suwaj verkauft klassisch-modische Strickwaren und Trendmode aus eigener Produktion. Jährlich gibt es sechs neue Kollektionen. Neben dem normal reduzierten Angebot (Ware zum Einkaufspreis) gibt es einige Knüller-Sonderangebote, außerdem Modenschau-Modelle, die zusätzlich um 20 % reduziert sind.

Klassischer Strick ab Fabrik

Warenangebot
Pullover, Pullunder, (Strick-)Röcke, Strickjacken aus eigener Herstellung. Blusen, Hemden, Anoraks, T-Shirts, Strickkleider, Hosen, Steppwesten und Sweatshirts sind zugekaufte Ware.

Ersparnis
Bis zu 60 %.

Ambiente
Produktion und Verkauf sind zusammen in einem Neubau auf ca. 720 m^2 untergebracht. Parkplätze sind ausreichend vorhanden.

Adresse
Suwaj-Moden, Wentorstraße 1, 22959 Linau, Telefon: 0 41 54/9 87 70, E-Mail: info@suwaj.de.

Öffnungszeiten
Montag bis Freitag 10.00 bis 18.00 Uhr, Samstag 10.00 bis 14.00 Uhr.

Weitere Verkaufsstelle
25482 **Appen-Etz**, Wedeler Chaussee 18, Telefon: 0 41 01/69 02 15.

Anreise
Von der A1/A21 Kreuz Bargteheide oder Anschlussstelle Schwarzenbek/Grande auf die B404 Richtung Trittau. Ausfahrt Grönwohld, durch Grönwohld hindurch nach Linau und durch Linau hindurch in Richtung Mölln, am Ortsende befindet sich ein Wegweiser zum Suwaj-Fabrikverkauf.

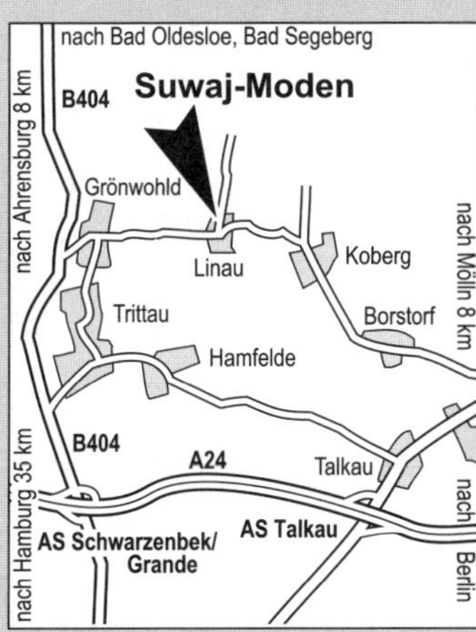

Die Krawattenfabrik Willen stellt mitten in einer doch sehr von der Landwirtschaft geprägten Gegend unerwartet moderne und qualitativ hochwertige Krawatten her.

Richtig geknotet

Warenangebot
Krawatten in allen Designs, Farben und Breiten.

Ersparnis
Ca. 50 %

Ambiente
In der Eingangshalle neben der Pforte sind alle Krawatten präsentiert. Sie sind sehr übersichtlich geordnet, und man hat eine riesengroße Auswahl.

Adresse
Willen Krawattenfabrik, Ehrener Dorfstraße 3, 49624 Löningen-Ehren, Telefon: 0 54 32/9 43 40, Internet: www.krawatten-willen.de.

Öffnungszeiten
Montag bis Donnerstag 8.00 bis 17.00 Uhr, Freitag 8.00 bis 15.45 Uhr.

Anreise
A1/A29 Osnabrück-Wilhelmshaven, Ausfahrt Ahlhorn. An der B213 Richtung Lingen liegt Löningen. Wenn Sie in Löningen sind, folgen Sie einfach den Wegweisern nach Ehren, und bei Ehren dem Wegweiser nach rechts zur Willen Krawattenfabrik.

Campbell's

Campbell's Germany ist der Hersteller der bekannten Erasco-Suppen und Fertiggerichte in Dosen und im Aroma-Pack. Doch nicht nur Erasco-Fans werden im Shop fündig, auch andere Marken wie „Heiße Tasse" oder Raguletto werden dort angeboten.

Wo Suppen schmecken

Warenangebot
Alle Produkte der Firma Campbell's Germany aus der laufenden Produktion.

Ersparnis
30 bis 40 %.

Ambiente
Einfacher Laden, ca. 200 m von der Pforte entfernt nach Tor 3. Parkmöglichkeiten direkt vor dem Verkauf.

Adresse
Campbell's Germany, Geniner Straße 88-100, 23560 Lübeck, Telefon: 04 51/ 5 30 60.

Öffnungszeiten
Donnerstag 7.00 bis 18.00 Uhr und Freitag 7.00 bis 16.00 Uhr.

Anreise
Von der A1 Hamburg-Lübeck am Kreuz Lübeck auf die neue A20 Richtung Wismar bis zur ersten Ausfahrt Lübeck-Genin. Von dort über die Baltische Allee Richtung Lübeck-Innenstadt und weiter geradeaus in die Geniner Straße. Den Shop finden Sie nach ca. 300 m auf der linken Seite.

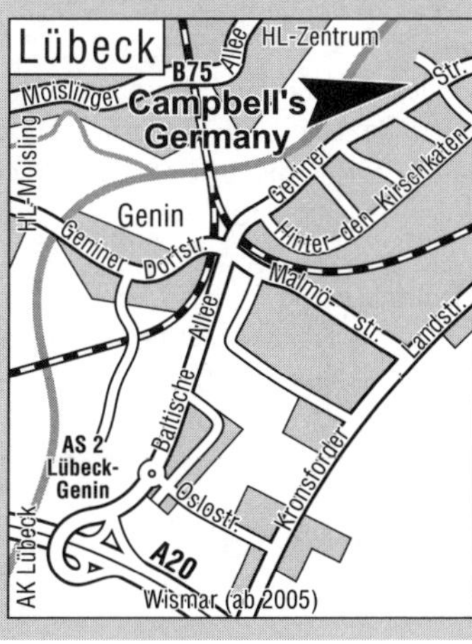

NIEDEREGGER
LÜBECK

Der Lübecker Marzipanhersteller Niederegger gehört zu Lübeck wie das Holstentor. Niederegger ist weltbekannt und Inbegriff von bestem Marzipan.

Marzipan von A bis Z

Warenangebot

Von Marzipan-Aal bis Marzipan-Zitrone ist alles vorhanden: Marzipan mit und ohne Schokolade, mit Nugat, Pralinen mit und ohne Alkohol, Gebäck und Saisonartikel zu Ostern und Weihnachten.

Ersparnis

Nur bei beschädigter oder untergewichtiger Ware, bei nahem Mindesthaltbarkeitsdatum oder Sonderangeboten.

Ambiente

Großzügiger Erlebnis-Werksverkauf zu dem Thema „Rund um Marzipan".

Adresse

IG Niederegger GmbH und Co. KG, Zeißstraße 1-7, 23560 Lübeck, Telefon: 0451/53010, Fax: 5301111, Internet: www.niederegger.de.

Öffnungszeiten

Montag bis Freitag 8.00 bis 17.00 Uhr, Samstag 9.00 bis 14.00 Uhr.

Anreise

Von der A1 Hamburg-Lübeck am Kreuz Lübeck auf die neue A20 Richtung Wismar bis zur ersten Ausfahrt Lübeck-Genin. Von dort über die Baltische Allee Richtung Lübeck-Innenstadt und weiter geradeaus in die Geniner Straße und nach Campbell's Germany rechts in die Zeißstraße.

Villeroy & Boch
1748

Das 1748 gegründete Unternehmen hat sich zu einem der bedeutendsten Keramikhersteller der Welt entwickelt. Der Name bürgt für Qualität und gutes Design. Eine Marke mit Ausstrahlung und Prestige.

Für den schön gedeckten Tisch

Warenangebot
Vollsortiment rund um den gedeckten Tisch. Angeboten wird das gesamte aktuelle Sortiment in 2. Wahl, eine große Auswahl an Ergänzungsteilen, Trinkglasgarnituren in Kristall, Bestecke (versilbert oder in Edelstahl) sowie Accessoires und Geschenkartikel.

Ersparnis
20 % bei 2.-Wahl-Ware, bei Sonderangeboten 45 %, Auslaufdekors und Restposten bis 70 %. 1. Wahl ist nicht im Angebot.

Ambiente
Großer Verkaufsraum mit schön dekoriertem Angebot, übersichtliche Preisauszeichnung, freundliches Personal.

Adresse
Villeroy & Boch Center, Bochstraße 1, 23569 Lübeck-Dänischburg, Telefon: 04 51/20 12 73, Fax: 20 12 08.

Öffnungszeiten
Montag bis Freitag 9.00 bis 18.00 Uhr und Samstag 9.00 bis 14.00 Uhr.

Weitere Verkaufsstellen
- 04860 **Torgau**, Hafenstraße 2-4, Telefon: 0 34 21/74 01 78.
- 66693 **Mettlach**, Freiherr-vom-Stein-Straße 4-6, Telefon: 0 68 64/20 31.
- 66787 **Wadgassen**, Saarstraße 20, Telefon: 0 68 34/40 02 40.
- 95100 **Selb**, Vielitzer Straße 26, Telefon: 0 92 87/99 80 70.

Anreise
Dänischburg liegt nordöstlich von Lübeck-Zentrum. Von der A1, Richtung Travemünde kommend Autobahnausfahrt Dänischburg, zuerst rechts, dann die nächste Straße links.

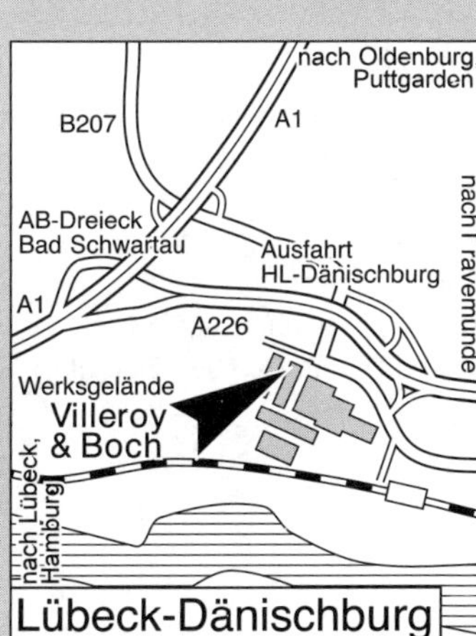

Hawesta ist eine große Firma, deren Fischgerichte man in beinahe jedem Supermarkt Deutschlands kaufen kann. Umgekehrt proportional zu Größe und Verbreitung der Firma scheint die Größe des Verkaufs zu sein, der nicht umsonst Kleinverkauf heißt.

Fischers Fritz

Warenangebot
Fischdauerkonserven auf Herings- und Makrelenbasis in verschiedenen Cremes und Soßen mit diversen Beilagen. Unbedingt vor dem Besuch anrufen, manchmal ist kaum Ware da.

Ersparnis
Ca. 30 %.

Ambiente
Der Kleinverkauf für Knickdosen befindet sich beim Pförtner, dieser ist nicht am Haupteingang, sondern am Lieferanteneingang.

Adresse
Hawesta Feinkost, Mecklenburger Straße 140, 23568 Lübeck-Schlutup, Telefon: 04 51/69 35-0.

Öffnungszeiten
Montag bis Donnerstag 8.00 bis 15.30 Uhr und Freitag 8.00 bis 12.00 Uhr.

Anreise
Von Lübeck Zentrum die Travemünder Allee Richtung Travemünde, dann links Richtung Schwerin, Hawesta befindet sich im Stadtteil Schlutup auf der linken Seite und ist durch die Fahnen vor dem Gebäude leicht auszumachen.

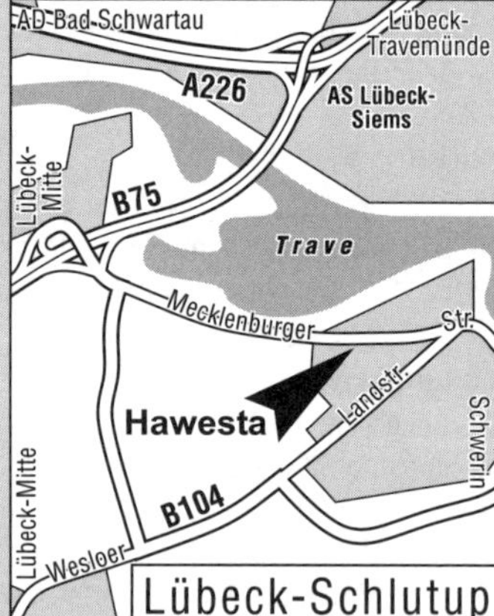

EINKAUFS-GUTSCHEIN

Seit Ende 1997 gibt es nun auch in Lüneburg einen Big Deal Outletstore. Hier werden Jeans und junge, flotte Mode bekannter Fabrikate angeboten. Dies ist aber keine Dutzendware, hier kann jeder seinen persönlichen Stil finden, ohne sich finanziell zu ruinieren.

Nicht von gestern

Warenangebot
Jeansmode in allen Variationen. Jeansjacken und -westen, T-Shirts und Sweatshirts, Socken, Hemden, Jacken, Kleider, Lederjacken, Hüfthosen usw.

Ersparnis
30 bis 40 %.

Ambiente
Typischer Outletstore, außen unscheinbar, innen übersichtlich und zweckdienlich mit sehr guter, freundlicher Bedienung.

Adresse
Big Deal Outletstore, Goseburgstraße 27, 21339 Lüneburg, Telefon: 04131/380929.

Öffnungszeiten
Dienstag bis Freitag 11.00 bis 19.00 Uhr, Samstag 10.00 bis 16.00 Uhr.

Weitere Verkaufsstellen
- 21438 **Brackel**, Dorfstraße 17, Telefon: 04185/5093.
- 22117 **Hamburg-Billstedt**, Schleemer Weg 34-36, Telefon: 040/7320800.

Anreise
A250 Hamburg-Lüneburg, an der Anschlussstelle Lüneburg-Nord in das Industriegebiet Goseburg abfahren, dann links, Richtung TÜV. Die Straße „In der Marsch" geht dann in die Goseburgstraße über. Big Deal befindet sich auf der linken Straßenseite.

lecomte Lucia

Lucia ist für klassische, damenhafte Strickmode im gehobenen Preis- und Qualitätsgenre bekannt. Die Mode mit dem Label lecomte ist die jugendliche Variante.

Klassische Kombinationen

Warenangebot
Damenbekleidung in Strick und Stoff: Röcke, Hosen, Pullis, Blusen, Jacken, Mäntel in vielen Kombinationsmöglichkeiten. Außerdem gibt es Herrenhemden, Herrenpullis und Sweatshirts.

Ersparnis
30 bis 50 %.

Ambiente
Großes, neues Factory Outlet an der Ecke Pulverweg/Dahlenburger Landstraße. Gut sortiert, mit Umkleidekabinen.

Adresse
Lucia AG, Pulverweg 6, 21337 Lüneburg, Telefon: 0 41 31/95 70.

Öffnungszeiten
Montag bis Freitag 10.00 bis 18.00 Uhr, Samstag 10.00 bis 16.00 Uhr.

Anreise
Aus Richtung Hamburg über die A 250 nach Lüneburg, Weiterführung B 4, Ausfahrt Stadtkoppel, rechts Richtung Innenstadt, nach ca. 800 m links in den Pulverweg.

ROY ROBSON

Coole Anzüge und Accessoires machen Lust auf Mode. Roy Robson hat einen eigenen, unverwechselbaren entspannt-eleganten Stil. In der Herrenmode hat er sich damit zum führenden Anbieter von Komplett-Outfits entwickelt.

Lifestyle-Marke

Warenangebot
Anzüge, Sakkos, Hosen, Westen, Hemden, Krawatten, Lederjacken, Jeans, Strickshirts, Sportswear und Schuhe, Eau de Toilette.

Ersparnis
30 bis 50 %, bei Rest- und Sonderposten mehr.

Ambiente
Großer Verkaufsraum mit Umkleidekabinen und fachkundiger Beratung. Gute Parkmöglichkeiten.

Adresse
Roy Robson Trade GmbH & Co., Factory-Fabrikverkauf, Bleckeder Landstraße 24, 21337 Lüneburg, Telefon: 0 41 31/ 88 72 02, Internet: www.royrobson.com.

Öffnungszeiten
Mittwoch bis Freitag 14.00 bis 18.00 Uhr und Samstag 9.30 bis 16.00 Uhr.

Anreise
Aus Richtung Hamburg über die A250 nach Lüneburg, Weiterführung B4 Ausfahrt Stadtkoppel, rechts Richtung Innenstadt, nach ca. 800 m auf der linken Seite.

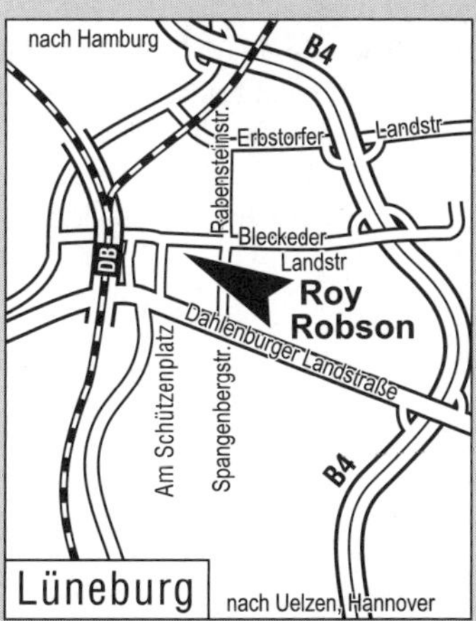

Eigene Fertigung von Motorradbekleidung, Jägerhosen, Bundhosen, Wander- und Zimmermannshosen aus Cord.

Easy Rider

Warenangebot
Die ganz Fertigungslinie wird angeboten, von der Motorradkleidung bis hin zu zugekauften Lederjacken und Westen.

Ersparnis
10 bis 20 %.

Ambiente
Großer Verkaufsraum neben der Fabrik.

Adresse
Lutterbekleidung, Bachstraße 12, 38729 Lutter am Barenberge, Telefon: 0 53 83/ 9 63 70.

Öffnungszeiten
Montag bis Donnerstag 8.00 bis 12.00 und 12.30 bis 18.00 Uhr. Die Maßschneiderin nimmt Maß am Montag von 8.00 bis 12.00 Uhr, Dienstag und Donnerstag von 8.00 bis 16.00 Uhr, auch Änderungswünsche möglich.

Anreise
A7 Kassel-Hildesheim, Ausfahrt Seesen, an der B248 von Seesen nach Salzgitter auf der rechten Seite.

Fox-Markt

Neckermann verkauft in seinen Fox-Märkten Überhänge aus den Versandkatalogen und Artikel mit kleinen Schönheitsfehlern. Die Preise sind sagenhaft günstig und das Angebot kann sich sehen lassen.

Preisknüller

Warenangebot
Damen-, Herren- und Kinderbekleidung, Babyausstattung, Schuhe, Haushaltswaren, Heimtextilien, Unterhaltungselektronik, Fahrräder und andere Waren aus dem reichhaltigen Versandangebot.

Ersparnis
30 bis 50 %, zum Teil darüber, bei Sonderaktionen und im WSV/SSV zusätzliche Preisreduzierung.

Ambiente
Die Ware ist auf einer Verkaufsfläche von 600 m² übersichtlich präsentiert.

Adresse
Fox-Markt, Leiterstraße 2, 39104 Magdeburg, Telefon: 03 91/5 43 38 28, Fax: 5 43 38 29.

Öffnungszeiten
Montag bis Freitag 9.30 bis 18.30 Uhr, Samstag 9.30 bis 16.00 Uhr.

Weitere Verkaufsstellen in Brandenburg (Auswahl)
Das Angebot ist in den einzelnen Filialen unterschiedlich.

- 03044 **Cottbus**, Karl-Marx-Straße 68a, Telefon: 03 55/3 83 26 01, Fax: 3 83 26 02.
- 03149 **Forst**, Berliner Straße 41, Telefon: 0 35 62/66 99 58, Fax: 87 15.
- 16227 **Eberswalde**, Eberswalder Straße 105, Telefon: 0 33 34/30 99 30, Fax: 3 35 23.
- 16816 **Neuruppin**, Karl-Marx-Straße 83, Telefon: 0 33 91/35 82 16, Fax: 35 76 00.

Alle Fox-Markt-Standorte und die aktuellen Angebote unter www.fox-markt.de.

Anreise
A14 Halle-Magdeburg, Ausfahrt Magdeburg Südenburg, Richtung Altstadt. Der Fox-Markt liegt fast gegenüber dem Landtag.

Thomas-Philipps-Markt

Mit seinem breit gefächerten Angebot an Sonderposten gehört Thomas Philipps zu den absoluten Billiganbietern.

SSV und WSV – das ganze Jahr

Warenangebot
Das Angebot umfasst alles, was es auch im Kaufhaus gibt. Besonders groß ist das Angebot an Campingartikeln. Daneben Kleinmöbel, Betten, Küchengeräte, Geschirr, Glaswaren und Textilien, wie Oberhemden, Jacken, Pullover, Unterwäsche, Strümpfe usw. Aber auch Papierwaren, Kosmetikartikel, Fahrräder, Kinderbücher, Spielzeug, Spirituosen, Wein und Sekt sowie sonstige Getränke und Lebensmittel.

Ersparnis
Bis zu 50 %.

Ambiente
Eine große Halle mit übersichtlicher Warenpräsentation.

Adresse
Thomas-Philipps-Markt, Zum Recknitztal 4, 18337 Marlow, Telefon: 03 82 21/ 8 02 68, Fax: 80 22 58.

Öffnungszeiten
Montag bis Mittwoch 9.00 bis 18.30 Uhr, Donnerstag und Freitag 9.00 bis 19.00 Uhr, Samstag 9.00 bis 15.00 Uhr.

Anreise
Von Ribnitz-Damgarten der Wegweisung rechts nach Marlow folgen, dort befindet sich die Firma Thomas Philipps am Ortseingang, direkt am Fuße des Telekom-Turmes.

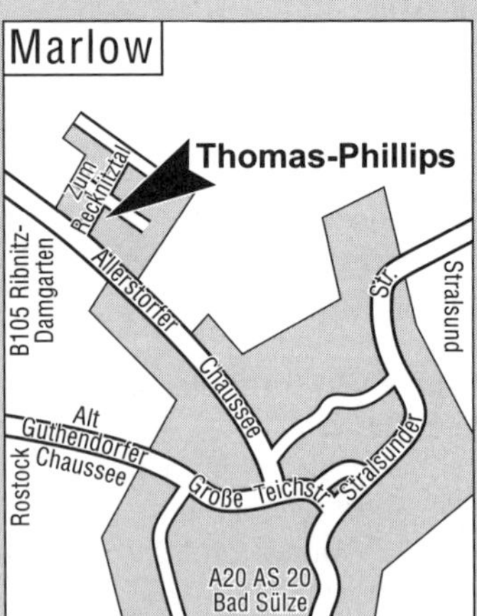

JAN floto

Jan Floto betreibt einen Haushaltswaren-Großhandel. In seinem Direktverkauf werden Auslauf-Produkte, 2.-Wahl-Ware und auch reguläre Ware angeboten.

Kleine Geschenke erhalten die Freundschaft

Warenangebot
Geschirr, Bestecke, Gläser, Teeservice, Kaffeeservice, Käsebretter, Textilien, Korbwaren und Geschenkartikel für Küche und Tisch. Das Angebot ist wechselnd, weil vor allem Überhänge, 2. Wahl oder Auslaufmodelle in den Verkauf kommen. Die Qualität ist aber durchgehend erstklassig.

Ersparnis
50 % und mehr.

Ambiente
Kleiner, hinter dem Büro liegender Raum, nach dem Motto „Nur einfachste Warenpräsentation macht unsere Preise möglich". Aber sehr übersichtlich, mit angenehmer Atmosphäre.

Adresse
Jan Floto GmbH, Pinneberger Chaussee 99, 25436 Moorrege, Telefon: 0 41 22/ 8 15 71.

Öffnungszeiten
Montag bis Freitag 9.00 bis 15.00 Uhr. Vor Weihnachten auch samstags.

Anreise
Auf der B431 von Hamburg nach Uetersen. In Moorrege, kurz nach dem Ortseingang rechts, in die Pinneberger Chaussee, nach einigen hundert Metern sieht man die Jan Floto GmbH auf der linken Seite. Der Verkauf liegt an der Auffahrt. Bitte klingeln.

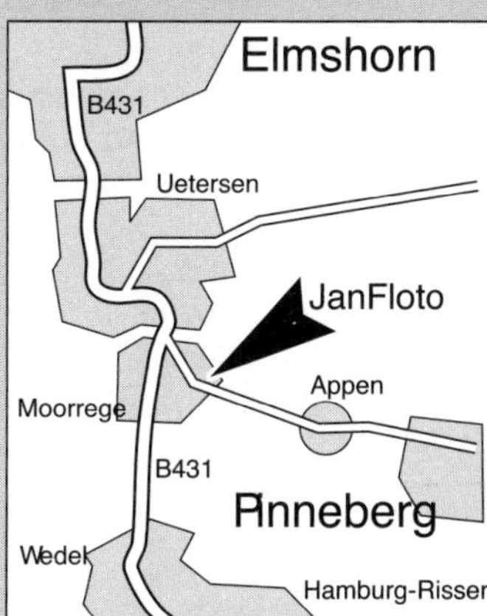

Pino

Die Pino Küchen GmbH gehört zum Alno-Konzern, Europas größtem Küchenhersteller. Das Pino-Konzept: preiswerte Basisküchen, klar durchdachte, ausgereifte Programme. Das Werk ist in Klieken bei Coswig an der Elbe.

Küchengespräche

Warenangebot
Musterküchen, Einzelschränke, Arbeitsplatten, Spülen, Küchenzubehör und Einbaugeräte aus Retouren, Auslaufprogrammen und Messemodellen.

Ersparnis
30 %.

Ambiente
Sie können hier aus sehr preiswerten Teilen mit Hilfe des Personals eine perfekte Küche zusammenstellen oder komplett aus der Küchenausstellung kaufen.

Adresse
Pino Küchen GmbH, 06862 Mühlstedt, Dorfstraße 56, Telefon: 03 49 01/6 64 60.

Öffnungszeiten
Dienstag und Donnerstag 17.00 bis 20.00 Uhr, Freitag 15.00 bis 18.00 Uhr, Samstag 9.00 bis 12.00 Uhr.

Anreise
A9 Nürnberg-Berlin, Ausfahrt Dessau Süd und auf der B187 weiter nach Rosslau und hier nach Mühlstedt abzweigen. Der Verkauf ist im Zentrum und von weitem zu erkennen.

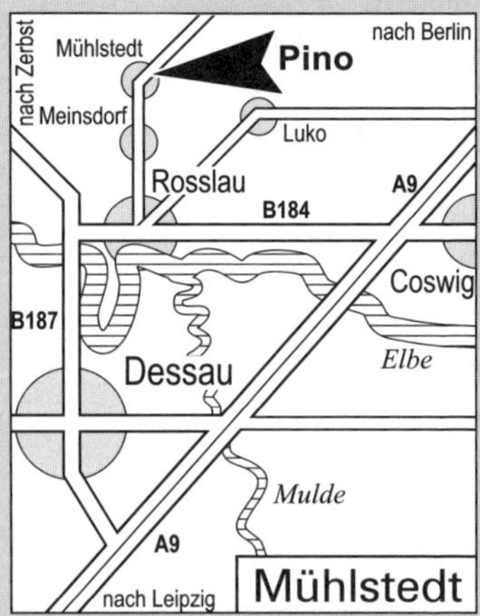

HEYDENREICH mode produktion

Seit über 30 Jahren fertigt die Firma Heydenreich, jetzt unter dem Firmennamen Modeproduktion Heydenreich, Mode für die Dame ab 40 in den Größen 38 bis 54. Das sportlich-elegante Angebot zeichnet sich durch gute Qualität und vielseitige Kombinationsmöglichkeiten aus.

Mode für die Dame ab 40

Warenangebot
Hosenanzüge, zweiteilige Kleider, Blazer, Röcke, Hosen, Blusen und Westen. Neu im Programm sind jetzt auch Strickpullover.

Ersparnis
30 bis 40 %.

Ambiente
Großer Verkaufsraum mit großer Auswahl und aufmerksamer Bedienung. Für Besuchergruppen, aber auch für Individualkunden, werden außerdem Modenschauen organisiert und auf Wunsch auch Schifffahrten oder Besichtigungen als Begleitprogramm.

Adresse
Modeproduktion Heydenreich GmbH, Mittelstraße 13, 31535 Neustadt am Rübenberge, Telefon: 0 50 32/80 16 61, Fax: 80 16 62, E-Mail: info@modeproduktion-heydenreich.de, Internet: www.modeproduktion-heydenreich.de.

Öffnungszeiten
Montag bis Freitag 10.00 bis 18.00 Uhr, Samstag 10.00 bis 13.00 Uhr.

Anreise
A2 Hannover-Osnabrück, Ausfahrt 42 Hannover-Herrenhausen und auf der B6 nach Neustadt am Rübenberge. Gleich nach dem Überqueren der Leine rechts in die Leinstraße und von hier über „Am Walle" in die Mittelstraße.

Siemer
STRICKMODEN

Die Strickwarenfabrik Siemer fertigt und verkauft Strickwaren in allen Garnarten. Die Modelle sind eher der klassischen Linie zuzuordnen und von besonderem Qualitäts-Preis-Verhältnis.

Strick zum Wohlfühlen

Warenangebot
Pullis, Strickjacken, Westen, Pullunder für Damen und Herren in Mischgarnen oder reiner Wolle.

Ersparnis
20 bis 30 %.

Ambiente
Kleiner Laden mit fachkundiger Beratung.

Adresse
Siemer Strickmoden, Steinweg 44, 31535 Neustadt-Bordenau, Telefon: 0 50 32/22 01.

Öffnungszeiten
Montag bis Freitag 9.00 bis 15.00 Uhr oder nach Vereinbarung.

Anreise
A2 Braunschweig-Osnabrück, Ausfahrt Garbsen, auf der B6 bis Osterwald-Unterende in Richtung Neustadt. In Osterwald-Unterende Richtung Bordenau-Steinhuder Meer abbiegen. In Bordenau an der Kirche rechts zum Steinweg 44.

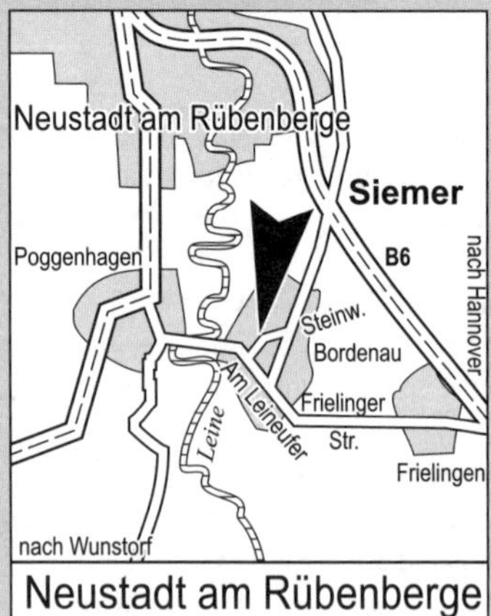

RIBOTH

Windeln waschen lohnt sich nicht. Für kleine Jungs, zarte Mädchen und vielbeschäftigte Eltern gibt es bessere Alternativen.

Windelweich

Warenangebot
Windeln in den Größen 3-5, 5-11, 9-18 und 15-25 kg zum Teil auch Inkontinenzartikel.

Ersparnis
30 bis 50 % bei 2.-Wahl-Ware (in der Saugfähigkeit unbeeinträchtigt, aber mit kleinen optischen Fehlern).

Ambiente
Der Windelverkauf ist in einem Privathaus in der Dorfstraße 4. Das ist das letzte Haus vor dem Gewerbegebiet.

Adresse
Riboth GmbH, Gewerbegebiet, 14822 Niederwerbig, Telefon: 03 38 43/45 20, Fax: 4 00 13.

Öffnungszeiten
Montag bis Freitag 9.00 bis 18.00 Uhr, Samstag 9.00 bis 12.00 Uhr.

Weitere Verkaufsstelle
● 10407 **Berlin-Prenzlauer Berg**, auf dem Parkplatz bei der Storkower Straße 140 von einem Lkw aus jeweils am Samstag von 8.00 bis 12.00 Uhr.

Anreise
A9 von Berlin kommend Ausfahrt 4 Brück, weiter Richtung Treuenbrietzen, in Jeserig nach Niederwerbig rechts abbiegen und dort zum Gewerbegebiet in Richtung Nichel links fahren. Oder A9 von Leipzig kommend Ausfahrt 5 Niemegk, weiter auf der B102 Richtung Treuenbrietzen, in Haseloff links abbiegen nach Grabow und nach der Bahnlinie rechts Richtung Niederwerbig. Das Gewerbegebiet liegt am Ende des Ortes.

In Zusammenarbeit mit internationalen Designern werden bei Krömer immer neue, möglichst außergewöhnliche Wohnaccessoires, vom opulenten Tischarrangement bis hin zu vielen kleinen Details entworfen. Die Produkte werden im In- und Ausland in mehr als 3000 Geschäften verkauft.

Zeit für neue Wohnaccessoires

Warenangebot
Tischwäsche, Geschirr, Trinkgläser, Windlichter, Kerzenhalter, Kerzen, Lampen, Weihnachtsschmuck, Vasen. Krömer wechselt zweimal im Jahr die Kollektion. Im Fabrikverkauf werden die Überhänge, Waren aus vorhergehenden Kollektionen, 2.-Wahl-Artikel und Messemuster verkauft.

Ersparnis
25 bis 70 %.

Ambiente
Großes Warenangebot auf einer Verkaufsfläche von 220 m². Der Fabrikverkauf ist im Schwarzen Weg 1a.

Adresse
Krömer-Zolnir GmbH, Bahnhofstraße 19 (Firma), Fabrikverkauf: Schwarzer Weg 1a, 31688 Nienstädt, Telefon: 0 57 21/97 83 96, Fax: 715 46.

Öffnungszeiten
Dienstag bis Freitag 10.00 bis 18.00 Uhr, Samstag 10.00 bis 13.00 Uhr.

Anreise
Von Westen kommend: A2 Dortmund-Hannover, Ausfahrt Bad Eilsen. Fahren Sie über Obernkirchen bis zur B65 und weiter nach Nienstädt. Von Osten kommend: Ausfahrt Bad Nenndorf und auf der B65 über Stadthagen nach Nienstädt und dort in die Bahnhofstraße. Hier dem Hinweisschild folgen.

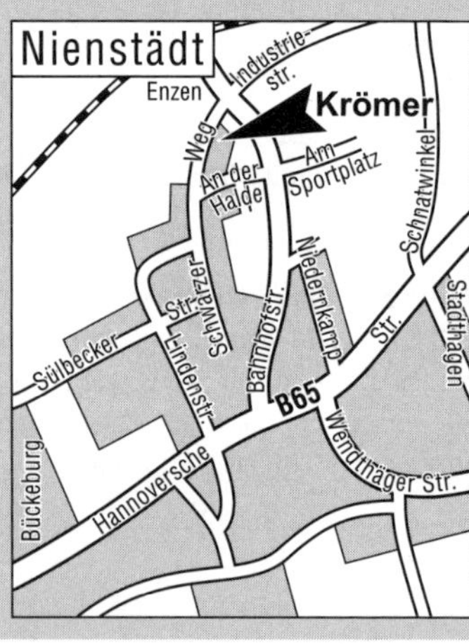

UKA KÜCHEN

Uka ist ein wertvoller Tipp für alle, die einen neuen Haushalt gründen oder ihre Wohn- bzw. Küchensituation verbessern wollen. Uka verkauft Einbauküchen direkt ab Werk. Die Beratung ist gründlich und individuell.

Küchenideen

Warenangebot
Einbauküchen mitsamt den dazugehörigen Haushaltsgeräten wie Herd, Spüle, Kühlschrank, Mikrowellengerät, Dunstabzugshaube etc.

Ersparnis
20 bis 40 %.

Ambiente
Große Werksausstellung. Auf der Basis eines Grundrisses werden Computerplanung und Kostenvoranschlag erstellt.

Adresse
Uka-Möbelwerk GmbH, Einbauküchen, Gutenbergring 20, 22848 Norderstedt, Telefon: 0 40/5 28 72 10, Fax: 52 87 21 12.

Öffnungszeiten
Montag bis Freitag 10.00 bis 18.00 Uhr, Samstag 10.00 bis 14.00 Uhr.

Anreise
Auf dem Ring 3 von Westen oder der A7, Ausfahrt Schnelsen kommend bis zum Swebenweg, durch den Krohnstiegtunnel. Nach dem Tunnel kommt eine Ampel, an der man nach links abbiegt in die Niendorfer Straße. An der 1. Kreuzung rechts in den Gutenbergring. Diesen fährt man bis nach der Kurve, dann kommt auf der linken Seite das Uka-Möbelwerk.

VAN HOUTEN
GmbH & Co. KG

Van Houten ist ein traditionsreicher Hersteller von Kakao und Süßwaren aus bzw. mit Schokolade. Hinzu kommt der Unternehmensbereich Gummi Bear Factory für verschiedene Sorten Fruchtgummi.

Vorsicht – süß und klebrig!

Warenangebot
Schokolade, Trüffel, Pralinen, Kakao, Nüsse und Rosinen umhüllt von Schokolade, Bonbons, Marzipan, Fruchtgummi in allen Sorten und Ausführungen.

Ersparnis
Zwischen 30 und 60%.

Ambiente
Der kleine Verkaufsraum befindet sich links vom Haupteingang und ist, ohne das Werksgelände zu betreten, zugänglich. Personalverkauf, in dem aber auch Nicht-Werksangehörige einkaufen können.

Adresse
Van Houten GmbH & Co. KG, Am Stammgleis 9, 22844 Norderstedt, Telefon: 040/52602-0.

Öffnungszeiten
Montag bis Donnerstag 9.00 bis 11.30 und 12.00 bis 17.00 Uhr, Freitag 9.00 bis 11.30 und 12.00 bis 15.00 Uhr.

Anreise
Vom Ring 3 ab Richtung Norderstedt die Ohechaussee fahren. Nach rechts in die Segeberger Chaussee. An der 1. Ampel links in die Schleswig-Holstein-Straße. An der 5. Ampel scharf links in die Oststraße. Dann in die 1. Querstraße rechts einbiegen. Dort sind auch Parkplätze. Mit öffentlichen Verkehrsmitteln: U1 bis Langenhorn Markt, dann mit dem Bus 193 bis zur Haltestelle „Am Stammgleis" (West).

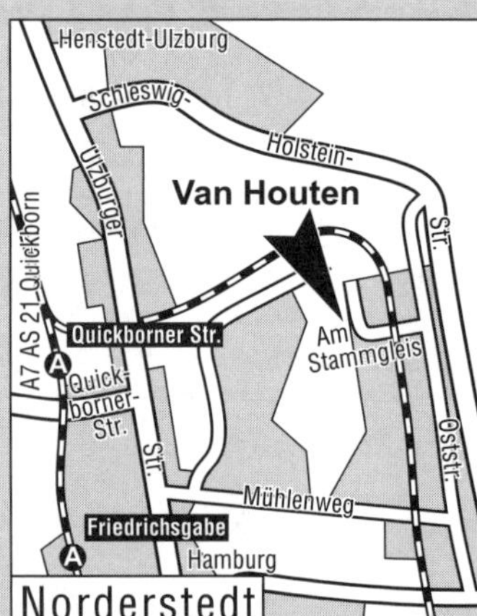

Erfo

Das Bekleidungswerk Erfo-Blusen hat sich ganz auf diesen Artikel spezialisiert. Doch diese Spezialisierung ist breit gestreut und reicht von modisch bis damenhaft.

Blusen über Blusen

Warenangebot
Große Auswahl an Blusen aller Art, aller Größen und Faserzusammensetzungen von Baumwolle bis Synthetik. Viele verschiedene Stilrichtungen.

Ersparnis
30 bis 40 %. Bei 2.-Wahl-Ware sind auch größere Einsparungen möglich.

Ambiente
Großer Verkaufsraum mit genügend Umkleidekabinen. Lagerhallenatmosphäre.

Adresse
Erfo-Bekleidungswerk, Paulstraße 4, 48529 Nordhorn-Blanke, Telefon: 0 59 21/ 17 00. Achtung: Der Fabrikverkauf befindet sich im Gilderhauserweg 132.

Öffnungszeiten
Montag bis Freitag 9.30 bis 18.00 Uhr. Erster Samstag im Monat 10.30 bis 12.30 Uhr.

Anreise
A30, Ausfahrt Bad Bentheim/Nordhorn, weiter auf der B403. Der Verkauf befindet sich im Ortsteil Blanke im Gilderhauserweg 132 und ist so ausgeschildert.

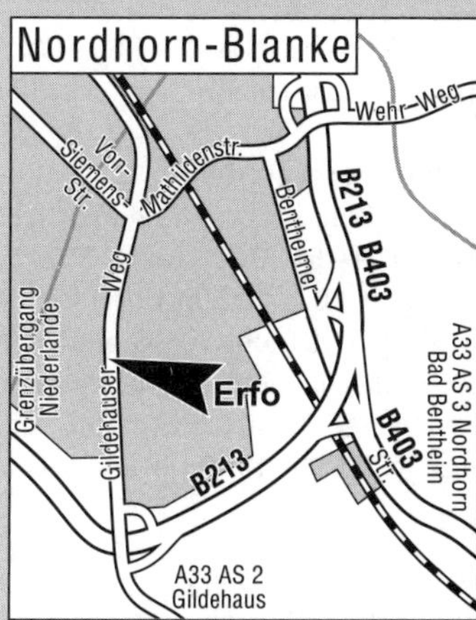

breckle

In den drei Breckle-Werken werden täglich 7500 Matratzen gefertigt. Mit dabei ist auch ein Testsieger der Stiftung Warentest als bestes und günstigstes Produkt seiner Klasse.

Hier liegen Sie richtig

Warenangebot
Im Fabrikverkauf ist fast immer das ganze Programm der Firma erhältlich.

Ersparnis
Ca. 20 bis 30 %.

Ambiente
Großer Lagerverkauf im UG.

Adresse
Breckle GmbH, Matratzenfabrik, Lange Lage 6-8, 37154 Northeim, Telefon: 0 55 51/6 09 70.

Öffnungszeiten
Montag bis Donnerstag 9.00 bis 12.00 und 13.00 bis 17.00 Uhr, Freitag 9.00 bis 16.00 Uhr, Samstag 10.00 bis 13.00 Uhr.

Weitere Verkaufsstelle
● 71726 **Benningen**, Krautlose, Telefon: 071 44/84 30 90, Fax: 8 43 09 16. Montag 10.00 bis 12.00 Uhr, Dienstag und Freitag 10.00 bis 12.00 und 14.00 bis 18.00 Uhr, Mittwoch geschlossen, Donnerstag 15.00 bis 18.00 Uhr, Samstag 9.00 bis 13.00 Uhr.

Anreise
B3 aus Richtung Göttingen: 1. Ampel links, 2. Ampel auch links, dann letztes Gebäude auf der rechten Seite.

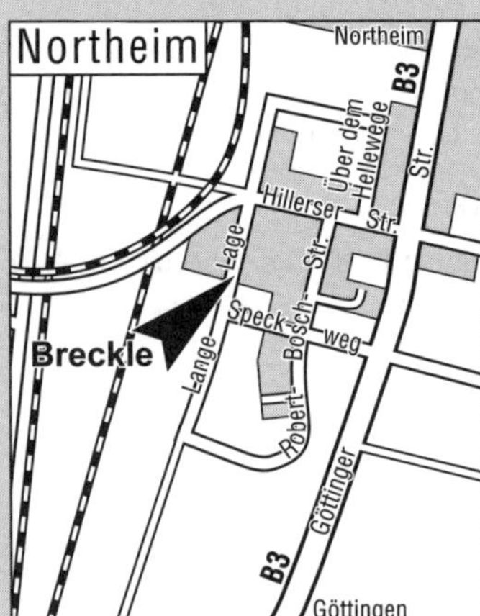

WILVORST

Artikel der Firma Wilvorst hat so ziemlich jeder schon einmal gesehen. Und wenn es nur beim werbepausenbedingten Umschalten beim Fernsehen war, denn Wilvorst hat früher die Moderatoren und Quizmaster des privaten Fernsehsenders SAT1 ausgestattet und auch den Bräutigam in der RTL-Traumhochzeit.

Mister Smoking

Warenangebot
Sportlich bis klassische Herrenmode und Gesellschaftsbekleidung für den Herrn. Von mittlerer bis hoher Qualität in 1. und 2. Wahl. Anzüge, Sakkos, Hosen, Smokings, Mäntel, Blousons, Lederbekleidung, Hemden, Accessoires und Pullover.

Ersparnis
30 bis 50 %.

Ambiente
Typischer Fabrikverkauf mit etwas lagerartiger, aber freundlicher Atmosphäre und sachkundiger Beratung, wenn diese gewünscht wird.

Adresse
Wilvorst Herrenmoden GmbH, 37154 Northeim, Fabrikverkauf: Breslauer Straße 7, Telefon: 0 55 51/70 10.

Öffnungszeiten
Mittwoch und Freitag 15.00 bis 18.00 Uhr, Samstag 9.30 bis 13.00 Uhr.

Anreise
In Northeim am Ortsausgang auf der B3 Richtung Göttingen, auf der rückwärtigen Seite des Firmengebäudes.

Kemper

Seit vier Generationen beherrscht Kemper im Artland die hohe Kunst der Fleischveredelung. Unter Berücksichtigung höchster Hygienebedingungen werden hier Roh-, Brüh- und Kochwurst, Aspik und Schinken hergestellt.

Gut durchwachsen

Warenangebot
Alle Arten von Wurst, wie z.B. Lyoner, Bierschinken etc., Schinken, Salami oder Cervelat.

Ersparnis
20 %, bei leicht beschädigter Dauerwurst mehr.

Ambiente
Kleiner, metzgereiähnlicher Laden auf dem Firmengelände gleich links beim Haupttor.

Adresse
Fleischwarenfabrik H. Kemper GmbH, Hauptstraße, 49638 Nortrup, Telefon: 0 54 36/5 20.

Öffnungszeiten
Montag bis Freitag 8.30 bis 18.00 Uhr, Samstag 8.30 bis 12.00 Uhr.

Anreise
Nortrup liegt an der Strecke von Löningen/Menslage nach Ankum. An dieser Straße kommt man direkt an dem Firmengelände vorbei.

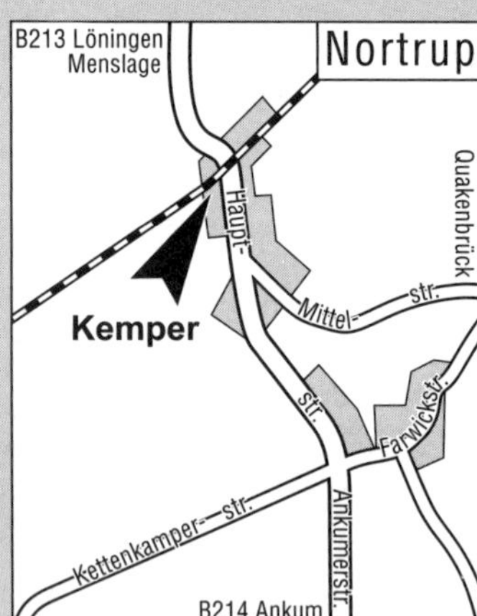

Hamm

Die Hamm-Unternehmensgruppe mit bekannten Schuhmarken der Lizenznehmer Marc O'Polo, Gerry Weber und Viventy by Bernd Berger u.a.

Leichtfüßig

Warenangebot
Riesenauswahl an Damenschuhen und -stiefeln der oben genannten Marken. Vom hochmodernen Lederschaftstiefel bis hin zum sportlichen Sneaker, dem Turnschuh für den Alltag. Für Herren gibt es klassische Herrenschuhe von Marc O'Polo sowie Haus- und Freizeitschuhe, Schuhpflegeprodukte und Socken.

Ersparnis
30 %, bei 2.-Wahl-Ware bis 60 %.

Ambiente
Neuer, übersichtlicher Verkaufsraum auf einer Fläche von ca. 500 m² mit Kinderkino und Kaffeebar. Direkt vor dem Verkauf gibt es ausreichend Parkplätze.

Adresse
Hamm Lagerverkauf, Am Tie 7, 49086 Osnabrück, Telefon: 05 41/95 84 05, Fax: 9 58 42 25.

Öffnungszeiten
Mittwoch bis Freitag 13.00 bis 18.00 Uhr, Samstag 9.00 bis 14.00 Uhr.

Anreise
A30/33 Autobahnkreuz Osnabrück Süd, weiter auf der A33 Richtung Diepholz bis Ausfahrt Lüstringen, hier links in die Mindener Straße Richtung Lüstringen. Nach ca. 500 m in die Straße Am Tie einbiegen und der Beschilderung „Hamm-Lagerverkauf" folgen.

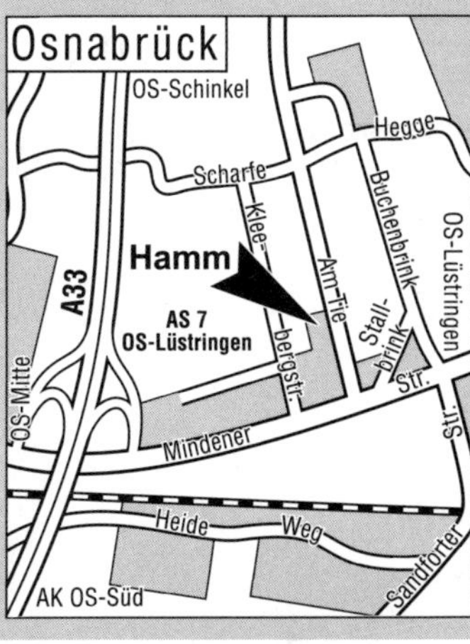

DK Berufsmoden
Europas großes Spezialversandhaus

Das Spezialversandhaus DK-Berufsmoden verkauft in seinem Restemarkt weiße Berufskleidung für Köche, Krankenschwestern und Ärzte, sowie Sport- und Freizeitmode zu Tiefst- bis Schleuderpreisen.

Vor und nach Feierabend

Warenangebot
Was Ärzte, Köche und Krankenschwestern drüber und drunter tragen, außerdem eine kleine, eher bescheidene Auswahl an Sportbekleidung, vereinzelt auch T-Shirts, Pullis, Kleider und Freizeitschuhe.

Ersparnis
30 bis 70 %.

Ambiente
Übersichtlicher, großer Lagerverkauf.

Adresse
DK-Berufsmoden, Schnäppchen Markt, Averdiekstraße 7, 49078 Osnabrück-Hellern, Telefon: 05 41/44 10 44.

Öffnungszeiten
Montag bis Freitag 9.00 bis 18.00 Uhr, Samstag 9.00 bis 13.00 Uhr.

Anreise
A1 aus Richtung Münster/Bremen, beim Lotter Kreuz auf die A30 Richtung Osnabrück abfahren, bei Hasbergen-Gaste dann rechts Richtung Osnabrück und gleich die 1. Straße links ins Industriegebiet.

RELLANA

Die Reller GmbH verkauft bundesweit Wolle und Handstrickgarne über Einzelhändler und Versand. Unter dem Namen Rellana betreibt sie außerdem einen kleinen Versandhandel, dessen Sortiment hauptsächlich aus Unterwäsche, Pyjamas und ähnlichem besteht.

Drunter und Drüber

Warenangebot
Wolle und Garne aller Art, Handtücher, Bettwäsche, Dessous, Unterwäsche, Nachtwäsche, Jogginganzüge, Tischwäsche, Schlaf- und Wohndecken.

Ersparnis
Ca. 20 %, bei Sonderangeboten bis 50 %.

Ambiente
Einfach eingerichteter, relativ großer Laden an der Lagerhalle, vollgepackt mit Ständern und Regalen, manchmal bis zur Unübersichtlichkeit.

Adresse
Reller GmbH, Zum Österreich 9, 49179 Ostercappeln-Hitzhausen, Telefon: 0 54 73/12 23.

Öffnungszeiten
Montag bis Freitag 8.00 bis 12.00 Uhr.

Anreise
Von Osnabrück Richtung Ostercappeln. Am Ortsteil Bohmte auf der B65 Richtung Bad Essen, dann rechts nach Hitzhausen, in Hitzhausen den Schildern „Zum Verkauf" folgen.

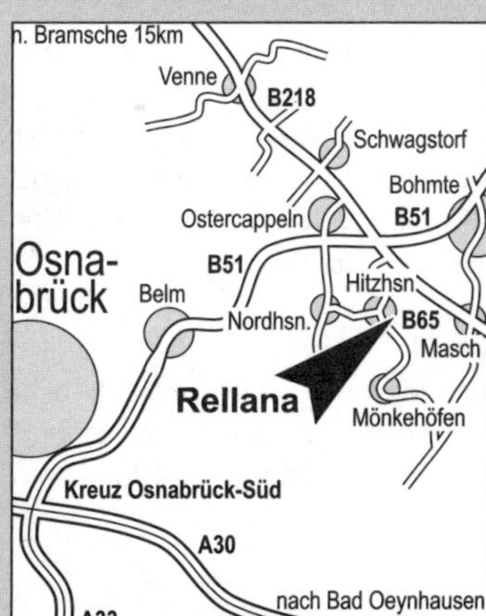

Wenn man in der Gegend ist, sollte man sich den Waffel Meyer zu Venne nicht entgehen lassen. Denn in der Waffel schmeckt das Eis in Norddeutschland fast so gut wie auf dem Markusplatz in Venedig.

Zerbrechlich oder schon zerbrochen

Warenangebot
Waffeln aller Art, mit Schokolade, ohne Schokolade, groß oder klein, Bruch oder 1. Wahl. Daneben auch Kleingebäck. Manchmal auch Eiscreme.

Ersparnis
50 %. Bei Bruch natürlich noch wesentlich mehr.

Ambiente
Kleiner Laden neben dem Büro. Einfachste Warenpräsentation.

Besonderheiten
Das Waffelbackmuseum zeigt die Anfänge des Waffelbackens vom Jahr 1600 bis heute. Von einer Aussichtsplattform können Sie bei der Waffelproduktion zuschauen.

Adresse
Waffel Meyer zu Venne GmbH & Co. KG, Hauptstraße 1-5, 49179 Ostercappeln-Venne, Telefon: 0 54 76/9 20 20.

Öffnungszeiten
Waffelmuseum, -produktion, -laden und Videoraum: Montag bis Freitag 9.00 bis 12.00 und 14.00 bis 17.00 Uhr, Samstag 10.00 bis 12.00 Uhr.

Anreise
A1 Osnabrück-Ahlhorn, Ausfahrt Bramsche. Auf der L218 Richtung Bad Essen, dann Ausfahrt Venne. In Venne, gleich am Ortsanfang links, finden Sie Waffel Meyer.

TOM TAILOR

Tom Tailor ist Mode für Menschen, die sich in lässiger und unkomplizierter Kleidung wohl fühlen und die ihren Stil unterstreichen wollen, ohne sich zu verkleiden. Für all jene, die lieber im Leben als vor dem Spiegel stehen und die natürlich gut aussehen wollen – unabhängig vom Geldbeutel oder Alter.

Lässig, lebendig, casual

Warenangebot
Hosen, Hemden, T-Shirts, Pullis, Jacken, Mäntel, Kleider, Röcke, Blusen, Jeans, Jeansjacken: eben das ganze Sortiment für Damen, Herren und Kinder. Auch Taschen, Gürtel, Portemonnaies, Brieftaschen, Schlüsselanhänger, Socken, Unterwäsche, Bademäntel, Badetücher, Schuhe, Uhren, Brillen etc.

Ersparnis
30 bis 50 %. Wechselnde Aktionen.

Ambiente
Moderne und gepflegte Verkaufsräume auf ca. 900 m². Kinderspielecke und Lounge-Bereich, ausreichend Kassen, genügend Umkleidekabinen. Freundliche, kompetente Verkäuferinnen. Täglich neuer Wareneingang. Parkplätze sind vorhanden.

Adresse
Tom Tailor Outlet-Store, Im Hegen 1, 22113 Oststeinbek, Telefon: 0 40 /81 97 57 50, E-Mail: outlet.oststeinbek@tom-tailor.com.

Öffnungszeiten
Montag bis Freitag 10.00 bis 20.00 Uhr, Samstag 10.00 bis 18.00 Uhr.

Weitere Verkaufsstellen
- 22453 **Hamburg-Niendorf**, Garstedter Weg 14, Telefon: 0 40/ 58 95 61 90.
- 22525 **Hamburg-Eidelstedt**, Schnackenburgallee 149, Telefon: 0 40/54 55 59. Kleinere Verkaufsstelle.

Anreise
A1 Hamburg-Lübeck, Ausfahrt HH-Öjendorf. Über die Glinder Straße Richtung Glinde. 1. Kreuzung links (Willenhusener Weg), wieder links (Meessen) und rechts in „Im Hegen".

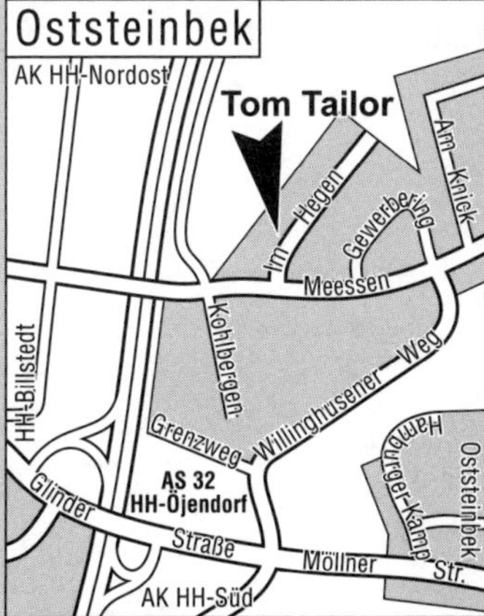

Oberlies

Holsteiner Katenschinken

Oberlies Holsteiner Katenschinken ist eine Großhandelsfirma mit eigener Produktion und Räucherei.

Groß, kräftig, rustikal

Warenangebot
Katenschinken und Mettwurst.

Ersparnis
30% bei der Abnahme von einem Kilogramm am Stück.

Ambiente
Kleiner Verkaufsraum bei der Firma.

Adresse
Oberlies, Holsteiner Katenschinken, Max-Weber-Straße 24, 25451 Quickborn-Ellerau, Telefon: 0 41 06/7 39 44.

Öffnungszeiten
Donnerstag 8.00 bis 18.00 Uhr, Freitag 8.00 bis 14.00 Uhr.

Anreise
Der Verkauf (und die Firma) befinden sich im Industriegebiet Nord, an der Friedrichsgrabenstraße zwischen Quickborn-Ellerau und Quickborn-Heide.

Ulla Popken ist Marktführer im „große Größen Bereich". Sie bietet Frauen, was sie in vielen anderen Geschäften oft vergeblich suchen: schicke Kombinationsmöglichkeiten ab Größe 42, die Lust auf Mode machen und weder langweilig noch deprimierend sind. Es ist Mode für City und Business, Sportives für die Freizeit. Ulla Popken-Modelle finden Sie in über 250 eigenen Mode-Fachgeschäften oder im Katalog.

Für starke Persönlichkeiten

Warenangebot
Saisonüberhänge, reduzierte und 1B-Ware des bekannten Ulla Popken-Sortiments: Blusen, T-Shirts, Hosen, Röcke, Pullover, Blazer, Sport- und Freizeitmode, Wäsche, Mäntel, Kleider.

Ersparnis
30 bis 70 %.

Ambiente
Auf einer Fläche von 350m² wird die Ware großräumig und übersichtlich präsentiert. Auf Einkaufswagen lässt sich die ausgesuchte Ware problemlos transportieren. Umkleidekabinen sind in ausreichender Zahl vorhanden. Freundliche Modeberaterinnen helfen gerne. Für Kinder gibt es eine Spielecke. Nebenan wird in einem separaten Modegeschäft auf ca. 150 m² die aktuelle Ware präsentiert. Parkplätze.

Adresse
Ulla Popken Lagerverkauf, Am Waldrand 6, 26180 Rastede-Lehmden, Telefon: 0 44 02/97 02 91, Fax: 79 92 00, E-Mail: info@ullapopken.de.

Öffnungszeiten
Montag bis Freitag 10.00 bis 19.00 Uhr und Samstag 10.00 bis 16.00 Uhr.

Anreise
A29 Wilhelmshaven/Oldenburg, Ausfahrt Hahn-Lehmden (nicht Rastede!), rechts Richtung Hahn-Lehmden. Gleich in die erste Straße rechts „Am Waldrand" einbiegen, nach ca. 50 m befindet sich auf der rechten Seite der Ulla Popken Lagerverkauf.

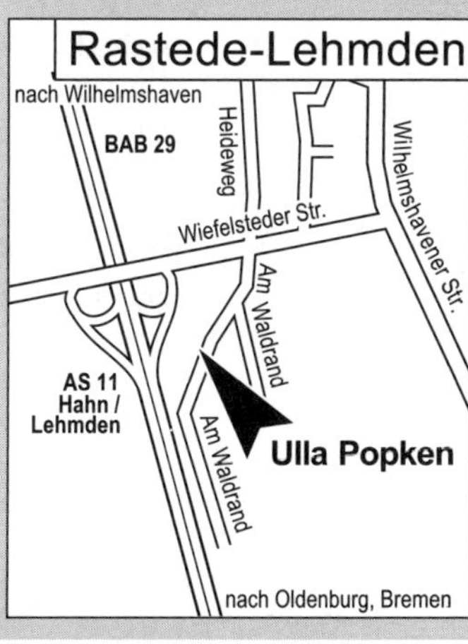

EINKAUFS-GUTSCHEIN

Morgenstern

Die Firma Morgenstern produziert Heimtextilien von höchster Qualität u.a. in Lizenz für Bugatti, Sesamstraße, die Sendung mit der Maus und viele andere.

Hautfreundlich und angenehm

Warenangebot
Ständig wechselndes Sortiment an Bettwäsche, Bademänteln, Handtüchern und Geschenkartikeln.

Ersparnis
25 bis 60 %.

Ambiente
Der Fabrikverkauf ist dem Zentrallager angeschlossen. Er bietet Einzelhandelsatmosphäre mit fachkundigem Personal.

Adresse
Morgenstern GmbH, Industriestraße 8, 25462 Rellingen. Telefon: 04101/ 383611, Fax: 383614.

Öffnungszeiten
Mittwoch bis Freitag 11.00 bis 17.00 Uhr, Samstag 11.00 bis 14.00 Uhr.

Anreise
A23 Hamburg-Pinneberg, Ausfahrt Halstenbek/Krupunder, rechts in Richtung Industriegebiet Hermann-Löns-Weg und hier links in die Industriestraße einbiegen. Die Firma Morgenstern liegt an der rechten Straßenseite neben Tucano.

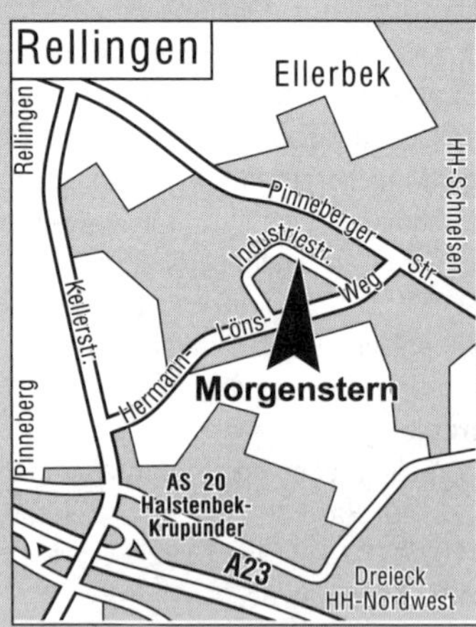

TUCANO TRADING

EINKAUFS-GUTSCHEIN

Die Tucano Trading GmbH importiert aus Italien und Asien hochwertige, handgemachte Pflanzgefäße. Alle Gefäße sind frostfest und können drinnen und draußen verwendet werden.

Edel, Elegant, Extravagant

Warenangebot
Pflanzgefäße sowohl glasiert als auch Terrakotta, speziell auch Terrakotta aus Impruneta.

Ersparnis
30 bis 50 %.

Ambiente
Der Verkauf befindet sich in einer hellen Fabrikhalle und ist 2000 m^2 groß. Die Auswahl ist riesig und freundliche Berater helfen auch beim Verstauen der schweren Töpfe ins Auto.

Adresse
Tucano Trading GmbH, Lagerverkauf, 25462 Rellingen, Industriestraße 6, Telefon: 0 40/85 50 83 86, Fax: 0 41 01/ 37 24 78, E-Mail: info@tucano.de, Internet: www.tucano.de.

Öffnungszeiten
Montag bis Freitag 10.00 bis 18.00 Uhr, Samstag 10.00 bis 16.00 Uhr.

Weitere Verkaufsstellen
● 25335 **Neuendorf** (bei Elmshorn an der B431), Dorfreihe 1, Telefon: 0 41 21/ 2 16 61. Freitag 12.00 bis 18.00 Uhr, Samstag 10.00 bis 16.00 Uhr.

● 28832 **Achim bei Bremen,** Uphuser Heerstraße 104, Telefon: 0 42 02/52 24 47, Fax: 52 24 48. Montag bis Freitag 10.00 bis 18.00 Uhr, Samstag 10.00 bis 16.00 Uhr.

Anreise
A23 Hamburg-Pinneberg, Ausfahrt Halstenbek/Krupunder, rechts Richtung Industriegebiet Hermann-Löns-Weg. Von nun an immer geradeaus. Die Industriestraße zweigt vom Hermann-Löns-Weg ab.

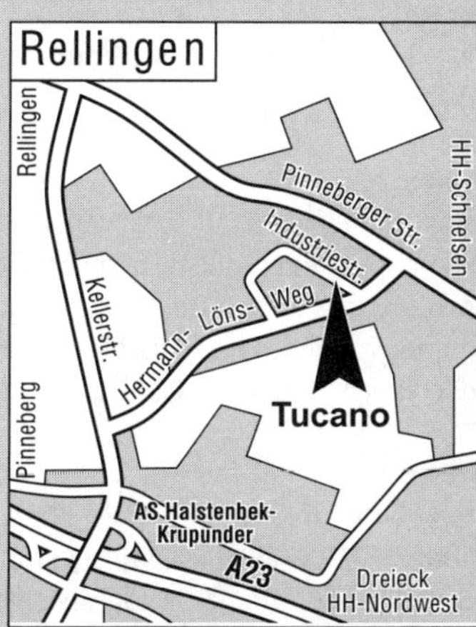

Carstens Keramik

Seit 1762 gibt es in Rheinsberg Keramik, seit 1901 gibt es die Rheinsberger Keramikmanufaktur Carstens. Nach dem Zweiten Weltkrieg wurde die Produktion in Fredelsloh weitergeführt und 1990 konnte die Familie Carstens den Betrieb in Rheinsberg wieder übernehmen. Noch heute wird fast alles in Handarbeit hergestellt. So erklären sich auch die geringen Abweichungen in Form und Dekor.

Im Landhausstil

Warenangebot
Gebrauchskeramik in der bekannten Landhausserie in blau mit weiß oder umgekehrt. Es gibt hiervon alles erdenkliche Geschirr, von der Teekanne bis zum Weinkrug, von der Kaffeekanne bis zum Brottopf, vom Frühstücksbrett bis zur Abendbrotplatte. Und wer kennt nicht die blauen Namenstassen? Sie sind mit allen gängigen Namen vorrätig. Außerdem finden Sie die Steinzeugserie Ammerland, die Serie Heckenrose u.a.

Ersparnis
10 bis 30 %, im Sonderverkauf oder bei 2. Wahl bis 50 %.

Ambiente
Großer, neuer Verkauf bei der Produktionsstätte mit großem Parkplatz. Sie finden hier das komplette Angebot und im hinteren Teil des Verkaufs gibt es die Sonderangebote und 2.- Wahl-Ware.

Adresse
Carstens-Keramik-Rheinsberg, Rhinstraße 1, 16831 Rheinsberg, Telefon: 03 39 31/3 41 56, Internet: www.carstens-keramik.de.

Öffnungszeiten
Montag bis Sonntag 10.00 bis 18.00 Uhr.

Anreise
Rheinsberg erreichen Sie von Berlin aus über die A10/A24, Ausfahrt Neuruppin oder über die A10/B96 Gransee. In Rheinsberg fahren Sie von Gransee oder Lindow kommend vor dem Schloss rechts, der Verkauf ist ausgeschildert.

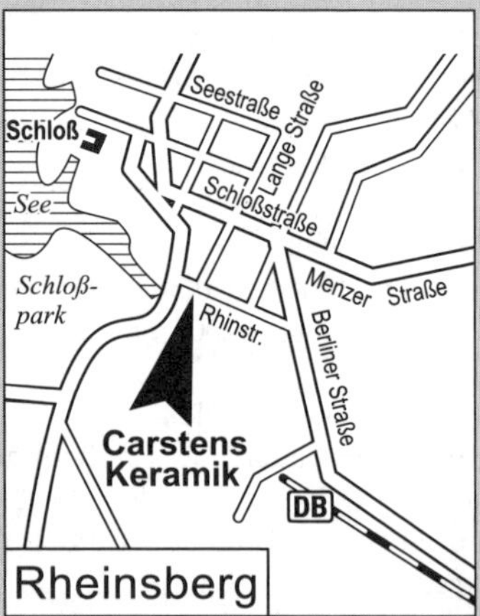

BOLDT-SEGEL
BEKLEIDUNG & AUSRÜSTUNG

Die Segelmacherei Boldt fertigt Segel in Top-Qualität und im Computer-Design. Und: Die Firma montiert die Segel kostenlos, das kann auch mal in Berlin geschehen, oder im Rheinland.

Segel aller Art

Warenangebot
Segel nach Wunsch des Kunden. Lkw-, Container-, Hänger- und Spezialplanen. Reelings- und Segelkleider, Winterplanen, Spayhoods, Persenninge. Segelzubehör, Beschläge und Wassersport-Bekleidung.

Ersparnis
Preise und auch Rabatte werden mit dem Kunden vereinbart. Generell aber mindestens 10 % bei Herbst- und Winteraufträgen. Bei Segel- und Freizeitbekleidung gibt es ständig Sonderangebote, die um 40 bis 50 % reduziert sind.

Ambiente
Individuelle Beratung durch die Firmenchefin. Am besten, Sie vereinbaren vorher einen Termin.

Adresse
Segelmacherei Boldt, Körkwitzer Weg 25, 18311 Ribnitz, Telefon: 0 38 21/ 30 23.

Öffnungszeiten
Montag bis Freitag 8.00 bis 18.00 Uhr, Samstag 8.00 bis 13.00 Uhr. Bei dringenden Reparaturen auch länger und am Sonntag.

Weitere Verkaufsstelle
- 18439 **Stralsund**, Heilgeiststraße 51, Telefon: 0 38 31/29 10 80.

Anreise
Von Rostock auf der B105/E22 kommend, auf der Rostocker Straße nach Ribnitz. Nach der Eisenbahnüberführung (200 m) links in die Boddenstraße. Am Krankenhaus rechts. Nach 100 m ist die Firma ausgeschildert.

EINKAUFS-GUTSCHEIN

Erhard Janetzky

Die Steppdeckenfabrik Janetzky verwendet beim Bezug und der Füllung ihrer handwerklich gefertigten Federbetten nur hochwertige Materialien und garantiert damit ein angenehmes Bettklima.

Zwischen Federn und Daunen

Warenangebot
Vielfältiges Angebot an Stepp- und Einziehdecken sowie Kopfkissen und kleinen Kissen. Übergrößen auf Bestellung.

Ersparnis
Bis zu 40 %.

Ambiente
Verkaufsraum mit fachkundiger Beratung.

Adresse
Erhard Janetzky, Bett- und Steppdeckenfabrik, Deltastraße 12, 27721 Ritterhude, Telefon: 04292/40091, E-Mail: kontakt@janetzky-steppdecken.de, Internet: www.janetzky-steppdecken.de.

Öffnungszeiten
Montag bis Freitag 8.00 bis 16.00 Uhr.

Anreise
A27, Ausfahrt Bremen-Industriehafen, durch Ritterhude hindurch, nach dem Bahnübergang rechts in die Berliner Straße und wieder rechts in die Deltastraße.

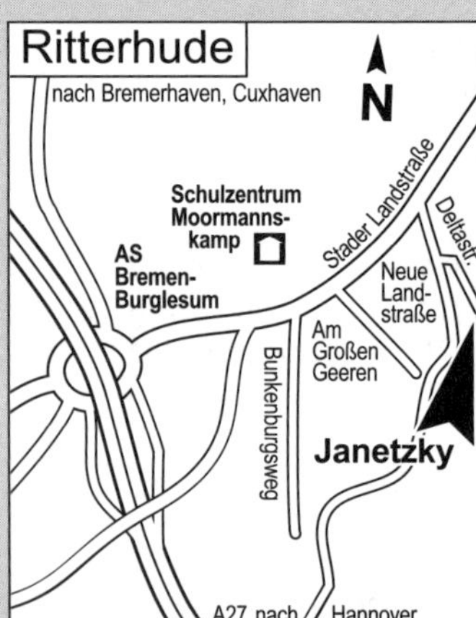

CLOSED(c)

Schon traditionell finden die Lagerverkäufe der Firma Closed im Halbjahresrhytmus (Frühjahr/Herbst) statt. Die Modemarke Closed entstand 1977 bei der Firma Ball in Rimini. Inzwischen wird die Marke mit großem Erfolg weit über Europa hinaus im führenden Fachhandel vertrieben. Die Lagerverkäufe bieten die Gelegenheit, die Top-Marke zu Factory-Preisen zu kaufen.

Lassen Sie sich einladen

Warenangebot
Jeans, Jeansjacken, -westen, T-Shirts, Sweatshirts, Röcke, Kleider, Hemden, Blusen, Lederjacken, Strickwaren, Turnschuhe und mehr.

Ersparnis
50 %, zum Teil mehr.

Ambiente
Der Lagerverkauf in Purkshof hat sich auf Karl's Erdbeerhof etabliert, wo er sich jährlich zweimal für drei bis vier Wochen einmietet.

Adresse
Firmensitz: IFFO Warenhandels GmbH, Alte Rabenstraße 12b, 20148 Hamburg, Telefon: 0 40/73 35 00 35. Verkaufsstätte: Karl's Erdbeerhof, Dorfstraße 2, 18182 Rövershagen-Purkshof, Telefon: 03 82 02/40 50, Fax: 40 52 23, Internet: www.iffo.de.

Öffnungszeiten
Werden mit der Einladung bekanntgegeben. Lassen Sie sich per Fax oder Internet in den Verteiler aufnehmen.

Weitere Verkaufsstelle
● 22113 **Hamburg-Billstedt,** Billbrookdeich 43, Telefon: 0 40/73 35 00 30, 73 35 00 31.

Anreise
A19 Richtung Rostock, Ausfahrt Rostock Ost, an der B105 Richtung Ribnitz/Damgarten/Stralsund liegt wenige km vor Rövershagen der Ort Purkshof. Dort finden Sie Karl's Erdbeerhof.

Die Gottena Keks- und Waffelfabrik gehört zu Bahlsen und damit zu Deutschlands größtem Hersteller von Dauerbackwaren und Keksen.

Die Krümelmonster

Warenangebot
Teegebäck, einfache Kekse und Waffelprodukte werden kilogramm- oder pfundweise verkauft.

Ersparnis
40 %, aber nur bei Produkten, die offen verkauft werden.

Ambiente
Kleinere Halle, in der die Produkte einfachst präsentiert werden.

Adresse
Gottena Keks- und Waffelfabrik, Am Bahnhof 8-22, 29640 Schneverdingen, Telefon: 0 51 93/8 80.

Öffnungszeiten
Montag bis Freitag 9.00 bis 12.30 und 14.00 bis 16.30 Uhr.

Anreise
Schneverdingen liegt am Rande des Naturschutzparks Lüneburger Heide. A7 Hannover-Hamburg, Ausfahrt Bispingen und durch die Lüneburger Heide nach Schneverdingen. Hier immer Richtung Bahnhof. Der Verkauf liegt gegenüber dem Bahnhof.

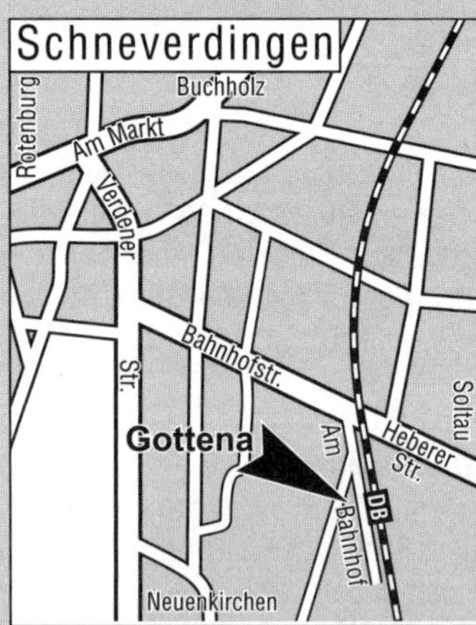

Das Glaswerk im Dorf Schönborn in der Lausitz wurde als Glashütte unter dem Namen „Johannahütte" im Jahre 1899 gegründet. Noch heute wird das Kristall in traditioneller Weise von Hand gefertigt. Die Dekorpalette reicht vom klassisch-böhmischen Schliff über florale Motive bis zum künstlerisch modernen Stil.

Der richtige Schliff

Warenangebot
Trinkgläser, Vasen, Schalen, Dosen, Bowlen für exklusive Ausstattungen und hochwertige Geschenke.

Ersparnis
20 %, bei Sonderverkäufen mehr.

Ambiente
Im „Haus der Geschenke" werden die Kristallwaren in großen Räumen dekorativ präsentiert. Parkplätze sind in großer Zahl vorhanden.

Adresse
Glaswerk Schönborn GmbH „Haus der Geschenke", Bahnhofstraße 24, 03253 Schönborn, Telefon: 03 53 26/9 39 56, Fax: 9 39 57.

Öffnungszeiten
Montag bis Freitag 10.00 bis 17.00 Uhr, Samstag 10.00 bis 12.00 Uhr, Sonntag 13.00 bis 16.00 Uhr.

Anreise
A13 Dresden-Berlin, Ausfahrt Großräschen und auf der B96 Richtung Finsterwalde/Bad Liebenwerda. Das Glaswerk liegt an der Durchfahrtsstraße. Bereits an den Ortseingängen finden Sie Hinweisschilder.

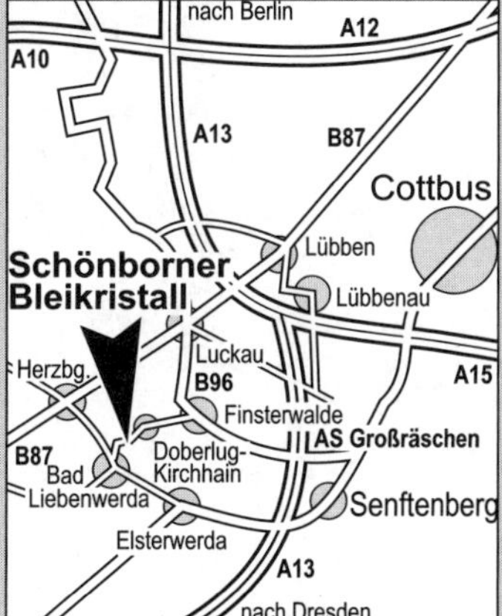

Aus dem Herzen Schleswig-Holsteins kommen die Wurstwaren der Pfeifer GmbH und sie sind so richtig nach Schleswig-Holsteiner Art.

Original Holsteiner

Warenangebot
Original Holsteiner Salami, Leberwurst, Mettwurst, Rotwurst etc.

Ersparnis
Bis zu 30 %

Ambiente
Wie beim Metzger.

Adresse
Pfeifer GmbH, Heinrich-Wöhlk-Straße 19-21, 24232 Schönkirchen, Telefon: 0 43 48/79 73, Fax: 17 53, Internet: www.pfeifer-wurstwaren.de.

Öffnungszeiten
Dienstag und Freitag 7.30 bis 17.30 Uhr.

Anreise
Schönkirchen liegt östlich von Kiel. A 210/215 bis Kiel Mitte, auf der B 202 Richtung Lütjenburg und in Krensburg Richtung Schönkirchen/ Kieler Bucht abbiegen. In Schönkirchen links Richtung Gewerbegebiet Söhren, dann rechts in die Heinrich-Wöhlk-Straße.

Snackmaster stellt hochwertige, tiefgefrorene Kartoffelprodukte aus frischen Zutaten her. Das Angebot ist ausgesprochen vielseitig.

Schwärmen für Schwarmstedter

Warenangebot
Reibekuchen, Kartoffel-Gemüse-Puffer, Rösti, Kartoffeltaschen mit Frischkäsefüllung und anderen Füllungen, Kartoffelklöße halb und halb.

Ersparnis
10 bis 15 %.

Ambiente
Verkauf ab Fabrik-Shop mit dem Namen „Kartoffelshop und mehr ..." in der Neustädter Straße 24 in Schwarmstedt.

Adresse
Snackmaster Tiefkühlprodukte GmbH & Co. KG, Verkauf: Neustädter Straße 24, 29690 Schwarmstedt, Telefon: 0 50 71/ 9 60 60, Fax: 96 06 29, E-Mail: snackmaster-schwarmstedt@t-online.de, Internet: www.snackmaster.de.

Öffnungszeiten
Montag bis Samstag 9.30 bis 12.30 Uhr, Freitag zusätzlich 14.00 bis 18.00 Uhr.

Anreise
A7 Hannover-Hamburg, Ausfahrt Schwarmstedt. In Schwarmstedt über die Bahnlinie und nach der 2. Ampel halblinks in Richtung Neustadt abbiegen. Folgen Sie nun der Vorfahrtsstraße. Kurz vor dem Ortsende (Richtung Neustadt) auf der linken Seite finden Sie den Verkauf.

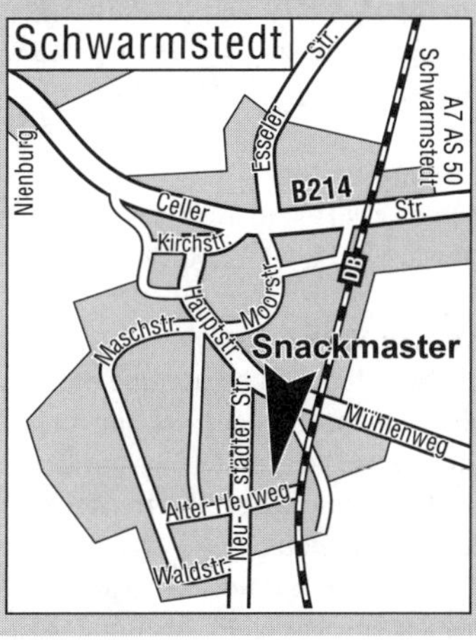

Fox-Markt

Neckermann verkauft in seinen Fox-Märkten Überhänge aus den Versandkatalogen und Artikel mit kleinen Schönheitsfehlern. Die Preise sind sagenhaft günstig und das Angebot kann sich sehen lassen. In Deutschland gibt es fast 60 Fox-Märkte.

Preisknüller

Warenangebot
Damen-, Herren- und Kinderbekleidung, Babyausstattung, Heimtextilien, Uhren und Schmuck.

Ersparnis
30 bis 50%, zum Teil darüber, bei Sonderaktionen und im WSV/SSV zusätzliche Preisreduzierung.

Ambiente
Kaufhaus mit übersichtlichem Warenangebot.

Adresse
Fox-Markt, Klöresgang 3 (Wurmcenter), 19063 Schwerin, Telefon: 03 85/ 5 93 66 32.

Öffnungszeiten
Montag bis Freitag 10.00 bis 19.00 Uhr, Samstag 10.00 bis 16.00 Uhr.

Weitere Verkaufsstellen
Alle Fox-Markt-Standorte und die aktuellen Angebote finden Sie im Internet unter www.fox-markt.de.

Weitere Verkaufsstelle in Mecklenburg-Vorpommern

- 17489 **Greifswald**, Langestraße 73 (bei der Nikolaikirche), Telefon: 0 38 34/ 24 26, Fax: 89 73 28. Öffnungszeiten: Montag bis Freitag 9.00 bis 18.00 Uhr, Samstag 9.00 bis 13.00 Uhr.

Anreise
Über die B104/106 in die Lübecker Straße zur Altstadt. Das Wurmcenter mit dem Fox-Markt liegt zwischen der Arsenalstraße und dem Marienplatz.

FREIZEIT MODEN
sportive Bekleidung für jedermann

Im Fabrikverkauf der Firma Freizeitmoden sind Textilien aus eigener Herstellung neben einer großen Auswahl an Modellen, z.B. aus Amaretta und Sympa-Tex, aus der Produktion anderer bekannter Hersteller wie Brandt, Digel, Lebek oder K+K-Modelle zu finden.

Immer brandtaktuell

Warenangebot
Röcke, Blusen, Hosen, Sakkos, Jeans und Anoraks. Allein 800 bis 1000 Jacken sind im Angebot. Dabei handelt es sich um aktuelle Mode in 1. und 2. Wahl mit dem Prädikat „praktisch". Es gibt auch eine gute Auswahl an Übergrößen (bei Frauen bis Größe 52 und zum Teil darüber, bei Herren bis Größe 60) und Kurzgrößen.

Ersparnis
30 bis 40 %.

Ambiente
Freundliche „Aufsicht", auf Wunsch Beratung. Großer, lagerhallenartiger Raum mit Umkleidekabinen. Parkplätze sind ausreichend vorhanden.

Adresse
Freizeitmoden GmbH, Im Koppelkamp 3, 38723 Seesen-Rhüden, Telefon: 0 53 84/ 18 11.

Öffnungszeiten
Montag bis Freitag 10.00 bis 18.00 Uhr, Samstag 9.00 bis 13.00 Uhr.

Anreise
A7, Ausfahrt Rhüden, in Rüden links in die Hildesheimer Straße, dann rechts in die Kaleinburgstraße und vor dem Netto-Markt rechts zum Koppelkamp.

MACK
HOSENFABRIK · BEKLEIDUNG

Die Firma Mack ist eine kleine Hosenfabrik, die in ihrem Fabrikverkauf Hosen aus eigener Herstellung anbietet und für die richtige Passform sorgt, indem sie erforderliche Änderungen nach Möglichkeit sofort vornimmt.

Immer die passende Hose

Warenangebot
Damen- und Herrenhosen aus Schurwolle/Polyester/Elastan, sowie Damen- und Herrenjeans.

Ersparnis
50 %.

Ambiente
Der Fabrikverkauf entspricht einem kleinen, einfachen Fachgeschäft. Umkleidekabinen sind vorhanden. Erforderliche Änderungen werden sofort vorgenommen.

Adresse
Hosenfabrik Mack, Inh. Peter Körner, Schweier Straße 37, 26935 Stadland-Rodenkirchen, Telefon: 0 47 32/12 28.

Öffnungszeiten
Montag bis Freitag 8.00 bis 18.00 Uhr, Samstag 8.00 bis 13.00 Uhr.

Anreise
Von Varel Richtung Rodenkirchen. Vor dem Ortseingang Rodenkirchen befindet sich links ein großes Gebäude mit der Aufschrift „Hosenfabrik Mack".

Planungshilfen
Problemlösungen
Möbel aller Art

EINKAUFS-GUTSCHEIN

Die Firma MPP-Möbel stellt Polstermöbel verschiedener Qualitätsstufen her. Ein Schwerpunkt sind Schlafsofas. Daneben gibt es konventionelle Sofas und andere Polstermöbel.

Zum Be-sitzen

Warenangebot
Meistens stehen ca. 100 Sofas, Schlafsofas und Sessel zur Auswahl.

Ersparnis
30 bis 50 %.

Ambiente
Großes Lager mit kompetenter Beratung.

Adresse
MPP GbR Möbel aller Art, Am Georgsschacht 13, 31655 Stadthagen, Telefon: 0 57 21/7 80 50.

Öffnungszeiten
Die Möbelfundgrube ist Samstag von 9.00 bis 13.00 Uhr geöffnet. Vorsicht: Im Sommer (Ende Juli/August) sind jeweils drei Wochen Betriebsferien.

Anreise
A2 aus Richtung Hannover, Ausfahrt Bad Nenndorf, aus Richtung Dortmund, Ausfahrt Bad Eilsen Richtung Stadthagen und auf der B65, Ausfahrt Meinefeld, in die Jahnstraße und links in die Schachtstraße zum Georgsschacht.

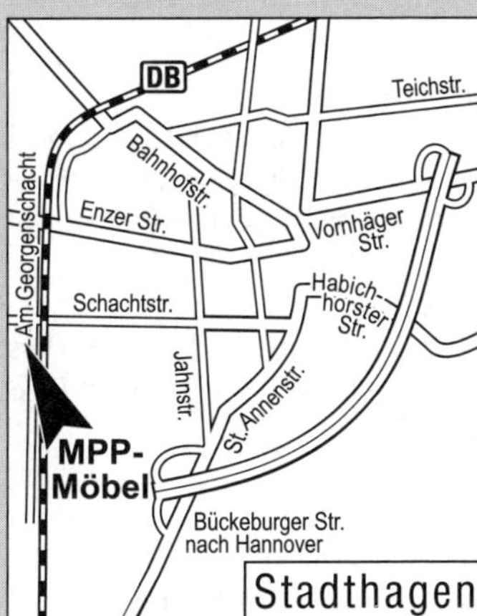

GERRY WEBER **TAIFUN** COLLECTION

Wenn Gerry Weber seine Bilanz erklärt, dann lädt die Firma nach Düsseldorf ein. Wer weiß denn schon, wo Brockhagen liegt. Doch es wäre ja noch schöner: Selbst im kleinen Brockhagen lebt man nicht auf dem Mond. Im Gegenteil, denn Gerry Weber zeigt bei aktueller und dabei gut tragbarer Mode den Konkurrenten meist, wo es langgeht!

Sportlich und hochmodisch dazu ...

Warenangebot
Modische Damenbekleidung – nicht nur für junge Frauen. Im Laden vorwiegend Textilien mit kleinen Fehlern, 2.-Wahl-Artikel, Überhänge, Reststücke usw. Neben der klassischen Weber-Marke werden auch die Marken Taifun mit sportiver Mode und Samoon für die fülligere Frau gezeigt.

Ersparnis
Meist zwischen 30 und 50 %.

Ambiente
Gut ausgeschilderte Verkaufsetage im Verwaltungsgebäude, angenehme Einkaufsatmosphäre, großer Andrang.

Adresse
Gerry Weber International AG, Horststraße 2-6, 33803 Steinhagen-Brockhagen, Telefon: 0 52 04/10 02 28.

Öffnungszeiten
Montag bis Freitag 11.00 bis 18.00 Uhr, Samstag 9.00 bis 16.00 Uhr.

Anreise
A2, Ausfahrt Rheda-Wiedenbrück, danach auf der B61 (aus nördlicher Richtung über B68 und Steinhagen anfahren) westlich Gütersloh umfahren. Die 1. Landstraße nach der Abzweigung der B513 führt nach Brockhagen (über Nierhorst).

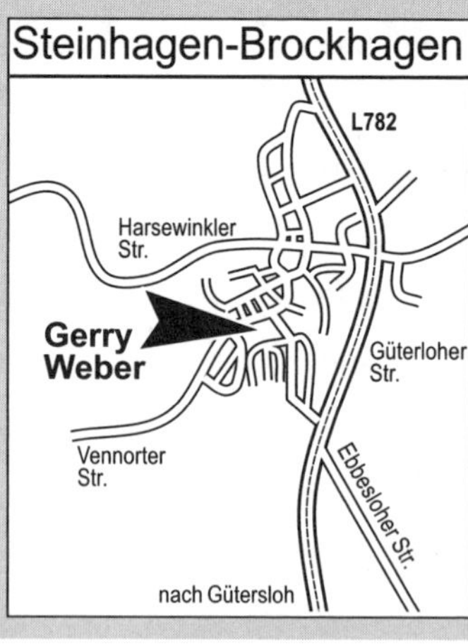

EINKAUFS-GUTSCHEIN

Adidas-Salomon ist Europas größter Sportartikelhersteller und die Marke adidas ist längst Symbol für Sportkult rund um den Globus. Adidas hat es geschafft, mit drei Streifen ein Gefühl von Identität mit den Großen des Sports rüberzubringen.

Drei Streifen

Warenangebot
Sportschuhe aller Art, Babyschuhe, Tennisbekleidung, Kinder- und Babybekleidung, Gymnastik-, Jogging- und Trainingsanzüge, Freizeitmode, Bademoden, Badetücher, Taschen, Rucksäcke, Fuß- und Basketbälle, Inline-Skater, Uhren, Brillen etc. Angeboten werden Artikel aus der Vorsaison, 2. Wahl, Musterteile und Sonderposten.

Ersparnis
30 bis 50 %.

Ambiente
Angenehmer Verkauf auf 1000 m². Hilfsbereites Personal, übersichtlich dargebotene Ware, zahlreiche Umkleidekabinen und große Nachfrage.

Adresse
Adidas Factory Outlet Bremen, Bremer Straße 111-115, 28816 Stuhr-Brinkum bei Bremen, Telefon: 04 21/8 77 54 46.

Öffnungszeiten
April bis Oktober: Montag bis Freitag 10.00 bis 20.00 Uhr, Samstag 10.00 bis 18.00 Uhr. November bis März: Montag bis Freitag 10.00 bis 19.00 Uhr, Samstag 10.00 bis 18.00 Uhr.

Weitere Verkaufsstellen
- 66482 **Zweibrücken**, im oci Designer Outlet Center, Londoner Bogen 10-90, Telefon: 0 63 32/47 27 35.
- 91074 **Herzogenaurach**, Olympiaring 1-5, Telefon: 0 91 32/84 20 46.

Anreise
A1 Ausfahrt Bremen-Brinkum, Beschilderung Ikea (B6, im weiteren Verlauf Bremer Straße) folgen, an der Ampelkreuzung geradeaus, dann 180°-Wende, bei McDonald's rechts.

EINKAUFS-
GUTSCHEIN

Marc O'Polo®

Marc O'Polo ist innovative, qualitativ hochertige Bekleidung aus überwiegend natürlichen Materialien für moderne, weltoffene Menschen. Die Lifestyle-Marke mit hohem Prestigewert ist Statement eines individuellen Lebensgefühls und behauptet sich im Premium-Segment.

Lebensgefühl

Warenangebot
Komplettes Sortiment für Damen und Herren: Pullis, Hosen, Jacken, Hemden, Blusen etc. Auch Schuhe, Taschen, Wäsche, Kinderbekleidung und Accessoires. Die Ware ist aus der Vorsaison, zum Teil gibt es auch 2.-Wahl-Ware, Retouren und Musterteile.

Ersparnis
30 bis 50%.

Ambiente
Neuer, großzügiger Verkaufsraum auf einer Fläche von ca. 800 m², Umkleidekabinen, Kinderspielecke und über 1000 Parkplätze auf dem Gelände.

Adresse
Marc O'Polo Factory Outlet, Bremer Straße 113-115, 28816 Stuhr-Brinkum bei Bremen, Telefon: 04 21/8 78 45 80.

Öffnungszeiten
Montag bis Freitag 10.00 bis 20.00 Uhr, Samstag 10.00 bis 18.00 Uhr.

Weitere Verkaufsstellen
- 14057 **Berlin-Charlottenburg**, Kaiserdamm 7, Telefon: 0 30/3 25 61 60.
- 80807 **München-Martinsried**, Lena-Christ-Straße 46, Telefon: 0 89/ 8 57 68 95.
- B-3630 **Maasmechelen**, Belgien, Zetellaan 151, Telefon: 0032/89 38 35 72.

Anreise
A1, Ausfahrt Bremen/Brinkum, Beschilderung Ikea (B6, die im weiteren Verlauf zur Bremer Straße wird) folgen, an der Ampelkreuzung 300 m geradeaus, dann 180°-Wende und bei McDonald's rechts einbiegen.

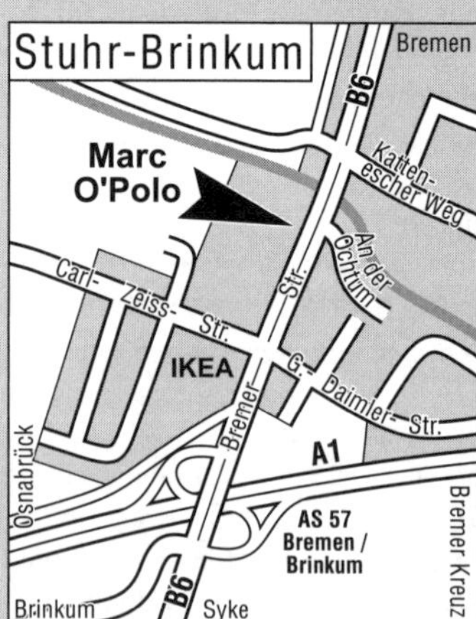

Das Markenzeichen ist jedem bekannt, denn Nike ist Weltmarktführer für Sportschuhe und Sportbekleidung. Der Nike Swoosh steht für Bewegung und den Sporttrieb, der angeblich in jedem Menschen steckt. Die Firmenideologie: Honor, Courage, Victory and Teamwork. Diese Firmenideologie kann man nun auch in den Nike Factory Stores in Deutschland erleben.

Der Nike Swoosh

Warenangebot

Sportschuhe und Sportbekleidung für Golf, Fußball, Tennis, Fitness, Crosstraining und Outdoor. Produkte von vergangenen Saisons (mindestens sechs Monate alt), Musterteile oder Waren mit kleinen Fehlern für Damen, Herren und Kinder. Besonders großes Angebot an Sportschuhen, außerdem: Rucksäcke, Sporttaschen, Uhren, Brillen etc.

Ersparnis

30 bis 70%.

Ambiente

Ca. 650 m² große Verkaufsfläche im Stil eines Sportgeschäfts mit Umkleidekabinen; freundliches Personal, Garantieanspruch und Umtauschmöglichkeit. Über 1000 kostenlose Parkplätze.

Adresse

Nike Factory Store , Bremer Straße 109, 28816 Stuhr-Brinkum bei Bremen, Telefon: 04 21/ 8 40 07 60.

Öffnungszeiten

Montag bis Freitag 10.00 bis 20.00 Uhr, Samstag 10.00 bis 18.00 Uhr.

Weitere Verkaufsstellen (Auswahl)

- 72555 **Metzingen**, Reutlinger Straße 63-67, Telefon: 0 71 23/9 68 50.
- 91074 **Herzogenaurach**, Zeppelinstraße 1, Telefon: 0 91 23/7 45 28 10.

Anreise

A 1 Ausfahrt Bremen-Brinkum, Beschilderung Ikea (B6, im weiteren Verlauf Bremer Straße) folgen, an der Ampelkreuzung geradeaus, dann 180°-Wende, bei McDonald's rechts.

TOMMY
HILFIGER
DENIM

Beliebte, sportliche Mode aus den USA: spielerisch, sexy, erfrischend und überall in den noblen Einkaufsmeilen vertreten.

Eine Frage des Stils

Warenangebot
Jacken, Pullis, Hemden, Hosen, Blusen, Jeans, T-Shirts, auch Golfkleidung, Homewear, Schuhe und Accessoires. Die Ware ist überwiegend aus der Vorjahreskollektion.

Ersparnis
Bis 50 %.

Ambiente
Zielgruppenorientierter, übersichtlich organisierter Verkauf. Es gibt über 1000 Parkplätze auf dem Gelände Ochtumpark mit mehreren weiteren Factory Outlets.

Adresse
Tommy Hilfiger Factory Outlet, Bremer Straße 107, 28816 Stuhr-Brinkum bei Bremen, Telefon: 04 21/89 83 38.

Öffnungszeiten
Montag bis Freitag 10.00 bis 20.00 Uhr, Samstag 10.00 bis 18.00 Uhr.

Weitere Verkaufsstelle
● 14641 **Wustermark**, Im B5 Designer Outlet Center, Alter Spandauer Weg 1, Telefon: 03 32 34/2 47 07. Montag bis Samstag 10.00 bis 19.00 Uhr und an vier Sonntagen pro Jahr.

Anreise
A1 Osnabrück–Hamburg, Ausfahrt Bremen/Brinkum. Der Beschilderung Ikea (B6, die im weiteren Verlauf zur Bremer Straße wird) folgen. An der Ampelkreuzung 300 m geradeaus, dann 180-Grad-Wende und bei McDonald's rechts einbiegen. Mit öffentlichen Verkehrsmitteln: ZOB mit der Linie 120 direkt nach Brinkum, Haltestelle Ikea.

LLOYD
GERMANY

Lloyd-Schuhe sind qualitativ sehr hochwertige Markenschuhe mit Weltruf und mehr als 100-jähriger Tradition.

Der Klassiker

Warenangebot
Eine Riesenauswahl an Herrenschuhen (2. Wahl mit kleinen Fehlern), vom bequemen Slipper über den modischen Halbschuh zum zeitlosen, klassisch-eleganten Schuh (Größe 38 bis 50). Außerdem findet man ein stark verbessertes Damenschuhangebot aus eigener Produktion (Größe 35 bis 43). Zusätzliche Warenangebote: Herrentextilien (Hemden, Krawatten, Pullover, Jacken), Gürtel, Strümpfe, Damentaschen, Aktenmappen, Reisegepäck.

Ersparnis
Bei Schuhen 2. Wahl 30 bis 40 %, sonstiges Angebot 20 bis 30 %. Sonderpreise für Restposten und Schuhe mit gravierenden Mängeln, zeitweise Sonderrabatte für einzelne Größen.

Ambiente
Riesenauswahl, übersichtlich geordnet. Ohne Beratung und Bedienung. Parkplätze vorhanden.

Adresse
Lloyd Shoes GmbH & Co. KG, Hans-Hermann-Meyer-Straße 1-4, 27232 Sulingen, Telefon: 0 42 71/94 00.

Öffnungszeiten
Montag bis Freitag 9.00 bis 19.00 Uhr, Samstag 9.00 bis 16.00 Uhr.

Anreise
Die Schuhfabrik liegt am westlichen Stadtrand von Sulingen, im Kreuzungsbereich der B61 und B214, und ist aus allen Richtungen kommend gut ausgeschildert.

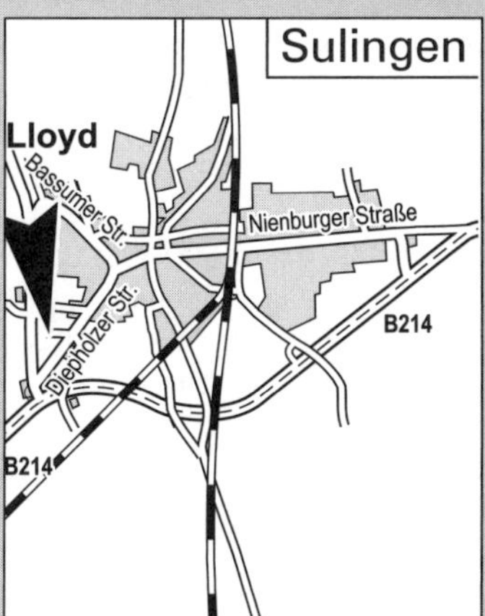

BEHRENS

In der Hutfabrik Behrens ist das ganze Jahr über Karneval. Ausgenommen die Sommerferien. Es werden überwiegend Karnevals- und Strohhüte hergestellt.

Mon Chapeau

Warenangebot
Filz in allen politischen und unpolitischen Farben von Rot bis Schwarz. Der eine oder andere Hut eignet sich für Individualisten auch als Nicht-Karnevalshut. Zum Beispiel die Strohhüte.

Ersparnis
30 bis 50 %.

Ambiente
Die Hutfabrik Behrens hat eigentlich keinen Fabrikverkauf eingerichtet. Wenn Sie aber in das Firmenbüro hineingehen, werden Sie nicht abgewiesen.

Adresse
Hutfabrik Behrens, Oberbeckerstraße 1, 27239 Twistringen, Telefon: 0 42 43/6 42.

Öffnungszeiten
Das Büro ist zu normalen Arbeitszeiten geöffnet: Montag bis Donnerstag 8.00 bis 12.00 und 13.00 bis 15.00 Uhr. Freitag 8.00 bis 11.00 Uhr.

Anreise
Twistringen liegt an der B51 von Vechta nach Bremen. Hinter dem großen Supermarkt in Twistringen zweimal rechts.

charissima

Charissima ist ein Versandhaus mit einem großen Angebot an Damen- und Herrenhosen in allen Größen. Die Rest- und Sonderposten aus dem Versandhandel und Hosen eines Uslarer Hosenproduzenten werden hier zu wahrhaft günstigen Konditionen an die Frau oder den Mann gebracht.

Schwerpunkt Hosen

Warenangebot
Damen- und Herrenhosen in großer Auswahl sowie Shirts, Pullover, Blusen und Hemden, auch in Sondergrößen.

Ersparnis
30 bis 60 %. Ständig großes Angebot an Aktionswaren.

Ambiente
Großer Verkaufsraum, Lagerhallenatmosphäre, Gratis-Kaffe in der Kaffeeecke. Vor dem Verkauf gibt es ausreichend Parkplätze.

Adresse
Charissima Versandhaus GmbH, Ernst-Reuter-Straße 4, 37170 Uslar, Telefon: 0 55 71/9 22 50.

Öffnungszeiten
Montag bis Freitag 10.00 bis 18.00 Uhr, Samstag 10.00 bis 14.00 Uhr.

Anreise
A7 Kassel-Hannover, Ausfahrt Nörten/Hardenberg und auf der B241 nach Uslar. In Uslar gleich am Ortsanfang von der B241 rechts in die Otto-Brenner-Straße und wieder rechts in die Ernst-Reuter-Straße.

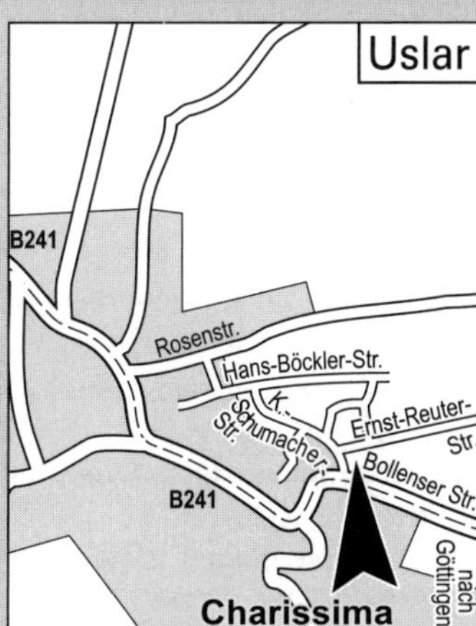

Bahlsen ist einer der bekanntesten Süßwarenhersteller Deutschlands. Die Firma hat sich auf Keks- und Backwaren spezialisiert.

Alles, was das (süße) Herz begehrt

Warenangebot
Chips, Kekse, Lebkuchen, eigentlich das gesamte aus dem Einzelhandel bekannte Bahlsen-Programm.

Ersparnis
30 bis 50 %.

Ambiente
Schöner Laden, 300 m vom Fabrikgebäude entfernt.

Adresse
Bahlsen KG, Am Hafen, 26316 Varel, Telefon: 0 44 51/12 30.

Öffnungszeiten
Montag bis Freitag 9.00 bis 18.00 Uhr, Samstag 9.00 bis 13.00 Uhr.

Weitere Verkaufsstellen
- 12099 **Berlin-Tempelhof**, Oberlandstraße 52-63, Telefon: 0 30/7 59 50.
- 26135 **Oldenburg**, Emsstraße 3-7, Telefon: 04 41/9 23 50.
- 30655 **Hannover-List**, Sutelstraße 54, Telefon: 05 11/96 00.
- 30853 **Langenhagen**, Walsroder Straße 194, Telefon: 05 11/77 19 10.

Anreise
A29 Oldenburg-Wilhelmshaven, Ausfahrt Varel-Bockhorn, über die B437 Richtung Rodenkirchen und nach Varel von der Rodenkirchener Straße links in die Neuwagenrooger Straße zum Hafen einbiegen. Das große Fabrikgelände links ist nicht zu verfehlen, 300 m weiter ist der Verkauf.

Friesland

Die Firma Friesland GmbH, die in den 50er-Jahren gegründet wurde, stellt Porzellan und Geschirr von hoher Qualität in edlem Stil her.

Der Außerfriesische

Warenangebot
Vor allem Geschirr, sowohl Tafel- als auch Kaffeeservice in sehr großer Auswahl und unterschiedlichen Stilrichtungen. Viele sind weiß mit verschiedenen Rändern, es sind aber auch einfarbige Service vorrätig.

Ersparnis
Bei Porzellan zwischen 30 bis 40%. In einem separaten Zelt werden zusätzliche Schnäppchen zu besonders günstigen Preisen angeboten. Die Öffnungszeiten hier: Montag bis Freitag 10.00 bis 13.00 und 13.30 bis 17.00 Uhr.

Ambiente
Sehr großer, heller Verkaufsraum, in dem die Ware übersichtlich geordnet präsentiert wird. Keine Beratung, Parkplätze vorhanden.

Adresse
Friesland GmbH, Rahlinger Straße 23, 26316 Varel, Telefon: 0 44 51/1 70, Durchwahl Verkauf: 1 72 09.

Öffnungszeiten
Montag bis Freitag 10.00 bis 17.00 Uhr, Samstag 10.00 bis 13.00 Uhr.

Anreise
Von Varel Zentrum Richtung Bockhorn, dann ein Stück hinter Varel rechts Richtung Jeringhave.

EINKAUFS-GUTSCHEIN

M. M. Marketing Service

Ledermode kann sein wie eine zweite Haut. Lederbekleidung wird dann zum Feeling besonderer Art. In Verden wurden gesichtet: Rest- und Sonderposten in mittlerer bis hoher Qualität von klassisch bis modisch.

Softes Veloursleder, strapazierfähiges Nappa

Warenangebot
Herren-Nappa-Blousons, Herren-Velours-Blousons, Herrenwinterjacken in Velours oder Nappa, Damenlederjacken und -blazer, Damenlederröcke und Westen, Damenwinterparkas, Nappa-Lederjeans.

Ersparnis
30 bis 50%.

Ambiente
Großer Lagerraum, der bis zur Decke mit Lederbekleidung vollgestopft ist. Umkleidekabinen und Parkplätze ausreichend vorhanden.

Adresse
M. M. Marketing Service, Max-Planck-Straße 28 / Peter-Henlein-Straße 3, 27283 Verden (Aller), Telefon: 0 42 31/ 6 90 38, Internet: www.leder-mode.de.

Öffnungszeiten
Dienstag, Donnerstag und Freitag 14.00 bis 17.00 Uhr, Samstag 10.00 bis 13.00 Uhr.

Anreise
A27, Ausfahrt Verden-Ost, dann links in das Gewerbegebiet Max-Planck-Straße, Verkauf nach ca. 4 km auf der linken Seite.

Verdener Keks- und Waffelfabrik

Traditionsreiche Keksfabrik, die nicht vom guten alten Keks und Teegebäck lassen will.

Traditionell gut

Warenangebot
Gute Kekse und Waffeln in verschiedenen Variationen, teils mit Schokoladenbezug, Sandgebäck für Kenner.

Ersparnis
50 bis 60%.

Ambiente
Verkaufscontainer neben dem Haupteingang.

Adresse
Verdener Keks- und Waffelfabrik, Hans Freitag GmbH & Co.KG, Siemensstraße 11, 27283 Verden (Aller), Telefon: 04231/91490.

Öffnungszeiten
Januar bis Oktober: Donnerstag und Freitag 8.00 bis 13.00 und 13.30 bis 17.00 Uhr. Mitte Oktober bis Weihnachten: Montag bis Freitag 8.00 bis 17.00 Uhr.

Anreise
A27 Walsrode-Bremen, Ausfahrt Verden Ost, auf den Berliner Ring und von hier rechts in die Siemensstraße. Der Fabrikverkauf der Keksfabrik befindet sich im Industriegebiet in Verden.

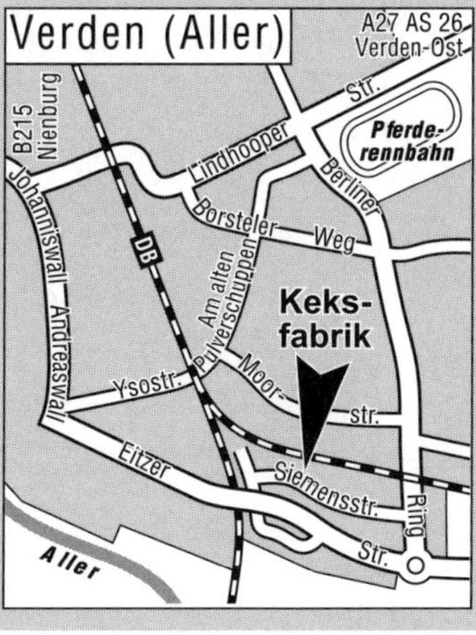

BERND VOJTISEK

Die Firma stellt Handschuhe aller Art selbst her und kauft auch einzelne Stücke hinzu.

Der Greifer

Warenangebot
Sowohl gefütterte als auch ungefütterte Lederhandschuhe für Damen und Herren, Motorradhandschuhe und Curly-Handschuhe.

Ersparnis
30 bis 50 %.

Ambiente
Kleiner Verkaufsraum vor der Werkstatt im Hof.

Adresse
Bernd Vojtisek, Kurze Straße 1, 38690 Vienenburg, Telefon: 0 53 24/15 97.

Öffnungszeiten
Montag bis Freitag 8.00 bis 12.00 und 13.00 bis 18.00 Uhr. Samstag 10.00 bis 12.00 Uhr.

Anreise
Von Goslar auf der B241 nach Vienenburg und dort Richtung Vienenburger See.

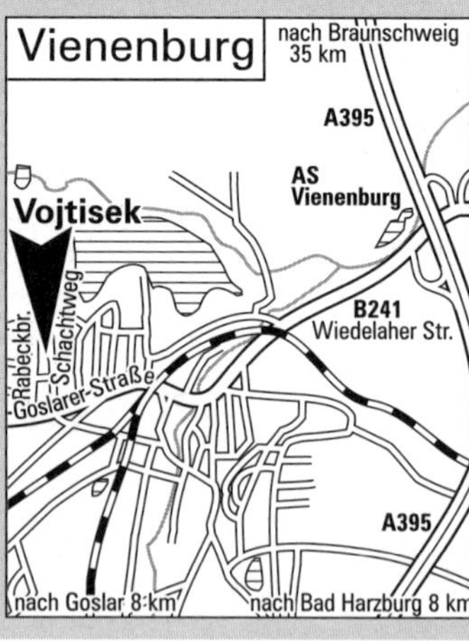

WAGENFELDER SPINNEREIEN GMBH

Die Wagenfelder Spinnereien sind in ganz Norddeutschland bekannte Hersteller von Wolle. Im Fabrikverkauf findet man eine sehr große Auswahl an Handstrickgarnen.

Wolllust

Warenangebot
Der Fabrikverkauf quillt über von allen Sorten von Wolle, Garnen, Stoffen sowie Tischdecken. Es werden sogar Teppichknüpfunterlagen und geschnittene Teppichknüpfwolle angeboten. Fachkundige, hilfsbereite und freundliche Damen beraten Sie.

Ersparnis
30 bis 50 %.

Ambiente
Lassen Sie sich von den Hinweisen auf den Verkauf an Betriebsangehörige nicht beirren! Sie treffen in dem Laden sogar manchmal Damen aus Bremen, die dort ihrer Wolllust nachgehen. Der Fabrikverkauf befindet sich außerhalb des Fabrikgeländes in der Hauptstraße gegenüber dem Textilhaus Scheland.

Adresse
Wagenfelder Spinnereien GmbH, Maschweg 3, 49419 Wagenfeld, Telefon: 0 54 44/50 10, Fax: 5 01 49.

Öffnungszeiten
Montag bis Mittwoch 13.30 bis 17.00 Uhr. Im Juli, zwischen Weihnachten und Neujahr, sowie in der ersten Januarwoche bleibt der Laden geschlossen.

Anreise
Wagenfeld liegt an der B239, kurz bevor diese in die B214 von Diepholz nach Sulingen führt. Der Laden ist genau in der Ortsmitte an der Stirnseite eines großen alten Ziegelsteinfabrikgebäudes. Das Fabrikgebäude im Maschweg befindet sich in der nächsten Seitenstraße.

arko

Arko ist bekannt für seinen Werbeslogan „Kaffee und süße Lebensart". Bei dem Werk in Wahlstedt handelt es sich um eine Kaffeerösterei. Im Angebot sind neben Kaffee aber auch viele süße Leckereien sowie Geschenkartikel, mit denen normalerweise die Süßigkeiten verpackt werden.

Kaffee und süße Lebensart

Warenangebot
Kaffee, Tee, Kekse, Schokolade, Süßwaren aller Art, (vor Weihnachten und Ostern jeweils viele Oster- und Weihnachtsartikel), Geschenkartikel (kleine Plüschtiere, Dekoration etc.), Teedosen, Geschirr, Spirituosen.

Ersparnis
Bis zu 80% bei Non-Food-Artikeln, 15 bis 30% bei Süßwaren und Gebäck.

Ambiente
Der Werksverkauf findet im so genannten „Arko-Knüller-Shop" direkt rechts neben dem Pförtnerhäuschen statt. Er ist gut sichtbar ausgeschildert. Einkauf in Selbstbedienung. Besucherparkplätze vor dem Fabriktor.

Adresse
Arko GmbH, Dr.-Hermann-Lindrath-Straße 28, 23812 Wahlstedt, Telefon: 04554/5954, Fax: 703923, E-Mail: knuellershop@web.de.

Öffnungszeiten
Donnerstag und Freitag 10.00 bis 18.00 Uhr, Samstag 9.00 bis 13.00 Uhr. Vor Weihnachten und Ostern erweiterte Öffnungszeiten.

Anreise
A7 Richtung Flensburg, Ausfahrt Bad Bramstedt. Dann Richtung Bad Segeberg und fährt ca. 20 km auf der B206 nach Westen. Am Abzweig „Wahlstedt" links ab nach Wahlstedt. Nach der Polizei links in die Waldstraße. Dieser folgt man ins Industriegebiet. Links geht die Dr.-Hermann-Lindrath-Straße ab. Nach dem gut sichtbaren Fabrikgebäude von Pelz-Watte, kommt rechts am Waldrand Arko.

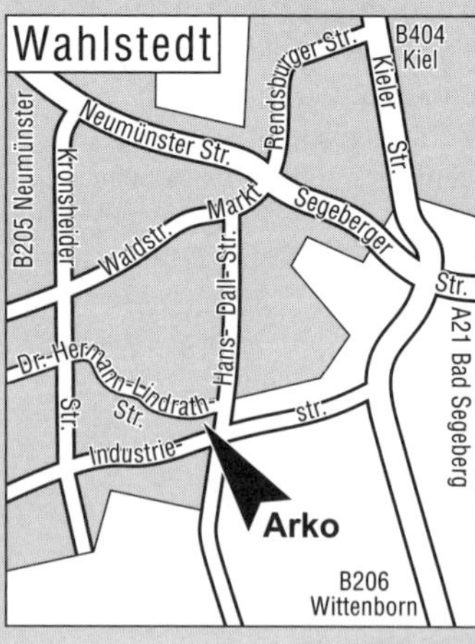

Pelz stellt alles Mögliche aus Watte her, außerdem Unentbehrliches für die Küche wie z. B. Mülleimerbeutel. Marken aus diesem Hause sind Jean Carol, Cosmea oder Pely.

In Watte gepackt

Warenangebot
Watte, Wattepads, Damenbinden, Slip-Einlagen, Wundpflaster, Wattestäbchen, Stilleinlagen, Einmal-Waschlappen, Babywindeln, Mülleimerbeutel, Frischhaltefolie, Butterbrotpapier.

Ersparnis
Zwischen 20 und 50%.

Ambiente
Der Laden befindet sich direkt neben dem Pförtnerhäuschen und ist mit dem Schild „Verkaufsshop" gekennzeichnet.

Adresse
Pelz-Watte GmbH, Dr.-Hermann-Lindrath-Straße 23, 23812 Wahlstedt, Telefon: 0 45 54/71-1.

Öffnungszeiten
Donnerstag 13.00 bis 16.00 Uhr, Freitag 13.00 bis 15.00 Uhr.

Anreise
A7 Richtung Flensburg, Ausfahrt Bad Bramstedt. Dann folgt man dem Wegweiser nach Bad Segeberg und fährt ca. 20 km auf der B206 Richtung Westen, links ab nach Wahlstedt. Nach der Polizei geht es links ab in die Waldstraße. Dieser bis ins Industriegebiet folgen. Links geht die Dr.-Hermann-Lindrath-Straße ab, die in einem Bogen verläuft. Kurz vor dem Ende der Straße, auf der linken Seite, nicht zu übersehen, liegt das Fabrikgelände von Pelz-Watte.

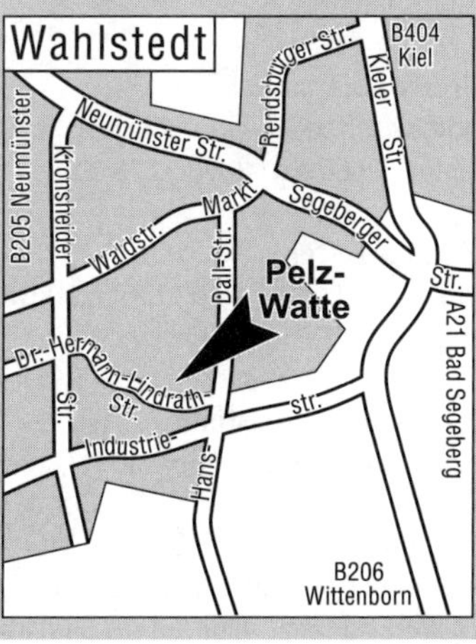

Golfino entwirft und fertigt hochwertige Freizeitmode und ist Europas führender Hersteller von Golfbekleidung. Golfino bietet das komplette Outfit für die ganze Familie.

Die Welt ist ein Golfplatz

Warenangebot
Hosen, Westen, Jacken, Pullover, Fleece-Bekleidung, Windstopper, Shorts, Polos, Funktionswäsche, Caps, Accessoires, Regenanzüge und eine kleine Kinderkollektion. Die angebotene Ware ist erste Qualität aus vergangenen Saisons.

Ersparnis
30 bis 50 %. Sonderaktionen zu besonderen Anlässen ergänzen das Angebot.

Ambiente
Die Ware wird in großzügigem Ambiente in einem Shop auf 300 m² präsentiert. Vom Golfino-Team werden Sie bestens beraten.

Adresse
Golfino Outlet, Hauptstraße 3-5, 21465 Wentorf, Telefon: 0 40/73 93 76 30.

Öffnungszeiten
Montag bis Freitag 10.00 bis 18.30 Uhr, Samstag 10.00 bis 14.00 Uhr.

Weitere Verkaufsstelle
- 23743 **Grömitz**, Seestraße 7, Telefon und Fax: 0 45 62/30 81. Saisonbedingt unterschiedliche Öffnungszeiten. Bitte vorher telefonisch erfragen. In der Regel im Sommer: Montag bis Samstag 10.00 bis 18.30 Uhr, Sonntag 11.00 bis 18.00 Uhr.

Anreise
B5 von Hamburg Richtung Geesthacht, in Hamburg-Bergedorf auf die B207 Richtung Wentorf wechseln. Der Verkauf liegt dort an der Durchfahrtsstraße (B207) und ist leicht zu finden.

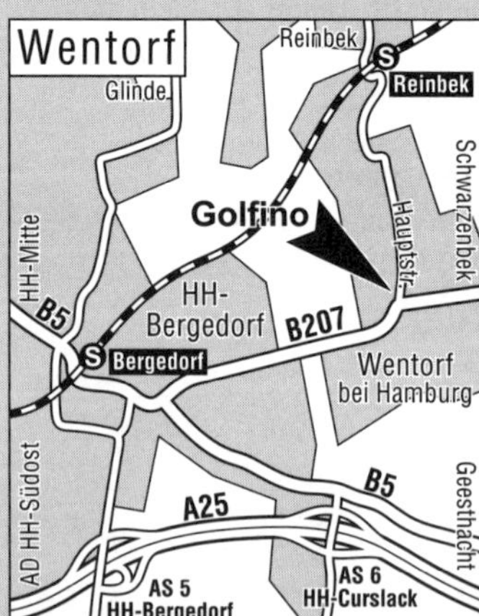

Schafkoben

Es gibt viele gute Verwendungsmöglichkeiten für Schaffelle, besonders wenn diese umweltfreundlich und nach medizinisch empfohlenen Methoden gegerbt sind. Und auf Wollsocken und Wollteppichen stehen Sie buchstäblich auf gutem Fuß mit der Natur.

Natur pur

Warenangebot
Schaffelle, medizinische Lammfelle fürs Bett oder für Autositze, Fußsäcke, auch für Kinder- und Sportwagen, Wollteppiche aus Heidschnuckenwolle, Wolldecken, Wollpullis, Wollsocken und andere Wollartikel sowie eine große Auswahl an Deko-Fellen, auch die jetzt wieder sehr gefragten Rinderhäute.

Ersparnis
Nur bei 2. oder 3. Wahl bis zu 50%, ansonsten wesentlich geringer.

Ambiente
Mittelgroßes Ladengeschäft.

Adresse
Schafkoben Fellvertriebs GmbH, Ahlhorner Str. 71, 27793 Wildeshausen, Telefon: 0 44 31/9 96 10.

Öffnungszeiten
Montag bis Freitag 8.00 bis 12.30 und 14.00 bis 17.00 Uhr, Samstag nur nach Vereinbarung.

Anreise
A1, Ausfahrt Wildeshausen-West, Richtung Wildeshausen, dort finden Sie gleich am Ortsanfang beim Familia-Markt den Schafkoben.

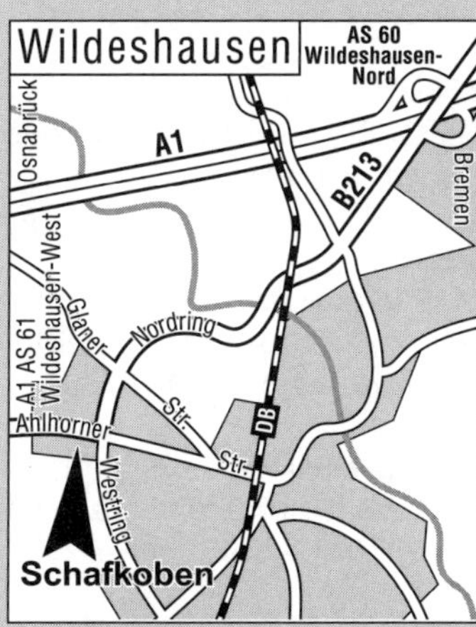

agrarfrost GERMANY

Stöver ist der größte deutsche Kartoffelverarbeiter und beliefert sowohl den Lebensmitteleinzelhandel als auch die Gastronomie. Seit Jahren werden die Produkte, die unter dem Namen Agrarfrost bekannt sind, mit den Qualitätspreisen der DLG und dem Gütesiegel der CMA ausgezeichnet.

Gruß aus Aldrup

Warenangebot
Alle Kartoffelprodukte von Pommes bis Kroketten und Reibekuchen, aber auch frische Feinkostsalate, Fleisch, Wurst und Tiefkühlprodukte. Neben dem breiten Sortiment in großen und kleineren Verpackungseinheiten sind besonders die Gastronomieartikel interessant, die im normalen Handel nicht zu kaufen sind wie z.B. die echten Hotdog-Würstchen und -Brötchen, die echten flachen Hamburger, tiefgekühltes Pitabrot oder tiefgekühlte Torten.

Ersparnis
10 bis 30 %.

Ambiente
Auf dem Firmengelände gibt es einen gut sichtbaren Laden.

Adresse
Stöver Direktverkauf, Stöver Gruppe, 27793 Wildeshausen-Aldrup, Telefon: 0 44 34/8 70, Laden: 0 44 34/8 72 08.

Öffnungszeiten
Montag bis Freitag 9.00 bis 18.00 Uhr, Samstag 8.00 bis 12.00 Uhr.

Anreise
Die Firma Stöver liegt im Ortsteil Aldrup und ist dort nicht zu verfehlen. Fahren Sie von Wildeshausen Richtung Goldenstedt und in Hanstedt links ab nach Aldrup.

MASTERHAND

BARUTTI
MARIO BARUTTI

Die Firmen der Peine Gruppe stellen Herrenbekleidung unter dem Label Masterhand und Barutti her. Die Kollektion Masterhand umfasst Hochzeits- und Gesellschaftsmode, Barutti klassische Herrenmode.

Der Elegante

Warenangebot
Unter dem Label Mario Barutti finden Sie Herrenanzüge von klassisch bis modern, Sakkos, Hosen, Strickwaren, Westen und Hemden. Das größte Angebot liegt bei den dunklen und blauen Farben. Daneben gibt es Hochzeits- und Gesellschaftsmode der Marke Masterhand vom Smoking bis zum Frack, Cut, Dinner-Jacket und Westen in allen Größen sowie Accessoires. Masterhand ist auch Spezialist für Sondergrößen. Das Angebot im Fabrikverkauf ist nicht immer vollständig. Viel 1B-Ware.

Ersparnis
40 bis 60 %.

Ambiente
Der Fabrikverkauf befindet sich ganz in der Nähe der Werksadresse. Im Laden herrscht Lageratmosphäre. Es gibt freundliches Personal, Umkleidekabinen sind ausreichend vorhanden.

Adresse
Peine Gruppe GmbH & Co.KG, Rheinstraße 49 (Firma), Verkauf: Ebertstraße 58b, 26382 Wilhelmshaven, Telefon: 0 44 21/48 42 29.

Öffnungszeiten
Montag bis Freitag 10.00 bis 13.00 und 14.00 bis 18.00 Uhr, Samstag 10.00 bis 13.00 Uhr.

Anreise
A29, Ausfahrt Wilhelmshavener Kreuz auf die B210; nach der 4. Ampel rechts in die Peterstraße (Richtung Helgolandkai) und bis zum Ende durchfahren; am Ende rechts in die Gökerstraße (Tankstelle), an der 1. Ampelkreuzung links in die Ebertstraße (Polizei); nach ca. 800 m rechts Nr. 58b – Verkauf.

EINKAUFS-GUTSCHEIN

Schubert®
since 1950

Die Strickerei Schubert stellt Jagd- und Maritim-Strickwaren in reiner Schurwolle her und ist die 1. Adresse für Jäger und Naturliebhaber.

Hier geht keine Masche verloren

Warenangebot
Pullover, Strickjacken, Westen und Pullunder in reiner Schurwolle „Wollsiegelqualität" und außerdem für den Naturfreund, Jäger und Landwirt: Hosen, Jacken, Janker, Krawatten, Hosenträger, Schals, Schießwesten, Caps, usw.

Ersparnis
40 bis 50 %.

Ambiente
Rustikaler Laden am Wittinger Marktplatz.

Adresse
Strickerei W. Schubert, Fulau 2, 29378 Wittingen, Telefon:0 58 31/16 41.

Öffnungszeiten
Montag bis Freitag 9.30 bis 12.30 und 14.30 bis 18.00 Uhr, Samstag 9.30 bis 12.30 Uhr.

Anreise
Wittingen liegt an der B244 von Celle nach Helmstedt in der Südheide. Der Verkaufsstandort Fulau 2 ist am WittingerMarktplatz in einem roten Backsteingebäude.

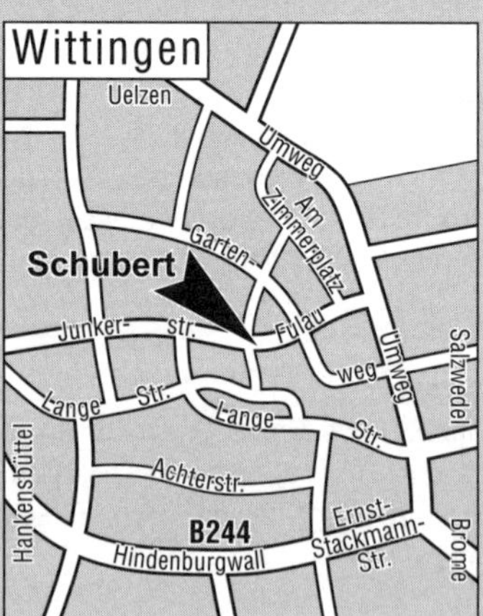

Braunschweigische Bettfedernfabrik

Die Bettfedernfabrik ist mit ihren Kissen, Decken und Daunenbetten bekannt bis nach Sylt. Die Firma kauft die Inletts zu und füllt die Betten dann selbst ab.

Kissenschlacht

Warenangebot
Im Fabrikverkauf sind alle Produkte der Bettfedernfabrik zu kaufen: Daunenbetten, Schlauchdecken, Daunendecken, Matratzen, Kissen. Die Firma bietet auch die modischen Farben der Bezüge: von Mintgrün bis Lila. Sie können auch Sonderwünsche telefonisch vorbestellen.

Ersparnis
20 bis 30 %.

Ambiente
Kleiner Laden auf dem Firmengelände. Hier finden Sie eine Besonderheit, die bei Fabrikverkäufen höchst selten ist: Die Beratung ist fachkundiger als in den meisten Kaufhäusern. Der Chef bedient auch schon mal selbst.

Adresse
Braunschweigische Bettfedernfabrik, Bahnhofstraße 6, 38300 Wolfenbüttel, Telefon: 0 53 31/4 36 57.

Öffnungszeiten
Montag bis Freitag 9.00 bis 12.00 und 14.00 bis 18.00 Uhr, Samstag 9.00 bis 12.00 Uhr.

Anreise
Aus Richtung Braunschweig kommend fahren Sie hinter dem Bahnhof über die Gleise, dann sehen Sie das Firmenschild und einen Parkplatz.

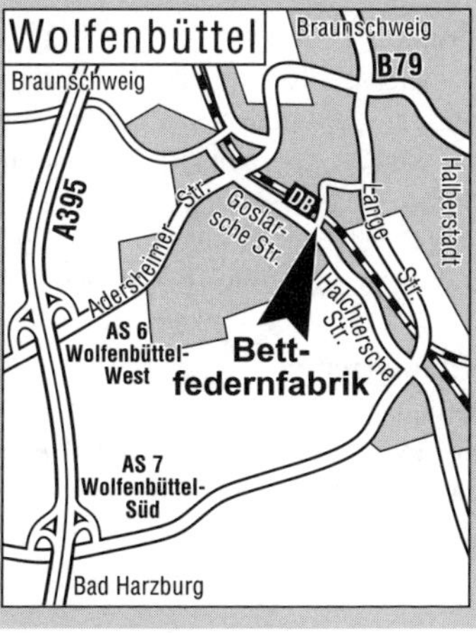

Das Werk hat mit dem Betriebsrat den VW-Belegschaftsverein zur Vermittlung von Jahreswagen r. V. gegründet. Er vermittelt aber nur, die Kaufverträge werden zwischen dem Autobesitzer und dem Käufer abgeschlossen.

VW-Jahreswagen

Warenangebot
Im Computer sind zwischen 6000 und 8000 Jahreswagen gespeichert.

Ersparnis
10 % günstiger als Jahreswagenhändler.

Ambiente
Sie können persönlich, telefonisch, per Fax oder Internet Ihr Auto bestellen. Der Service ist kostenlos.

Besonderheiten
Außerdem gibt es den Jahreswagenmarkt des Belegschaftsvereins. Jeden Samstag 9.00 bis 13.00 Uhr.

Adresse
VW-Belegschaftsverein zur Vermittlung von Jahreswagen r. V., Wolfsburger Landstraße 22, 38419 Wolfsburg, Telefon: 0 53 62/96 21 50, Fax: 96 21 14, E-Mail: vw-jahreswagen@volkswagen.de, Internet: www.vw-jahreswagen.de.

Öffnungszeiten
Montag bis Donnerstag 9.00 bis 12.00 und 13.00 bis 17.00 Uhr und Freitag 9.00 bis 12.00 und 13.00 bis 15.30 Uhr.

Weitere Verkaufsstellen
- 26703 **Emden**, Telefon: 04921/ 86 24 96, Fax: 86 35 33.
- 30405 **Hannover-Stöcken**, Telefon: 05 11/7 98 46 89, Fax: 7 98 30 37.
- 30419 **Kassel**, Telefon: 05 61/ 4 90 39 77, Fax: 4 90 27 70.
- 38037 **Braunschweig**, Telefon: 0531/ 2 98 21 35, Fax: 2 98 47 35.
- 38231 **Salzgitter**, Telefon: 0 53 41/ 23 30 18, Fax: 23 46 66.

Anreise
A 39, Ausfahrt Fallersleben Nord, Richtung Isenbüttel.

Die Firma Nistac ist eine Metallwarenfabrik und gehört zu der Kettler-Gruppe. In Wunstorf werden hauptsächlich Gartenmöbel und höhenverstellbare Kinderschreibtische hergestellt.

Gartenmöbel und mehr

Warenangebot
Gartentische und -stühle, Liegen, Rollliegen, Hollywoodschaukeln, Sonnenschirme sowie Polsterauflagen in allen erdenklichen Dessins. Schülerschreibtische, Computertische, Produkte der Marke Kettler, Herlag, nistac.

Ersparnis
20 bis 30 % bei guter 2. Wahl.

Ambiente
Sie fahren gleich durch das erste Werkstor, parken auf dem Kundenparkplatz und gehen in die lange Werkshalle. Der Fabrikverkauf wurde umgebaut, um eine übersichtliche Warenpräsentation zu ermöglichen. Anhand von kleinen Sitzgrupen werden nun Dekobeispiele gezeigt.

Adresse
Nistac Metallwarenfabrik Heinz Kettler GmbH & Co.KG, 31515 Wunstorf-Bokeloh, Telefon: 0 50 31/96 81 17, E-Mail: fabrikverkauf@nistac.de, Internet: www.nistac.de.

Öffnungszeiten
1. März bis 31. August: Montag bis Freitag 9.00 bis 16.00 Uhr, Samstag 9.00 bis 14.00 Uhr. 1. September bis 31. Oktober: Montag bis Freitag 9.00 bis 13.00 Uhr. November bis Februar geschlossen.

Anreise
A2, Ausfahrt Wunstorf-Luthe, auf der B441 Richtung Hagenburg, dann links nach Bokeloh.

Fr. Seegers & Sohn

Seit 1835 gibt es die Weberei Fr. Seegers & Sohn. In dieser Leinen- und Tischzeugweberei wird hochwertige Tischwäsche für Hotels und Gastronomie hergestellt. Nicht von der modisch-schnelllebigen, sondern der klassischen, bleibenden Art. Und was den Tisch eines Fünf-Sterne-Hotels ziert, ist auch zu Hause eine gute Basis für eine gelungene Tischdekoration.

Hochwertige Tischdekoration

Warenangebot
Großes Angebot an Tischwäsche in hervorragender Baumwoll- und Leinenqualität in jedem gewünschten Format. Auch Maßanfertigungen sind kurzfristig lieferbar.

Ersparnis
Die hier angebotene Tischwäsche ist im Handel nicht erhältlich. Die Ersparnis beträgt aber 30 % gegenüber einer vergleichbaren Qualität und Ausführung.

Ambiente
Gepflegter Laden neben dem Fabrikgebäude mit schönen Anregungen für eine gelungene Tischdekoration und übersichtlicher Warenpräsentation.

Adresse
Fr. Seegers & Sohn, Leinen- und Tischzeugweberei, Bleichenstraße 28, 31515 Wunstorf-Steinhude am Meer, Telefon: 0 50 33/52 25.

Öffnungszeiten
Montag bis Samstag 10.00 bis 18.00 Uhr. In den Sommermonaten auch Sonntag 12.00 bis 18.00 Uhr.

Anreise
A2 Hannover-Bielefeld, Ausfahrt Wunstorf/Luthe und dann auf der B441 Richtung Wunstorf-Hagenburg-Steinhude am Meer. In Altenhagen nach Steinhude abbiegen und auf der Durchfahrtsstraße nach Großenheidorn/Neustadt in die Tiefentalstraße abbiegen (dem Wegweiser Raulwing folgen).

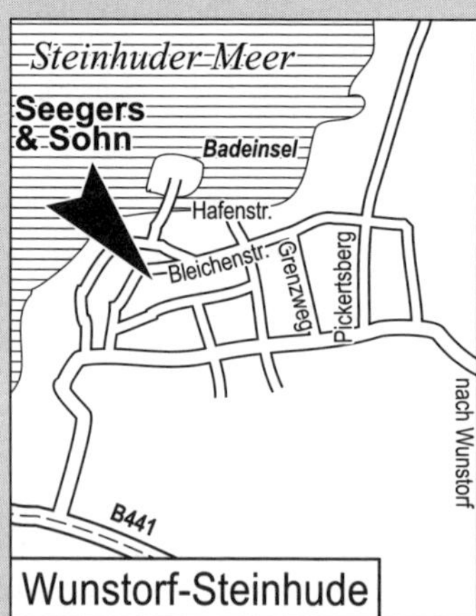

EINKAUFS-GUTSCHEIN

B5

DESIGNER OUTLET CENTER
BERLIN-BRANDENBURG

Im B5 Designer Outlet Berlin-Brandenburg gibt es unter einem Dach mehr als 40 Shops. Von schicker Freizeitmode über klassische Businesskleidung, trendige Street- und Sportswear-Outfits samt Accessoires bis hin zu raffinierter Abendgarderobe ist hier alles vertreten. Die klangvollsten Marken der Mode- und Sportbranche sind hier im Angebot.

Fashion, Fun & Food

Warenangebot
Bekleidung für Damen, Herren, Kinder: junge Mode, Designermode, Jeans z.B. von Mexx, Levi's, Edwin, Kinderbekleidung u.a. von Benetton und Lego Wear, klassisch-elegante Bekleidung, Lederwaren z.B. von Aigner, Schuhe, Sonnenbrillen, Sportartikel und -bekleidung. Angeboten werden ausschließlich Waren aus Lagerbeständen, Auslaufmodelle, Überschusswaren oder Kollektionen der Vorsaison.

Ersparnis
30 bis 70 %.

Ambiente
Neue Shops in einem neuen Outlet Center mit 1200 kostenlosen Parkplätzen, Kinderbetreuung, Café, Restaurant .

Adresse
B5 Designer Outlet Center Berlin-Brandenburg, Alter Spandauer Weg 1-3, 14641 Wustermark, Centerhotline: 03 32 34/90 40, Internet: www.b5center.de.

Öffnungszeiten
Montag bis Samstag 10.00 bis 19.00 Uhr und an vier Sonntagen im Jahr.

Anreise
Von der Stadtmitte Berlin über die Heerstraße (B5) stadtauswärts. Direkt vor der Auffahrt zur A10 liegt rechts unübersehbar das Outlet Center. Mit öffentlichen Verkehrsmitteln: Regionalbahn RE 4 Richtung Rathenow bis Bahnhof Wustermark, von dort Bus 663 bis Haltestelle Demex-Park.

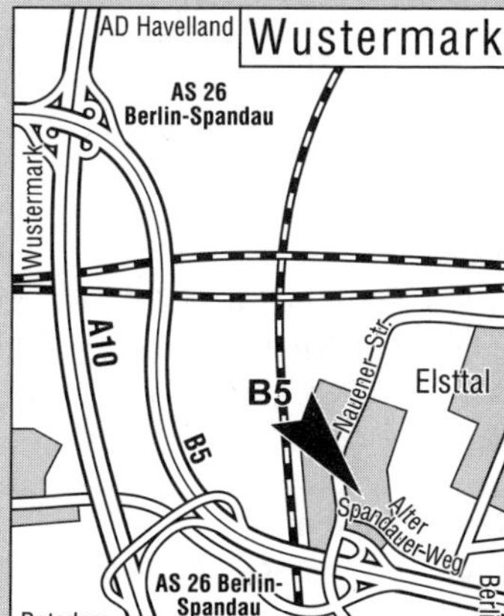

BLACKY DRESS Jean Paul

Für modische Business- oder Citykleidung, für ein tolles Outfit für Feste oder Partys. Für Frauen, die mit ihrem Stil modische Akzente setzen, mit Anspruch an Material und Passform. Sowohl Blacky Dress als auch Jean Paul bieten ausgefeilte Kombiprogramme mit sportlich-elegantem Touch. Die Preise liegen im gehobenen Bereich.

Eine gute Adresse

Warenangebot
Blusen, Pullis, T-Shirts, Röcke, Kleider, Hosen, Mäntel, Jacken in allen Variationen. Kombiprogramme sind nicht unbedingt immer komplett, da es sich um Waren aus vergangenen Saisons handelt, um Restposten oder um 2.-Wahl-Ware. Dennoch ist das Angebot groß und umfasst die Größen 34 bis 44. Jeans gibt es sogar bis Größe 48.

Ersparnis
30 bis 70 %.

Ambiente
Schönes Ladengeschäft im neuen B5 Designer Outlet Center Berlin. Sie können in entspannter Atmosphäre einkaufen und bei Bedarf um Rat fragen.

Adresse
Blacky Dress/Jean Paul im B 5 Designer Outlet Center Berlin-Brandenburg, Alter Spandauer Weg 1, 14641 Wustermark, Telefon: 03 32 34/9 02 90.

Öffnungszeiten
Montag bis Samstag 10.00 bis 19.00 Uhr.

Anreise
Von der Stadtmitte Berlin über die Heerstraße (B5) stadtauswärts. Direkt vor der Auffahrt zur A 10 liegt rechts unübersehbar das Outlet Center. Mit öffentlichen Verkehrsmitteln: Regionalbahn RE 4 Richtung Rathenow bis Bahnhof Wustermark, von dort mit dem Bus 663 bis Haltestelle Demex Park.

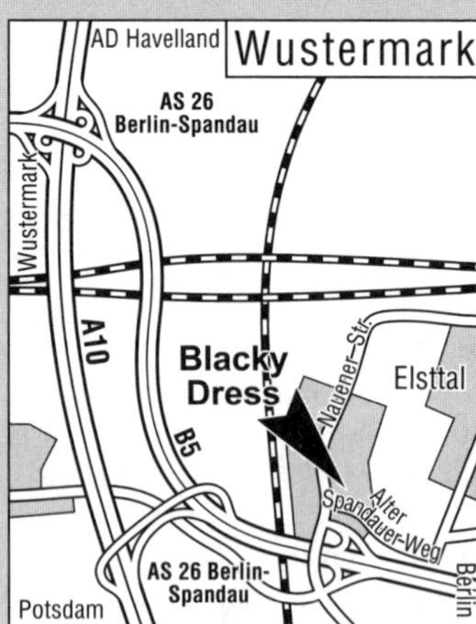

EINKAUFS-GUTSCHEIN

Gold DOCK by

Uhren sind Schmuck, modische Accessoires, die Zugabe zum trendigen Outfit, auch bei Männern, für die ja, zum Bedauern mancher, die Uhr noch immer fast die einzige Möglichkeit ist, sich zu schmücken. Die gewohnt sportlichen Chronographen gibt es jetzt auch als Glamour-Edition. Kleine Steinchen glitzern am Handgelenk, egal ob echte Brillanten auf dem Perlmutt-Zifferblatt funkeln oder Strass.

Wie spät ist es?

Warenangebot
Uhren von Joop, s.Oliver, Adidas, Junghans, Fortis Fliegeruhren und viele andere. Neben sportlichen und modischen Uhren gibt es auch elegante Modelle in echtem Gold. Außerdem gibt es eine kleine Auswahl an Gold- und Silberschmuck.

Ersparnis
30 bis 70%.

Ambiente
Kleiner Verkaufsraum mit Bedienung im EG des B 5 Designer Outlet Berlin.

Adresse
Gold Dock im B5 Designer Outlet Center Berlin-Brandenburg, Alter Spandauer Weg 1, 14641 Wustermark, Telefon: 03 32 34/9 02 26.

Öffnungszeiten
Montag bis Samstag 10.00 bis 19.00 Uhr.

Anreise
Von der Stadtmitte Berlin über die Heerstraße (B5) stadtauswärts. Direkt vor der Auffahrt zur A10 liegt rechts unübersehbar das Outlet Center. Mit öffentlichen Verkehrsmitteln: Regionalbahn RE 4 Richtung Rathenow bis Bahnhof Wustermark und von dort mit der Buslinie 663 bis Haltestelle Demex-Park.

D&G
DOLCE&GABBANA

Italian Designers

FENDI

Eine Klasse für sich ist die Top-Mode der italienischen Designer, selbst wenn es sich dabei um Restbestände und Mode aus der vergangen Saison handelt. Machen Sie einen Streifzug in Sachen Mode. Gucci, Moschino, Krizia, Mila Schön, Fendi, Valentino, Etro, Prada, Sergio Rossi und viele andere italienische Stardesigner stehen hier zur Auswahl.

Italien inbegriffen

Warenangebot
Sowohl für Damen als auch für Herren besteht hier die Möglichkeit, sich komplett einzukleiden, sofern Sie die richtige Größe – bei Damen am besten nicht mehr als Größe 38 und bei Herren auch nicht die Maße einer deutschen Eiche – besitzen. Sie finden Oberteile, Jacken, Hosen, Kleider, Röcke, Schuhe und für Herren Anzüge, Krawatten, Oberhemden, Accessoires und manch anderes ausgefallene Teil.

Ersparnis
30 bis 70 %

Ambiente
Fühlen Sie sich wie in einer Boutique.

Adresse
Italien Designers GmbH, im EG des B5 Designer Outlet Center Berlin-Brandenburg, Alter Spandauer Weg 1, 14641 Wustermark, Telefon: 03 32 34/ 9 03 16.

Öffnungszeiten
Montag bis Samstag 10.00 bis 19.00 Uhr.

Anreise
Von der Stadtmitte Berlin über die Heerstraße (B5) stadtauswärts. Direkt vor der Auffahrt zur A10 liegt rechts unübersehbar das Outlet Center. Mit öffentlichen Verkehrsmitteln: Regionalbahn RE 4 Richtung Rathenow bis Bahnhof Wustermark und von dort mit dem Bus 663 bis Haltestelle Demex Park.

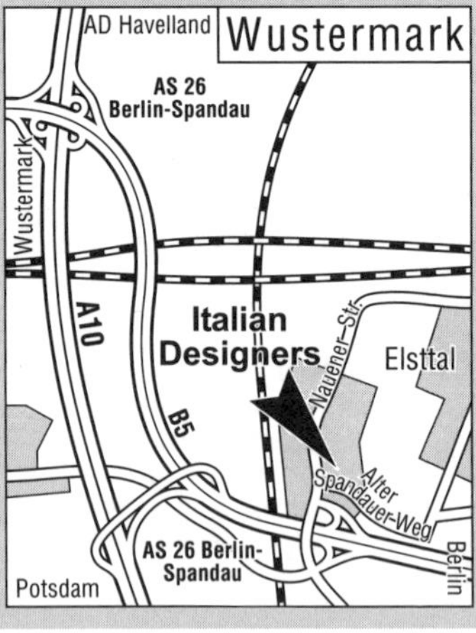

MANGO

Mango ist eine spanische Modefirma, die in vielen deutschen Städten mit ihren Läden Einzug gehalten hat. Die Firma gehört zu den trendigen Anbietern von Damenbekleidung mit häufig wechselnden Kollektionen in unzähligen Varianten. Das Sortiment begeistert modebewusste Frauen, die Wert auf preiswerte Mode legen.

Schwung ins Styling

Warenangebot
Hosen, Röcke, Kleider, T-Shirts in allen Variationen, Jacken, Mäntel, Pullis, Taschen, Schuhe, kurz: fast das gesamte Mango-Sortiment. Neben Mode aus vergangenen Saisons gibt es viele 2.-Wahl-Kollektionen.

Ersparnis
30 bis 70 %.

Ambiente
Gepflegtes, großes Geschäft über zwei Etagen im B 5 Designer Outlet Center Berlin.

Adresse
Mango, Outlet im B 5 Designer Outlet Center Berlin-Brandenburg, Alter Spandauer Weg 1, 14641 Wustermark, Telefon: 03 32 34/ 2 18 40.

Öffnungszeiten
Montag bis Samstag 10.00 bis 19.00 Uhr.

Anreise
Von der Stadtmitte Berlin über die Heerstraße (B5) stadtauswärts, Direkt vor der Auffahrt zur A10 liegt rechts unübersehbar das Outlet Center. Mit öffentlichen Verkehrsmitteln: Regionalbahn RE 4 Richtung Rathenow bis Bahnhof Wustermark und von dort mit dem Bus 663 bis Haltestelle Demex-Park.

Nike ist Weltmarktführer für Sportschuhe und Sportbekleidung. Der Nike Swoosh steht für Bewegung und den Sporttrieb, der angeblich in jedem Menschen steckt. Das dazu passende Equipment findet man in den Nike Factory Stores, die es inzwischen nicht nur in den USA, sondern auch in Deutschland gibt.

Der Nike Swoosh

Warenangebot
Sportschuhe und Sportbekleidung aller Art. Die authentischen Nike-Produkte von vergangenen Saisons (mindestens sechs Monate alt), Musterteile oder Waren mit kleinen Fehlern gibt es für Damen, Herren, Kinder. Besonders groß ist das Angebot an Sportschuhen, außerdem gibt es Rucksäcke, Sporttaschen, Uhren, Brillen und weitere Accessoires.

Ersparnis
30 bis 70 %.

Ambiente
Große Verkaufsfläche im Stil eines Sportgeschäfts mit Umkleidekabinen und freundlichem Personal, Garantieanspruch und Umtauschmöglichkeiten.

Adresse
Nike Factory Store im B5 Designer Outlet Center Berlin-Brandenburg, Alter Spandauer Weg 1, 14641 Wustermark, Telefon: 03 32 34/20 89.

Öffnungszeiten
Montag bis Freitag 10.00 bis 20.00 Uhr, Samstag 9.00 bis 16.00 Uhr.

Weitere Verkaufsstellen (Auswahl)
- 28816 **Stuhr-Brinkum**, Bremer Straße 109, Telefon: 04 21/8 40 07 60.
- 91074 **Herzogenaurach**, Zeppelinstraße 1, Telefon: 0 91 23/7 45 28 10.

Anreise
Von der Stadtmitte Berlin über die Heerstraße (B5) stadtauswärts. Direkt vor der Auffahrt zur A10 liegt rechts das Outlet Center. Auf dem Weg vom Parkplatz zum Outlet Center sehen Sie rechts Nike.

TOMMY
HILFIGER
DENIM

Beliebte, sportliche Mode aus den USA: spielerisch, sexy, erfrischend und überall in den noblen Einkaufsmeilen vertreten.

Eine Frage des Stils

Warenangebot
Jacken, Pullis, Hemden, Hosen, Blusen, Jeans, T-Shirts, auch Golfbekleidung, Homewear, Schuhe und Accessoires. Die Ware ist überwiegend aus der Vorjahreskollektion.

Ersparnis
Bis 50 %.

Ambiente
Übersichtlicher, 360 m² großer Verkauf in einem neuen Outlet Center mit 1200 kostenlosen Parkplätzen.

Adresse
Tommy Hilfiger im B5 Designer Outlet Center Berlin-Brandenburg, Alter Spandauer Weg 1, 14641 Wustermark, Telefon: 03 32 34/247 07, Centerhotline: 03 32 34/90 40.

Öffnungszeiten
Montag bis Samstag 10.00 bis 19.00 Uhr und an vier Sonntagen pro Jahr.

Weitere Verkaufsstelle
● 28816 **Stuhr-Brinkum bei Bremen**, Bremer Straße 107, Telefon: 04 21/ 89 83 38. Montag bis Freitag 10.00 bis 20.00 Uhr, Samstag 10.00 bis 18.00 Uhr.

Anreise
Von der Stadtmitte über die Heerstraße (B5) stadtauswärts. Direkt vor der Auffahrt zur A10 liegt rechts unübersehbar das Outlet Center. Mit öffentlichen Verkehrsmitteln: Regionalbahn RE 4 Richtung Rathenow bis Bahnhof Wustermark und von dort mit der Buslinie 663 bis Demex-Park.

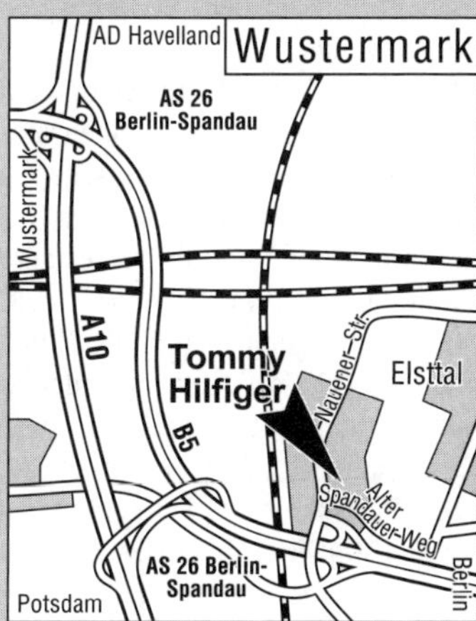

Rahmenbedingungen

zum Einlösen der Einkaufsgutscheine

(bitte unbedingt lesen, bevor Sie Einkaufen gehen)

1. Die Einkaufsgutscheine werden von zahlreichen, in diesem Buch aufgeführten Herstellern/Adressaten zur Verfügung gestellt. Die entsprechenden Firmen sind jeweils auf ihrer Firmendarstellung im Innenteil des Buches mit dem Hinweis „Einkaufsgutschein" gekennzeichnet. Von genau diesen Firmen finden Sie die Gutscheine auf den nachfolgenden Seiten.
2. Der Verlag übernimmt keinerlei Haftung. Der Verlag tritt als Mittler auf, der nach bestem Wissen und Gewissen die Gutschein-Aktion für den Großen Schnäppchenführer Norddeutschland organisiert. Insbesondere haftet der Verlag nicht bei einer etwaigen Nichtgewährung eines Gutscheines.
3. Der Einkaufsgutschein stellt einen geldwerten Vorteil für den Kunden dar. Er kann nur bei einem tatsächlichen Einkauf im Fabrikverkauf/Factory Outlet eingelöst werden. Die Bedingungen zum Einlösen des Einkaufsgutscheines sind in diesen Rahmenbedingungen und darüber hinaus individuell direkt auf dem Gutschein selbst verbindlich festgelegt. Insbesondere kann der Einkaufsgutschein nicht in Bargeld eingetauscht werden. Der Gutschein ist in den meisten Fällen auch an einen Mindestwarenwert des Einkaufs gekoppelt.
4. Unabhängig von einem Einkaufsgutschein für einen konkreten Betrag in Euro kann auch ein Rabattwert in % oder ein anderer Kundenvorteil benannt werden. Ein Kumulieren (Aufaddieren) von geldwerten Vorteilen ist nicht möglich (Beispiel: 10,- € Warengutschein und zusätzlich 10 % Rabatt).
5. Der Einkaufsgutschein ist nur direkt an dem Standort des Herstellers einlösbar, der auf der Firmenseite unter der Rubrik Adresse aufgeführt ist. Wenn keine besondere Einschränkung auf dem Gutschein vermerkt ist, gilt der Einkaufsgutschein auch in den „Weiteren Verkaufsstellen", die ebenfalls auf dieser Seite genannt sind.
6. Alle Einkaufsgutscheine werden auf den nachfolgenden Seiten abgedruckt und zwar in alphabetischer Reihenfolge der Marken. Enthält eine Adresse mehrere Marken, ist der Einkaufsgutschein unter der Marke mit dem höchsten Bekanntheitsgrad abgedruckt.
7. Die Gutscheine sind fester Bestandteil dieses Buches und können, um gültig zu werden, nur vom Kassenpersonals des Fabrikladens/Factory Outlets aus dem Großen Schnäppchenführer Norddeutschland ausgeschnitten werden, es sei denn, das Kassenpersonal fordert den Inhaber des Gutscheines extra dazu auf, das Ausschneiden des Gutscheines selbst vorzunehmen.
8. Jeder Käufer kann bei einem Einkauf nur einen Gutschein einlösen.
9. **Die Gültigkeit des Gutscheins ist begrenzt auf den Zeitraum Juli 2004 bis Juli 2005.**

WICHTIG!
Diese Gutscheine sind nur dann gültig, wenn sie beim Einkauf vom Kassenpersonal des Fabrikverkaufs ausgeschnitten werden; es sei denn, das Personal gibt Ihnen im Einzelfall andere Anweisungen.

Schnäppchenführer EINKAUFSGUTSCHEIN

adidas

WERT: 10,- €

beim Kauf von 1 Paar Sportschuhen. Gültig in den Factory Outlets in Herzogenaurach, Stuhr-Brinkum und Zweibrücken.

Schnäppchenführer EINKAUFSGUTSCHEIN

AVALON

WERT: 10,- €

Mindestwarenwert des Einkaufs: 80,- €.

Schnäppchenführer EINKAUFSGUTSCHEIN

B5
DESIGNER OUTLET CENTER
BERLIN-BRANDENBURG

BIS ZU 20% Rabatt

in vielen B5-Shops. Bei Vorlage dieses Gutscheins im B5 Outlet erhält der Kunde ein Gutscheinheft.

Schnäppchenführer EINKAUFSGUTSCHEIN

BelFood GmbH
Sweet - World

WERT: 10,- €

Mindestwarenwert des Einkaufs: 50,- €.
Nicht gültig für Aktions- und Sonderangebote.

Schnäppchenführer-Einkaufsgutschein

Schnäppchenführer-Einkaufsgutschein

Schnäppchenführer-Einkaufsgutschein

Schnäppchenführer-Einkaufsgutschein

www.schnaeppchenfuehrer.com

WICHTIG!

Diese Gutscheine sind nur dann gültig, wenn sie beim Einkauf vom Kassenpersonal des Fabrikverkaufs ausgeschnitten werden; es sei denn, das Personal gibt Ihnen im Einzelfall andere Anweisungen.

Schnäppchenführer EINKAUFSGUTSCHEIN

BIG DEAL

WERT: **10,- €**

Mindestwarenwert des Einkaufs: 50,- €.

Schnäppchenführer EINKAUFSGUTSCHEIN

DANIELS

WERT: **20,- €**

Mindestwarenwert des Einkaufs: 120,- €.
Nur gültig in der Verkaufsstelle in Hamburg.

Schnäppchenführer EINKAUFSGUTSCHEIN

Calpesa GmbH

WERT: **12,- €**

Mindestwarenwert des Einkaufs: 100,- €.

Schnäppchenführer EINKAUFSGUTSCHEIN

CORSO
Handelsgesellschaft mbH

WERT: **10,- €**

Mindestwarenwert des Einkaufs: 50,- €.
Nur gültig bei Angabe der E-Mail-Adresse des Kunden.

Schnäppchenführer-Einkaufsgutschein

Schnäppchenführer-Einkaufsgutschein

Schnäppchenführer-Einkaufsgutschein

Schnäppchenführer-Einkaufsgutschein

www.schnaeppchenfuehrer.com

WICHTIG!

Diese Gutscheine sind nur dann gültig, wenn sie beim Einkauf vom Kassenpersonal des Fabrikverkaufs ausgeschnitten werden; es sei denn, das Personal gibt Ihnen im Einzelfall andere Anweisungen.

SCHNÄPPCHENFÜHRER EINKAUFSGUTSCHEIN

DekoVries

WERT: **10,- €**

Mindestwarenwert des Einkaufs: 100,- €.

SCHNÄPPCHENFÜHRER EINKAUFSGUTSCHEIN

Erhard Janetzky

10% Rabatt

SCHNÄPPCHENFÜHRER EINKAUFSGUTSCHEIN

Einbecker Blaudruck

WERT: **10,- €**

Mindestwarenwert des Einkaufs: 100,- €.

SCHNÄPPCHENFÜHRER EINKAUFSGUTSCHEIN

Gold by DOCK

WERT: **15,- €**

Oder **10 %** Rabatt

Mindestwarenwert des Einkaufs: 100,- €. Nicht gültig für Aktions- und Sonderangebote oder Dienstleistungen.

Schnäppchenführer-Einkaufsgutschein

Schnäppchenführer-Einkaufsgutschein

Schnäppchenführer-Einkaufsgutschein

Schnäppchenführer-Einkaufsgutschein

www.schnaeppchenfuehrer.com

WICHTIG!
Diese Gutscheine sind nur dann gültig, wenn sie beim Einkauf vom Kassenpersonal des Fabrikverkaufs ausgeschnitten werden; es sei denn, das Personal gibt Ihnen im Einzelfall andere Anweisungen.

SCHNÄPPCHENFÜHRER EINKAUFSGUTSCHEIN

Graefe 90

WERT: **10,- €**

Mindestwarenwert des Einkaufs: 75,- €.
Nicht gültig für Sonderangebote und Aktionsware.

SCHNÄPPCHENFÜHRER EINKAUFSGUTSCHEIN

Halloren – Deutschlands älteste Schokoladenfabrik – Seit 1804

10% Rabatt

SCHNÄPPCHENFÜHRER EINKAUFSGUTSCHEIN

Seit HERKULES® 1908

WERT: **10,- €**

Mindestwarenwert des Einkaufs: 75,- €.

SCHNÄPPCHENFÜHRER EINKAUFSGUTSCHEIN

highlander®

WERT: **10,- €**

Mindestwarenwert des Einkaufs: 50,- €.

Schnäppchenführer-Einkaufsgutschein

Schnäppchenführer-Einkaufsgutschein

Schnäppchenführer-Einkaufsgutschein

Schnäppchenführer-Einkaufsgutschein

www.schnaeppchenfuehrer.com

WICHTIG!
Diese Gutscheine sind nur dann gültig, wenn sie beim Einkauf vom Kassenpersonal des Fabrikverkaufs ausgeschnitten werden; es sei denn, das Personal gibt Ihnen im Einzelfall andere Anweisungen.

Schnäppchenführer EINKAUFSGUTSCHEIN

KAPALUA®

WERT: 10,- €

Mindestwarenwert des Einkaufs: 50,- €.

Schnäppchenführer EINKAUFSGUTSCHEIN

Der Keksbäcker

10% Rabatt

Schnäppchenführer EINKAUFSGUTSCHEIN

killtec®

WERT: 15,- €

Mindestwarenwert des Einkaufs: 60,- €.

Schnäppchenführer EINKAUFSGUTSCHEIN

FUN COMPANY Louis

WERT: 10,- €

Mindestwarenwert des Einkaufs: 50,- €. Gültig in allen nameless – Der Louis-Restpostenmarkt-Filialen und dem Louis-Lagerverkauf.

Schnäppchenführer-Einkaufsgutschein

Schnäppchenführer-Einkaufsgutschein

Schnäppchenführer-Einkaufsgutschein

Schnäppchenführer-Einkaufsgutschein

www.schnaeppchenfuehrer.com

WICHTIG!

Diese Gutscheine sind nur dann gültig, wenn sie beim Einkauf vom Kassenpersonal des Fabrikverkaufs ausgeschnitten werden; es sei denn, das Personal gibt Ihnen im Einzelfall andere Anweisungen.

Schnäppchenführer EINKAUFSGUTSCHEIN

M. M. Marketing Service

WERT: **10,- €**

Mindestwarenwert des Einkaufs: 100,- €.

Schnäppchenführer EINKAUFSGUTSCHEIN

Die Männermode

WERT: **10,- €**

Mindestwarenwert des Einkaufs: 100,- €.

Schnäppchenführer EINKAUFSGUTSCHEIN

Marc O'Polo®

WERT: **10,- €**

Mindestwarenwert des Einkaufs: 75,- €.
Gültig in den Verkaufsstellen Berlin und Stuhr-Brinkum.

Schnäppchenführer EINKAUFSGUTSCHEIN

McTREK DER OUTDOOR SCHOTTE

WERT: **10,- €**

Mindestwarenwert des Einkaufs: 75,- €.

Schnäppchenführer-Einkaufsgutschein

Schnäppchenführer-Einkaufsgutschein

Schnäppchenführer-Einkaufsgutschein

Schnäppchenführer-Einkaufsgutschein

www.schnaeppchenfuehrer.com

WICHTIG!

Diese Gutscheine sind nur dann gültig, wenn sie beim Einkauf vom Kassenpersonal des Fabrikverkaufs ausgeschnitten werden; es sei denn, das Personal gibt Ihnen im Einzelfall andere Anweisungen.

SCHNÄPPCHENFÜHRER EINKAUFSGUTSCHEIN

BEST SELLER MODE FABRIK

WERT: **10,- €**

Mindestwarenwert des Einkaufs: 65,- €.

SCHNÄPPCHENFÜHRER EINKAUFSGUTSCHEIN

Morgenstern

WERT: **5,- €**

Mindestwarenwert des Einkaufs: 50,- €.

SCHNÄPPCHENFÜHRER EINKAUFSGUTSCHEIN

Planungshilfen Problemlösungen Möbel aller Art

WERT: **25,- €**

Mindestwarenwert des Einkaufs: 500,- €.

SCHNÄPPCHENFÜHRER EINKAUFSGUTSCHEIN

ODERMARK

WERT: **10,- €**

Mindestwarenwert des Einkaufs: 100,- €.
Nicht gültig für Aktionsangebote.

Schnäppchenführer-Einkaufsgutschein

Schnäppchenführer-Einkaufsgutschein

Schnäppchenführer-Einkaufsgutschein

Schnäppchenführer-Einkaufsgutschein

WICHTIG!

Diese Gutscheine sind nur dann gültig, wenn sie beim Einkauf vom Kassenpersonal des Fabrikverkaufs ausgeschnitten werden; es sei denn, das Personal gibt Ihnen im Einzelfall andere Anweisungen.

Schnäppchenführer EINKAUFSGUTSCHEIN

PLAKAT-INDUSTRIE

WERT: 10,- €

Mindestwarenwert des Einkaufs: 75,- €.

Schnäppchenführer EINKAUFSGUTSCHEIN

PLANTISSIMO

WERT: 20,- €

Mindestwarenwert des Einkaufs: 200,- €.

Schnäppchenführer EINKAUFSGUTSCHEIN

QUELLE. FUNDGRUBE

50% Rabatt

beim Kauf eines Artikels aus dem Sortiment Damen-, Herren- oder Kinderoberbekleidung. Nur 1 Coupon pro Einkauf einsetzbar. Gültig in allen Quelle Fundgruben.

Schnäppchenführer EINKAUFSGUTSCHEIN

RHM

WERT: 30,- €

Mindestwarenwert des Einkaufs: 120,- €.

Schnäppchenführer-Einkaufsgutschein

Schnäppchenführer-Einkaufsgutschein

Schnäppchenführer-Einkaufsgutschein

Schnäppchenführer-Einkaufsgutschein

www.schnaeppchenfuehrer.com

WICHTIG!

Diese Gutscheine sind nur dann gültig, wenn sie beim Einkauf vom Kassenpersonal des Fabrikverkaufs ausgeschnitten werden; es sei denn, das Personal gibt Ihnen im Einzelfall andere Anweisungen.

SCHNÄPPCHENFÜHRER EINKAUFSGUTSCHEIN

Ringella

10% Rabatt

Mindestwarenwert des Einkaufs: 20,- €.

SCHNÄPPCHENFÜHRER EINKAUFSGUTSCHEIN

Schubert® since 1950

WERT: **10,-** €

Beim Kauf von regulären Schubert-Strickwaren.

SCHNÄPPCHENFÜHRER EINKAUFSGUTSCHEIN

CLASSIC LEATHERS Pojus LEGENDS FOR SALE

WERT: **10,-** €

Mindestwarenwert des Einkaufs: 60,- €.

SCHNÄPPCHENFÜHRER EINKAUFSGUTSCHEIN

SUSI

10% Rabatt

Mindestwarenwert des Einkaufs: 15,- €. Gültig in den Verkaufsstellen Berlin, Köln, Leipzig, Saalfeld und Wurzen. Nicht gültig beim Kauf von Karnevalsartikeln.

Schnäppchenführer-Einkaufsgutschein

Schnäppchenführer-Einkaufsgutschein

Schnäppchenführer-Einkaufsgutschein

Schnäppchenführer-Einkaufsgutschein

www.schnaeppchenfuehrer.com

WICHTIG!

Diese Gutscheine sind nur dann gültig, wenn sie beim Einkauf vom Kassenpersonal des Fabrikverkaufs ausgeschnitten werden; es sei denn, das Personal gibt Ihnen im Einzelfall andere Anweisungen.

Schnäppchenführer EINKAUFSGUTSCHEIN

Suwaj-Moden

WERT: **10,- €**

Oder **3 %** Rabatt

Mindestwarenwert des Einkaufs: 50,- €. Nicht gültig für Aktions- und Sonderangebote sowie Kommissionsware.

Schnäppchenführer EINKAUFSGUTSCHEIN

TUCANO TRADING

WERT: **20,- €**

Mindestwarenwert des Einkaufs: 100,- €.

Schnäppchenführer EINKAUFSGUTSCHEIN

VOSS® HAMBURG

WERT: **50,- €**

Mindestwarenwert des Einkaufs: 500,- €.

Schnäppchenführer-Einkaufsgutschein

Schnäppchenführer-Einkaufsgutschein

Schnäppchenführer-Einkaufsgutschein

www.schnaeppchenfuehrer.com

Warenregister

Firmen- und Markenregister

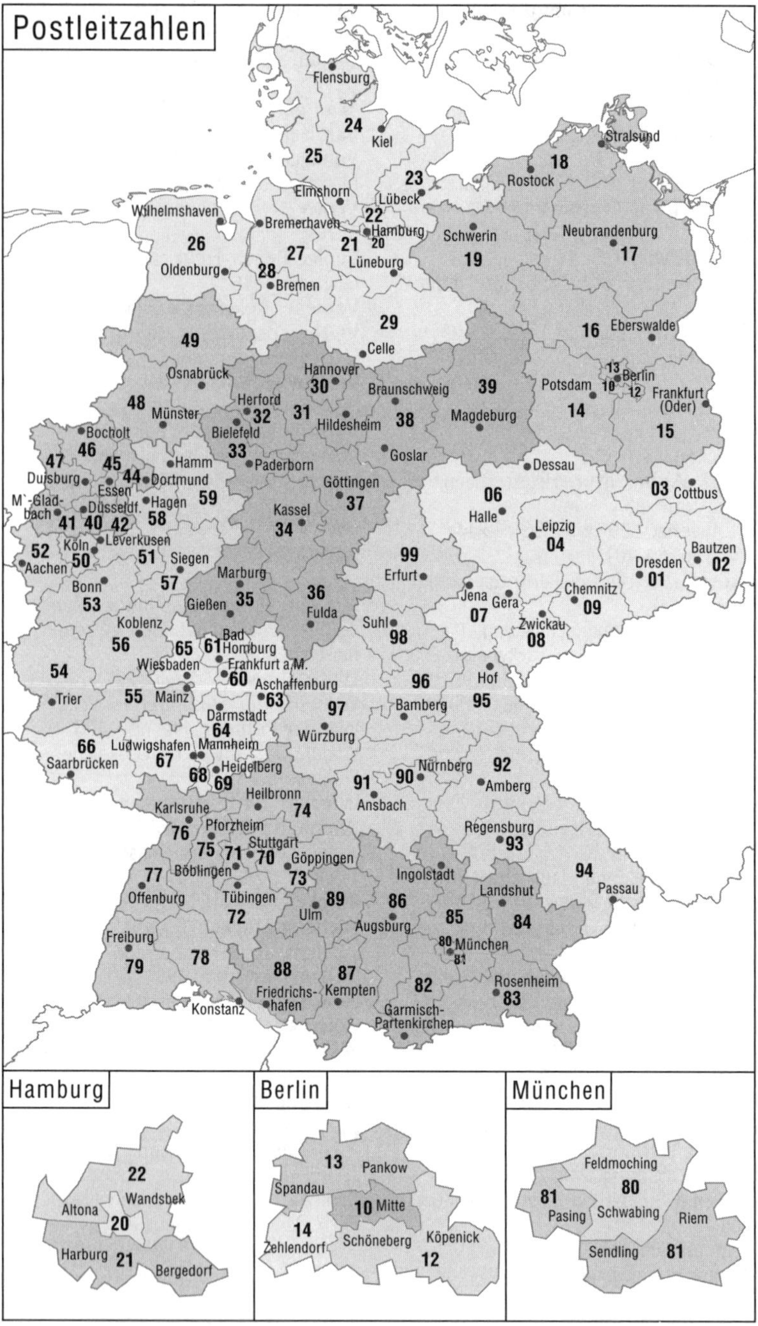
Postleitzahlen
Flensburg
24 Kiel
25
Stralsund
18 Rostock
23 Lübeck
Elmshorn
Wilhelmshaven
Bremerhaven
22 Hamburg 20
21
Schwerin 19
Neubrandenburg 17
26
27
Oldenburg
28 Bremen
Lüneburg
29
Celle
16 Eberswalde
49
Osnabrück
Hannover 30
Braunschweig
39
Potsdam 14
13 Berlin 10 12
Frankfurt (Oder) 15
48 Münster
Herford 32
Bielefeld
31
Hildesheim
38
Magdeburg
Bocholt
46
47
45
44
Hamm
33
Paderborn
Goslar
Dessau
Duisburg
Essen
Dortmund
Göttingen
37
06
Halle
03 Cottbus
M`-Gladbach
41 40 42
Düsseldf.
Hagen
58
59
Kassel 34
Leipzig 04
Leverkusen
52
Köln 50
Aachen
51
Siegen
99
Erfurt
Dresden 01
Bautzen 02
Bonn 53
57
Marburg
Gießen 35
36
Fulda
Jena 07
Gera
Chemnitz 09
Zwickau 08
Koblenz 56
65
61 Bad Homburg
Suhl 98
54
Wiesbaden
Frankfurt a.M. 60
96
Hof 95
Trier
55 Mainz
Aschaffenburg 63
97
Bamberg
Darmstadt 64
Würzburg
66
Saarbrücken
Ludwigshafen 67
Mannheim
68
Heidelberg 69
Nürnberg 90
92
Amberg
91
Ansbach
Heilbronn 74
Karlsruhe
76
Pforzheim
75
71
Stuttgart 70
Regensburg 93
Böblingen
Göppingen
73
Ingolstadt
94
Passau
77
Offenburg
Tübingen 72
89
Ulm
86
Augsburg
85
Landshut
84
Freiburg 79
78
88
87
80 München 81
82
Rosenheim 83
Konstanz
Friedrichshafen
Kempten
Garmisch-Partenkirchen
Hamburg
22
Wandsbek
Altona
20
Harburg 21
Bergedorf
Berlin
13 Pankow
Spandau
10 Mitte
14 Zehlendorf
Schöneberg
Köpenick 12
München
Feldmoching
80
81 Pasing
Schwabing
Riem
Sendling 81

Postleitzahlenregister

20000

30000

40000

50000

60000

70000

80000

90000

Belgien